本书系教育部高校外国语言文学类专业教学指导委员会一
法语专业教学指导分委员会
(中国)法语教学研究会(ACPF)
高校外语专业教学测试办公室法语测试组
指导出版

主编 / 曹德明   副主编 / 王文新 王海洲

中国法语专业教学研究（第七辑）

Journal de
l'enseignement
du français en Chine
N°7

《中国法语专业教学研究(第七辑)》
编委会
Comité scientifique

主　编：曹德明
Président : Cao Deming

副主编：王文新　王海洲
Vice-présidents : Wang Wenxin, Wang Haizhou

编　委（按姓名拼音排序）：
曹德明　上海外国语大学
Cao Deming, Université des Études internationales de Shanghai

车　琳　北京外国语大学
Che Lin, Université des Langues étrangères de Pékin

李克勇　四川外国语大学
Li Keyong, Université des Études internationales du Sichuan

李焰明　北京第二外国语学院
Li Yanming, Institut des Langues étrangères N°2 de Pékin

刘成富　南京大学
Liu Chengfu, Université de Nanjing

田庆生　北京大学
Tian Qingsheng, Université de Pékin

王大智　大连外国语大学
Wang Dazhi, Université des Langues étrangères de Dalian

王海洲　上海外国语大学
Wang Haizhou, Université des Études internationales de Shanghai

王文新　上海外国语大学
Wang Wenxin, Université des Études internationales de Shanghai

王　战　武汉大学
Wang Zhan, Université de Wuhan

杨晓敏　广东外语外贸大学
Yang Xiaomin, Université des Études étrangères du Guangdong

张　平　西安外国语大学
Zhang Ping, Université des Langues étrangères de Xi'an

前　言

在教育部高校外国语言文学类专业教学指导委员会—法语专业教学指导分委员会(简称"教育部外指委法语分委会")、(中国)法语教学研究会的领导下,经过各位作者和编审人员的共同努力,《中国法语专业教学研究》第七辑得以顺利出版。本书择优辑录了国内外同仁有关法语教学与测评,语言、文学与文化,专业现况与建设等方面的 27 篇优秀论文,以及综合反映全国法语教学和专业活动的 2014—2018 年法语年会纪要。部分文章用法语撰写,其他文章均附有法语题目和摘要。因专业教师投稿踊跃,在保证质量、符合征稿要求以及专业点平衡发展需要的前提下,优先辑录近年来在全国法语年会期间被研讨会录用和参与会上交流的论文。

本书自 2005 年出版以来,一直伴随着中国法语教学的蓬勃发展和重要变化。2018 年年初,教育部颁行《高等学校外语类专业本科教学质量国家标准》,并采取多种措施,狠抓本科教学质量,弘扬建设"金课",杜绝"水课"。在此大背景下,我们鼓励广大同仁结合任职院校和所处省市(地区)的实际情况,深入开展调研和学术研究工作,总结优秀教学成果,开发设计特色课程,探索和实验新的特色化办学和中法合作办学模式,尤其注重研究的原创性、科学性和对一线教学工作的指导意义或参考价值,共同促进我国法语教学事业更好发展,以及中国法语教学与研究成果在海外的推广和交流。

第七辑编委会
2021 年 11 月

目 录

前言 ··· 1

第一部分 教学与测评研究

改善中国高校法语专业的学生写作课程的几条路径 ········ Julie BOHEC 3
蔡式教学法
　　——精简与归一：一种以翻译为统筹的外语教学法 ············ 蔡槐鑫 20
任务教学法驱动下的法语阅读课程探索 ······················· 曹艳艳 29
以应用能力培养为导向的法语语法教学 ······················· 高举敏 39
大学"法语翻转课堂"模式设计 ································ 郭 娟 46
情景等值翻译法对法语基础词汇教学的价值分析 ············· 金 星 55
法语专业阅读课程中教学材料选择的几点思考 ··············· 刘常津 62
工程技术法语测评体系构建研究 ······························ 邱 枫 83
基于视听法的法语动画片教学案例设计
　　——以系列动画片《小驴托托》之《托托骑车》为例 ········ 田 宇 90
全球化背景下"面向行动教学法"在中国外语教学中的应用 ····· 王永康 97
基于神经语言学理论对法语教学的思考 ················· 吴晓倩 李 笈 106
中国大学生法语语音听辨的错误研究 ·························· 吴 瑶 113

类比在法语词汇教学中的应用 ························ 张 芳 130
认知心理学理论在法语专业历史课程实践中的运用
　　——以法国中世纪历史教学为例 ················ 张 璐 172
法语专业学生听力策略研究 ···························· 张艳茹 182

第二部分　语言、文学与文化研究

面对包容性书写之风，法国和魁北克政府的态度截然不同 ······ 李婵娟 191
戏剧改编电影在法国文学教学中的应用 ················ 史烨婷 199
法语文字改革评述 ·· 王文新 207
法语音节倒置词构词法研究 ···························· 王圆圆 218
论诗歌创意翻译对法语专业学士论文写作的积极意义 ········ 张迎旋 239

第三部分　专业现况与建设

民办高校法语本科专业的应用型特色培养模式
　　——以上海外国语大学贤达经济人文学院法语系为例 ········ 陈 娴 251
简论在博士一年级开设研究方法及理论课的
　　必要性 ·· Boris LOPATINSKY 259
践行陶行知教育思想　构建全时空法语教学模式 ········ 梁 洁　马春娟 272
构建高校法语专业教师发展微型共同体 ················ 田俊雷 279
欧盟外语教育新政策 ···································· 王秀丽　吕玉冬 287
分层教学模式在法语专业高年级教学中的实践与探索
　　——以湖北工程学院法语专业为例 ·············· 伍昌力 301
独立学院基础法语教学初探
　　——以川外成都学院为例 ······················ 张 静 311

专栏 2014—2018年法语年会纪要

2014年哈尔滨会议纪要 ······ 319
2015年厦门会议纪要 ······ 321
2016年成都会议纪要 ······ 324
2017年苏州会议纪要 ······ 327
2018年盐城会议纪要 ······ 330
2019年安庆会议纪要 ······ 333
2020年广州会议纪要(线上) ······ 336

第一部分

教学与测评研究

Didactique et Méthodologie d'évaluation

改善中国高校法语专业的学生写作课程的几条路径

Quelques pistes pour améliorer le cours d'expression écrite des étudiants spécialistes de français en universités chinoises

三峡大学 Julie BOHEC

Julie BOHEC   Université des Trois Gorges

bohecjulie@yahoo.fr

中文摘要：在开展法语写作研究期间，我们很快发现中国鲜有适合这一课程的教材。此外，根据受访的法语外教（法语写作课程通常由外教教授）的反馈，法语写作作为主干课程，课堂准备非常耗时而结果却无法预知。基于这一状况，我们希望提供一些该课程更加活泼有趣的课堂活动。为此，我们针对学生和外教做了问卷调查以便了解其看法。开展课堂活动之后，我们对学生进行了随堂测试并对试卷进行比对，以便观察学生的进步。

关键词：写作；教材；纠错工作

Résumé: Lors de nos recherches sur l'expression écrite, nous avons rapidement constaté une carence dans cette compétence: peu de manuels disponibles en Chine sont adaptés à ce cours. De plus, selon les lecteurs (en général, seuls les lecteurs assurent des cours d'expression écrite) que nous avons interviewés, ce cours demande beaucoup de préparation pour un résultat incertain et un cours qui reste très souvent magistral. Face à ce constat, nous avons souhaité proposer des activités afin de rendre ce cours plus vivant et plus intéressant. Nous avons réalisé des questionnaires auprès des personnes concernées: des étudiants et des lecteurs pour connaître leur point de vue. Après la mise en place de ces activités, nous les avons testées lors de nos propres cours, avons comparé des copies afin de constater la progression des étudiants.

Mots-clés: expression écrite, manuels, travail sur les erreurs

Introduction

Les cours d'expression écrite pour les étudiants de licence spécialistes de langue française en universités chinoises sont généralement assurés par un lecteur francophone natif. Cette compétence est importante pour l'avenir des apprenants. En effet, lorsque les étudiants vont rechercher un emploi ou une formation de master, ils devront parfois envoyer des curriculum vitae et des lettres de motivation en français. L'écrit sera donc leur premier contact avec un éventuel employeur. La première impression que ce dernier aura d'eux se fera donc par l'expression écrite. Il semble évident qu'un document incompréhensible ou contenant de nombreuses erreurs sera moins facilement retenu malgré son contenu intéressant, qu'un autre contenant peu de fautes avec un bon niveau général de français.

Dans leur vie professionnelle, s'ils deviennent traducteurs, l'écrit aura aussi une grande importance dans leur travail. En effet, en Afrique, il peut leur être demander de réaliser du thème comme de la version. S'ils ne sont pas traducteurs et travaillent dans une entreprise française ou ayant des contacts avec des français, l'envoi de mails fera partie de leur quotidien. De plus, l'utilisation du téléphone n'étant pas toujours la plus pratique (problème de décalage horaire, de compréhension de son interlocuteur...) le mail semble parfois plus adapté, mais encore faut-il être capable de le rédiger dans un français clair et correct. D'où l'intérêt de leur proposer un cours adapté à leurs attentes.

Face aux cours magistraux et parfois peu intéressants proposés, nous nous sommes demandé quelles activités nous pouvions mettre en place pour rendre le cours plus plaisant tout en permettant une réelle progression des étudiants. Ainsi, nous présenterons dans un premier temps la situation actuelle: les objectifs de ce cours mais aussi les manuels disponibles puis le point de vue des principaux intéressés: les étudiants et les enseignants ainsi que l'utilisation de l'expression écrite dans la vie professionnelle des étudiants déjà diplômés afin de répondre aux attentes. Dans un deuxième temps, nous exposerons nos deux activités pour ce cours.

1. Situation générale

1.1 Les objectifs pour la compétence «expression écrite»

Les objectifs nationaux en spécialité «langue française» sont présentés dans deux programmes[①] qu'il importe de détailler ici pour l'expression écrite afin de comprendre le contexte. Les cours d'expression écrite ne concernent en général que les trois dernières années de licence. Aussi, nous présenterons ici seulement les objectifs qui leur correspondent.

En deuxième année de licence, il peut être demandé aux étudiants de résumer un texte de trois cents à quatre cents mots ou d'écrire d'après un dessin. Ces travaux doivent comporter cent à cent cinquante mots et être rédigés en trente à quarante minutes. Il est attendu un travail grammaticalement correct et cohérent qui corresponde à la langue écrite sans fautes d'orthographe, une utilisation appropriée du vocabulaire et des verbes avec un arrangement des idées clair, l'utilisation de phrases complexes et de connecteurs logiques. Les étudiants de troisième année doivent savoir écrire des narrations, des discours en respectant le sujet, dans un ordre clair sans erreurs grammaticales de base et à une vitesse de 180 à 200 mots en une heure. Les exigences pour l'année supérieure (rédaction de commentaires et exposés) sont

---

① L'un pour le cycle de base, l'autre pour le cycle de perfectionnement, voir bibliographie.

d'avoir un style fluide, conforme au sujet, avec un ordre des idées clair.

1.2　Présentation des manuels d'expression écrite présents en Chine

En ce qui concerne l'expression écrite, assez peu de manuels concernent exclusivement cette compétence. Ceux disponibles aujourd'hui peuvent être classés en deux catégories: ceux qui traitent de la rédaction des lettres[①] et des manuels de cours[②]. Le premier type de manuels ne peut être qu'un support pour le cours d'expression écrite puisqu'il ne concerne que des exemples de lettres (on ne peut enseigner que la rédaction de lettres aux étudiants) sans exercices d'entrainement ni véritable progression.

Les manuels de cours présentent des documents suivis d'exercices. *Cours de rédaction* concerne les étudiants de troisième et quatrième année de licence et leur permet d'étudier les différents types d'écrits (résumé, compte rendu, description, curriculum vitae...) alors que *Écrire: technique et pratique*, *Observer, s'entrainer, écrire*, *Niveau moyen* porte plus sur les écrits du quotidien (affiche, recette de cuisine, souvenirs, invitations et remerciements...).

Le manuel *Écrire* pourrait être très intéressant: il propose d'apprendre à rédiger des documents écrits particuliers (recette de cuisine, bibliographie, article de presse...) et en plus, il contient des exercices adaptés pour améliorer son style d'écriture. Les exercices sont nombreux, variés sans jamais être trop longs. Cependant, avoir tout traduit en chinois et sans laisser la version française rend l'exploitation difficile voire impossible pour un enseignant non chinois. En effet, toutes les explications et même les exercices sont en chinois; l'enseignant français, même s'il maîtrise la langue de ses étudiants pourra avoir des difficultés à comprendre (il s'agit parfois de vocabulaire propre à l'apprentissage de l'écriture) et son rôle est de parler français aux étudiants et

---

　　① Les manuels dont il est sujet ici sont:《法语应用文写作》,《法语范文大全》et《新编法语应用文写作》, voir bibliographie.
　　② Les manuels mentionnés ici sont: *Cours de rédaction*:《法语写作教程》et *Écrire: technique et pratique*, *Observer, s'entrainer, écrire*, *Niveau moyen*:《法语写作：技法与实战》, voir bibliographie.

non chinois. Dans ces conditions, ce manuel n'est pas adapté.

Dans *Cours de rédaction*, les documents sont parfois trop longs ce qui transforme le cours d'écriture en cours de lecture puisque les apprenants ont beaucoup de difficultés à bien comprendre les documents. Les exercices sont classés, les premiers ne demandent aucun effort de rédaction, (textes à trous), les exercices suivants demandent une correction du texte, revoir la mise en page... et enfin un troisième type d'exercices demande une rédaction sur un sujet donné. Pour chaque unité, les objectifs communicatifs et les points à maîtriser sont signalés. Des conseils sont donnés pour toute la leçon et pour certaines réponses, on donne aussi la manière de procéder et les réponses aux questions, leurs objectifs ainsi que des exemples si nécessaire. Parfois, une règle de grammaire est rappelée. Ce manuel vise surtout les étudiants de troisième et quatrième année de licence.

On constate ainsi une certaine carence concernant les livres d'expression écrite : aucun n'est adapté aux étudiants de deuxième année et un seul correspond vraiment aux attentes universitaires ce qui paraît bien peu.

2. Le point de vue des étudiants

Il importe de connaître le point de vue des étudiants, directement concernés mais aussi de savoir si ces cours sont utiles dans leur vie professionnelle. Un questionnaire a donc été distribué à treize étudiants de l'université Jiaotong de Xi'an en 2014. Bien que le nombre d'apprenants ayant répondu à ces questions est faible, cela nous donne une idée de leur avis à ce sujet.

2.1 Le point de vue des étudiants sur l'expression écrite

À la question : *Quel est votre point de vue sur l'écriture ?*, plusieurs réponses étaient possibles. Quatre étudiants ont coché : *C'est beaucoup plus difficile que la lecture, l'oral ou l'écoute* et 12 : *C'est très important parce que vous pensez qu'écrire correctement vous sera utile plus tard* (*travail*, *études*, *examens…*) alors que personne n'a choisi: *C'est une compétence moins importante que l'oral*. On remarque donc l'importance accordée à l'expression écrite malgré la grande difficulté ressentie face à cette compétence.

Huit étudiants auraient souhaité avoir plus de cours d'expression écrite durant le premier semestre (il ont eu seulement huit heures réparties sur quatre semaines puis deux heures hebdomadaires au deuxième semestre). L'un d'eux a d'ailleurs proposé de *changer deux heures de cours de grammaire en cours d'écriture*. Les cinq autres étudiants ne le souhaitaient pas pour les raisons suivantes (deux n'ont pas justifié):

– *Il y a beaucoup de cours ce semestre* (deux étudiants)

– *Un cours d'écoute et de grammaire ont déjà lieu chaque semaine donc un cours d'écriture n'est pas nécessaire chaque semaine* (un étudiant).

On remarque que les justifications de ceux ayant répondu négativement, sont indépendantes du cours d'expression écrite lui-même: trop de cours durant le semestre; un apprenant considère que la compréhension orale et la grammaire peuvent pallier l'absence de cours d'expression écrite. Pour la grammaire cela peut paraître compréhensible: il faut bien connaître les règles pour écrire correctement mais pour la compréhension orale, les deux compétences semblent tout de même très éloignées. Cette réponse se rapproche malgré tout de la précédente: ils ont déjà beaucoup de cours et ne souhaitent pas en rajouter.

Par contre, un cours d'expression écrite semble utile pour la totalité des étudiants interrogés:

-dix pensent que *l'écriture est aussi importante que l'écoute, l'oral ou la lecture*

-onze considèrent que *savoir écrire correctement en français est important*

Par contre, les réponses:

– *Non, vous écrivez déjà des textes en cours de grammaire ou de traduction*

– *Non, progresser en expression écrite n'est pas votre priorité*

n'ont recueilli aucun suffrage.

On constate ainsi que l'expression écrite est une compétence importante selon eux. Autre point important, tous estiment qu'un autre cours ne peut pas remplacer celui d'expression écrite, pas même le cours de grammaire contrairement à une réponse donnée à la question précédente : un étudiant qui n'aurait pas souhaité avoir un cours d'expression écrite hebdomadaire au premier semestre l'a justifié ainsi : *un cours d'écoute et de grammaire ont déjà lieu chaque semaine.*

2.2 Utilisation de l'expression écrite en français après les études de licence

2.2.1 En Afrique : enquête

Après leur diplôme, certains étudiants de spécialité « français » partent travailler en Afrique francophone et continuent donc à utiliser cette langue dans leur vie professionnelle. De façon à mieux comprendre leur utilisation et avoir une vue d'ensemble sur cette compétence, nous avons envoyé un questionnaire à nos anciens étudiants leur demandant de le compléter eux-mêmes mais aussi de le transmettre si possible à leurs collègues. Nous avons ainsi obtenu trente et un questionnaires, de treize universités différentes et situées dans des villes diverses. Dix-sept questionnaires sont issus d'étudiants diplômés d'une même université mais de promotions différentes. Les étudiants ont été diplômés entre 2008 et 2015 avec une majorité diplômée entre 2011 et 2013. Le questionnaire est court, de façon à ce qu'un maximum de personnes accepte d'y répondre et est un maximum axé sur l'écrit. Ne concernant qu'un nombre limité d'étudiants, il ne donne qu'une vague image de l'utilisation de l'expression écrite en français après les études ce qui n'est malgré tout pas négligeable puisque les objectifs d'apprentissage doivent aussi avoir une visée professionnelle.

La compétence la plus utile dans leur emploi est l'expression orale alors que l'expression écrite leur semble moins utile mais une grande majorité écrit en français dans son travail *tous les jours* ou *plusieurs fois par semaine* ce qui n'est pas négligeable et montre l'importance de cette compétence dans leur vie professionnelle. Les documents qu'ils doivent écrire sont assez variés même s'ils réalisent le plus souvent des mails et des traductions mais aussi dans une moindre mesure des rapports; peu rédigent des comptes rendus ou d'autres écrits professionnels. Leurs compétences en expression écrite lorsqu'ils ont commencé à travailler leur semblaient insuffisantes (20 réponses) et seulement suffisantes pour 11 personnes interrogées. Pour eux, cela s'explique par des cours non adaptés (11 réponses) ou inefficaces (4 réponses) ou trop peu de cours d'expression écrite en licence (5 réponses). Certains ont précisé que ce n'était pas adapté à leur emploi qui est très spécialisé. Il importe donc de proposer des solutions pour aider les étudiants à progresser en expression écrite.

2.2.2 En Chine: enquête

Pour ceux qui travaillent en Chine, il est plus difficile de trouver un emploi dans lequel ils peuvent utiliser la langue française; l'anglais domine dans le monde des affaires et même les entreprises françaises ne demandent pas de maîtriser le français pour leur travail. En général, la seule solution pour parler français dans sa vie professionnelle est d'être en contact directement avec des clients francophones ou de réaliser des traductions mais cette dernière option reste peu demandée par les employeurs. Nous avons donc pu contrairement à l'Afrique obtenir seulement huit questionnaires à ce sujet. Comme ceux travaillant en Afrique, ils utilisent plus l'expression orale, mais l'expression écrite se retrouve en deuxième position dans trois questionnaires. Quatre écrivent tous les jours au travail et les quatre autres rarement; ils rédigent principalement des mails et réalisent des traductions. Une grande majorité a jugé ses compétences en expression écrite insuffisantes, cela étant, selon eux, dû à un nombre d'heures de cours insuffisant ou à des cours non adaptés. Ils pensent en grande majorité avoir progressé en expression écrite depuis qu'ils travaillent. Nous remarquons donc également de la part de ce public une certaine insatisfaction concernant les cours d'expression écrite.

3. Point de vue des enseignants

Pour réaliser cette partie, des questionnaires ont été envoyés à des lecteurs français de différentes universités. Étant donné que certains lecteurs contactés n'avaient jamais eu à enseigner l'expression écrite, seuls sept issus de cinq universités différentes[①] ont pu répondre. Ainsi, loin de vouloir faire une généralité, il s'agit principalement ici, de connaître les méthodes de quelques enseignants étrangers en cours d'écriture. Toutes les universités proposent sensiblement les mêmes cours divisés en quatre compétences et donc les étudiants suivent des cours d'expression écrite en deuxième, troisième ou quatrième année, durant deux semestres ou plus.

Seules l'université des Trois Gorges et l'université Jiaotong de Xi'an soumettent des cours d'expression écrite aux étudiants de deuxième année de licence, pour les autres établissements, cela ne concerne que les étudiants de troisième et parfois quatrième année. Pour la totalité le cours correspond à deux heures hebdomadaires.

Pour la plupart des lecteurs, le cours consiste en la découverte d'un document, son analyse suivie d'exercices. Pour certains, le sujet d'expression écrite est réalisé en classe, d'autres font faire des dictées ou des révisions de grammaire. Tous les devoirs sont généralement corrigés chaque semaine et seuls deux lecteurs utilisent le manuel *Cours de rédaction* contrairement aux autres qui n'en suivent aucun.

---

① L'université des Trois Gorges, l'université Jiaotong de Xi'an, l'université de Nankin, l'université Océanique de Chine et l'université du Hebei.

Les lecteurs pensent que le nombre d'heures de cours accordé à cette compétence est trop faible, que le cours est long à préparer du fait de la correction des devoirs et que la préparation est difficile, ce que certains justifient par l'absence de manuels selon eux adaptés. Le cours leur paraît peu intéressant et peu vivant mais nécessaire pour la mise en pratique et l'acquisition de la langue. La progression ne leur parait pas non plus assurée.

Tous corrigent des devoirs (qui sont parfois réalisés en classe); comme cela a été souligné par différents lecteurs, ce cours est difficile à préparer et à rendre intéressant. De plus, la progression des apprenants n'est pas toujours évidente. Si l'on ajoute à cela le temps de correction pour les copies, cela peut rapidement devenir un cours peu motivant pour les enseignants.

On peut retenir de ce questionnaire, la grande ressemblance d'organisation des universités et les difficultés à mettre ce cours en place qui, quels que soient les efforts de l'enseignant, ne garantissent pas les progrès des apprenants ni l'intérêt de ce cours.

4. Solutions

Nous proposerons ici deux activités durant chacune quarante-cinq minutes. Elles peuvent suivre un cours plus classique permettant d'apprendre différents types d'écrits (la description, le curriculum vitae, la lettre de motivation...). L'objectif est de faire progresser les étudiants tout en travaillant de façon moins traditionnelle et plus ludique. Le cours doit être plus intéressant et plus vivant comme le faisait remarquer une lectrice. Pendant ces deux activités, les étudiants sont libres d'utiliser tous les documents extérieurs qui leurs semblent nécessaires: dictionnaires bilingues ou unilingues, livres de conjugaisons, de cours...

4.1 La présentation

L'activité consiste à rédiger un court article en classe pour le recopier ensuite sur un panneau de présentation avec des photos; ensuite cela pourra être exposé dans une salle (par exemple celle du coin français) ou le bureau des enseignants de français selon l'organisation de l'établissement. Les groupes ne changent pas pendant le semestre puisque parfois, les étudiants doivent travailler deux cours de suite sur un même sujet. Cela dépend de leur rapidité de progression mais il n'est jamais demandé de travailler plus de deux semaines sur un même thème afin que ceux-ci soient variés et que le cours ne devienne pas rébarbatif. Les groupes sont composés de deux ou trois étudiants afin de s'assurer que chacun pourra participer à l'activité. La personne qui rédige le texte pour le récrire ensuite sur le panneau de présentation doit changer chaque semaine pour que tous assurent différentes fonctions. Afin que les étudiants aient des connaissances sur les sujets donnés et que cela ne devienne pas la traduction d'un site internet, les thèmes abordés concernent des aspects connus de tous sur la Chine; par exemple: une recette de cuisine, la présentation d'une fête traditionnelle, d'une province... Pour les niveaux plus avancés: un fait de société, un fait divers...

Lors de la rédaction, l'enseignant passe voir les groupes et les aide en cas de difficultés ou leur indique les erreurs commises pour qu'ils s'autocorrigent. Lorsque le texte est totalement terminé et corrigé par l'enseignant, il peut alors être recopié.

Cette activité permet pour ceux dont ce sont les premiers cours d'expression écrite de prendre confiance en eux, de se sentir moins seuls face à la feuille blanche. De plus, avec l'écriture à plusieurs, cela les aide pour l'autocorrection, ils peuvent réfléchir sur leur manière de rédiger. Que l'enseignant guide les groupes aide les étudiants dans leur rédaction de façon rapide: ils viennent de rédiger et n'ont pas encore oublié ce qu'ils avaient réalisé, contrairement à un devoir à faire chez soi puis rendu corrigé une semaine plus tard. La correction et l'explication sont quasi instantanées et plus simples à retenir.

4.2　La correction d'une copie par groupes

　　Pour réaliser cette activité, l'enseignant choisit parmi les copies des étudiants la plus intéressante après les avoir toutes corrigées. Il s'agit de celle qui a un nombre moyen d'erreurs très variées : certaines simples à corriger, d'autres plus complexes comme des phrases à reformuler complètement. S'il y a trop d'erreurs, les étudiants n'auront pas le temps de bien réfléchir sur la totalité. Toutes les erreurs sont corrigées pour que la copie serve d'exemple et pour éviter qu'une erreur non corrigée ne soit ensuite assimilée comme correcte. Le devoir ne doit pas être trop personnel pour qu'il ne soit pas possible de deviner à qui appartient la copie qui doit rester anonyme et ne pas gêner l'apprenant. Sa longueur doit être acceptable et le texte ne doit pas porter sur un sujet trop particulier. Le texte doit aussi être compréhensible et logique : l'objectif est de travailler sur des erreurs et non de récrire tout le devoir. La difficulté doit être moyenne : nous sommes en cours d'expression écrite, les étudiants doivent le comprendre dès la première lecture ; si l'enseignant doit réexpliquer tout le devoir, cela devient un cours de compréhension écrite. Afin de rendre la copie le plus impersonnel possible, elle est tapée sur ordinateur ce qui permet de la présenter sur document PowerPoint et de distribuer deux feuilles par groupe afin que tous puissent voir le document correctement. Le devoir est alors lu par l'enseignant ce qui permet à tous de le découvrir. En cas de difficultés, le professeur ajoute quelques explications. L'enseignant indique le nombre d'erreurs présentes dans le texte. Sinon, certains ont l'impression d'en trouver à chaque mot et lorsqu'ils les ont toutes relevées, d'autres, ont tendance à en inventer. Trouver un nombre d'erreurs représente aussi un défi pour certains. Après la découverte du document, il est demandé si les apprenants ont des questions ou des incompréhensions. Quand ils n'en ont pas ou plus, les groupes se forment : quatre étudiants en moyenne ce qui permet d'avoir plusieurs avis et une discussion au sein du groupe. Pour avoir un nombre suffisant d'idées, un groupe de deux ne convient pas. En effet, les documents extérieurs sont moins utilisés que pour l'autocorrection: les étudiants doivent essayer de mettre en pratique leurs connaissances.

Après la composition des groupes, les étudiants commencent à rechercher les erreurs et à les corriger. L'enseignant passe alors parmi eux pour leur préciser s'ils ont bien relevé les problèmes et si leur correction est juste. Lorsque les étudiants ne trouvent plus d'erreurs et commencent même à en inventer, une mise en commun est réalisée: l'enseignant montre un nouveau document PowerPoint avec toutes les erreurs soulignées sans autre commentaire; il n'est pas question à ce stade de donner des réponses. Chaque groupe note celles qu'il n'avait pas trouvées. L'activité continue alors pour corriger ce qui ne l'a pas été et certains groupes posent des questions sur leurs « fausses erreurs ». Lorsque les apprenants ne trouvent plus de solutions, l'enseignant doit d'abord leur donner des pistes et ensuite, si après réflexion, les étudiants n'ont toujours pas trouvé, il les aide à deviner plus précisément. Une correction finale est réalisée en classe entière: les erreurs les plus complexes sont expliquées et travaillées si personne n'a trouvé de solution adaptée. Les erreurs sont toutes revues afin que chacun puisse corriger, comprenne la réponse et aussi pour effectuer un rappel.

Pour comprendre de façon pratique le cours; voici un devoir qui a été distribué aux étudiants de deuxième année au mois d'octobre. Le sujet était: *racontez un souvenir d'enfance*. Pour ne pas avoir à donner deux fois le sujet, le voici ci-dessous avec les erreurs soulignées tel qu'il a été présenté après un premier travail réalisé par les étudiants.

Mon souvenir d'enfance

Quand j'étais petite, j'<u>étais</u> un peu introvertie. J'ai passé <u>mes enfances</u> avec mes parents et ma grand-mère. <u>J'apprenais mes études</u> <u>tranquillement souvent</u>; j'aimais rester seule et lire dans ma chambre.

Quant à mes <u>goût</u>, j'ai appris la calligraphie chinoise <u>depuis</u> 3 ans <u>dans ma</u> école primaire. Chaque semaine, après les <u>calligraphies exercices</u>, maman m'achetait des azeroles（山楂）au caramel qui *était* *mes favorites*.

Et puis, je passais *ma vie* avec les animaux *familiers ensemble*, par *example* des chiens, des chats, des tortues, des *oiseaus* ... *Maman* avait beaucoup de bienvieillance pour eux, donc moi aussi.

C'est ma douce enfance, un *ravi* souvenir.

Cette copie a été choisie pour sa simplicité: le sujet est très simple à comprendre, il parle de généralités et non d'un sujet trop précis. Il correspond aussi à l'enfance de beaucoup d'étudiants: auprès de leurs parents, avec quelques activités et des animaux domestiques. Pour une compréhension immédiate de tous puisque le mot est assez complexe à expliquer, le nom *azerole* est traduit sur le document. Les erreurs sont variées: conjugaisons des verbes: *j'était*; *j'apprendais*; d'expressions de temps: *j'ai appris la calligraphie chinoise depuis 3 ans*, d'accords: *mes goût*; d'orthographe: *example*, *des oiseaus* qui sont des erreurs basiques et fréquentes chez les apprenants chinois, mais aussi des erreurs de formulation ou d'habitudes de langue: *un ravi souvenir*, *apprendre ses études tranquillement*. Les premières erreurs citées sont simples à corriger, les dernières beaucoup moins.

Lors de l'activité, les erreurs les plus évidentes c'est-à-dire la conjugaison et les problèmes d'orthographe, sont repérées et corrigées dès le début du cours. Selon les groupes, d'autres problèmes avaient été relevés. Après avoir vu sur le document Powerpoint quels étaient les points à revoir, certains ne voyaient pas les erreurs et avaient besoin d'être guidés. Certains groupes réussissaient à modifier correctement certaines parties mais ne comprenaient pas l'erreur: ils avaient appris l'expression *passer son temps à faire quelque chose* mais ne voyaient pas vraiment la différence avec la première expression employée *passer sa vie*. L'enseignant est alors présent pour apporter des précisions, qu'il répétera en classe entière puisque personne ne connait la différence dans la classe. Pour certaines erreurs, une question de logique les aide à comprendre et à trouver la solution telle que: mes enfances: *une personne peut avoir plusieurs enfances? Combien de fois avez-vous été enfant dans votre vie?* Lors de la mise en commun avec tout le groupe classe, les *calligraphies exercices* n'avaient pas été résolus par les groupes. Les autres erreurs avaient parfois besoin d'une explication: *un souvenir ne peut pas être ravi, seule une personne peut l'être*; la préposition *avec* et l'adverbe *ensemble* sont rarement dans une même phrase. Il convenait d'insister sur *mes favorites* qui était un anglicisme et sur les expressions de temps. Cette copie aura donc permis aux étudiants de repérer des erreurs d'inattention ou basiques mais aussi de réfléchir à des formulations plus complexes.

Il a été demandé aux étudiants[①] leur avis sur cette activité. Il en résulte qu'aucun n'aurait souhaité un cours moins axé sur les erreurs et corriger la copie d'un camarade n'en gêne qu'un seul par contre, c'est une activité difficile pour une large majorité (10 réponses) mais le travail en groupe leur semble utile, efficace, intéressant et motivant pour la plupart puisqu'un seul a coché *une perte de temps*. Lors du travail en groupe, ils reconnaissent également *réussir à travailler sérieusement* (11 réponses). On remarque ainsi que les étudiants sont globalement satisfaits de cette activité moins rébarbative et plus vivante qu'un cours magistral tout en permettant aux étudiants de réfléchir sur leurs propres erreurs et ainsi de savoir où porter plus particulièrement leur attention lors de la relecture.

Nous avons constaté après deux mois en comparant des devoirs d'étudiants que même si des problèmes subsistent, les erreurs sont moins basiques, les phrases plus compréhensibles et plus adaptées à la langue écrite, le vocabulaire est mieux maîtrisé et certains se sont autocorrigés. Les devoirs sont aussi mieux construits et plus clairs. Cela répond aux objectifs nationaux de licence qui demandent un travail qui correspond à la langue écrite, un vocabulaire approprié et des phrases complexes et un arrangement des idées clair. On voit

---

① Treize étudiants de deuxième année de licence à l'université Jiaotong de Xi'an en 2014.

ainsi que cette méthode a permis à certains étudiants une réelle progression atteignant ainsi les objectifs fixés.

Conclusion

Ainsi, face au peu de manuels d'expression écrite et aux problèmes d'intérêt du cours constaté par les lecteurs nous proposons deux activités qui peuvent être mises en place sur une partie du cours. Si on regarde le point de vue des étudiants tout comme leur progression, on remarque que cela leur a été utile de plus, cela aide également à atteindre certains objectifs nationaux. Cependant, il est aussi très important de travailler sur les différents types d'écrits et nos activités ne peuvent être qu'un complément mais ne peuvent représenter la totalité du cours. De plus, si ces dernières durent plus que la moitié du cours ou si les deux sont exploitées dans un même cours, l'activité devient trop longue trop répétitive et nos propositions perdent tout leur atout. L'enseignant doit aussi être très actif pendant le cours pour aller corriger ou guider chaque groupe et veiller à ce que cela se déroule bien sans s'ennuyer pour les uns et ni rencontrer des difficultés paraissant insurmontables pour les autres. La correction des copies peut être longue mais sachant qu'une activité positive en dépend, cela peut être plus motivant pour les enseignants. Il serait ainsi intéressant de rechercher des activités qui permettent d'apprendre à rédiger des types d'écrits particuliers tout en restant intéressantes et moins magistrales.

Bibliographie

［1］ 曹德明、王文新:《中国高校法语专业发展报告》,外语教学与研究出版社 2011 年版。
［2］ 陈伟、尚特劳夫:《法语写作:技法与实战》,上海译文出版社 2004 年版。
［3］ 史美珍、董茂永:《法语应用文写作》,旅游教育出版社 2010 年版。
［4］ 王明利:《法语教学理论与实践》,外语教学与研究出版社 2009 年版。
［5］ 王文融、肖瑞芬、束景哲:《高等学校法语专业高年级法语教学大纲》,外语教学与研究出版社 1997 年版。

[6] 王秀丽、Portier Julien:《法语写作教程》,外语教学与研究出版社 2011 年版。
[7] 杨明丽、丛莉:《新编法语应用文写作》,北京大学出版社 2010 年版。
[8] 张晶、HANICOTTE Colette:《法语范文大全》,外语教学与研究出版社 2008 年版。
[9] 《高等学校法语专业基础阶段教学大纲》,外语教学与研究出版社 1988 年版。
[10] Allouche Victor, Maurer Bruno, *L'écrit en FLE, Travail du style et Maîtrise de la langue*, Montpellier: Presses universitaires de la Méditerranée, 2011.
[11] Astolfi Jean-Pierre, *L'erreur, un outil pour enseigner*, Issy-Les-Moulineaux: collection Pratiques & enjeux pédagogiques, ESF, 2011.
[12] Béal Yves, Maïaux Frédérique, *Un projet pour… rendre les élèves acteurs de leurs apprentissages*, Paris: Delagrave, 2008.
[13] Cornaire Claudette, Raymond Patricia Mary, Germain Claude, *La production écrite*, Paris: Clé international, 1999.
[14] Hidden Marie-Odile, *Pratiques d'écriture, Apprendre à rédiger en langue étrangère*, Paris: Hachette Français langue étrangère, 2013.
[15] Marie Gilles, *La solution passe par l'erreur ou comment transformer l'erreur en savoir*, Paris: L'Harmattan, 2006.

蔡式教学法
——精简与归一：一种以翻译为统筹的外语教学法

La méthode Cai
Simplification et homogénéisation：
une méthode d'enseignement des langues étrangères sur la traduction

复旦大学　蔡槐鑫
CAI Huaixin Université Fudan

中文摘要：蔡式教学法是一种全新的外语教学方法，该方法在"精简"与"归一"思想的指导下，以翻译为统筹，以"课堂效益最大化"为宗旨，将外语教学和效率管理相结合，让教师这个公共的"资源"，课堂这段公共的时间、这块公共的空间，始终面对全体学生，通过提高教师"教"的效率来提高学生"学"的质量，最终实现在一个学年之内，让"全班学生'都'学'好'法语"的目标，也即最大限度地缩小不同学生在学习效果上的差距，最大程度地降低甚至消灭学生外语口头和书面产出中的缺陷，培养全班学生规整的外语口头产出能力。

关键词：精简；归一；翻译；效率

Résumé：La méthode Cai est une toute nouvelle méthode d'enseignement de langue étrangère. Elle est basée sur la traduction servant de mesures de «simplification» et d' «homogénéisation», afin de «maximiser l'efficacité du cours». Il s'agit en réalité d'une combinaison entre l'enseignement et le management. Ainsi les «ressources communes» telles que le professeur, le temps et la salle de cours profitent-elles à l'ensemble des étudiants du début à la fin de chaque séance de cours. Cette optimisation de la qualité de l' «enseignement» du professeur assume l'amélioration de la qualité de l'«apprentissage» des étudiants. Cette méthode permet de réduire au maximum les écarts de niveau des étudiants durant leur apprentissage. De plus, elle diminue, voire fait disparaître les erreurs commises par les étudiants dans leur pratique de la langue cible à l'écrit comme à l'oral, afin que tous les étudiants arrivent, en un an, à comprendre et à se faire comprendre de façon correcte dans la langue cible.

Mots-clés: Traduction, simplification, homogénéisation, efficacité

一、外语教学目前遇到的一大问题

假定外语教学目标是"听说读写译"全面过关,那么我们就会遇到外语学习知识总量过多、课堂时间较少、二三十名学生数量过多的这"三重性"矛盾:

(一) 外语学习知识总量过多

外语学习的知识内容有:语音、语调、读音规则;外语精读课本第一、二、三册课文分析阅读,包括词汇、习惯用法、语法句法、篇章的详解,以及词汇语句内涵的文化历史、传统习俗、政治经济、教育艺术等各种文化现象的宣讲;泛读课本课文阅读讲解;相应的听音练习;要组织学生背诵 6 000 个以上的外语词汇,并掌握其用法;许多语法点需要把握;等等。总之,外语学习知识总量过多。此外,还要及时纠正每位学生在外语口头表达、外语写作中所涉及的每一个知识点上出现的问题,并让学生进行巩固性的训练,直至每位学生不再犯错。以上教学内容如果全部都由教师在课堂上进行,那是不可能完成的任务,原因详见(二)(三)内容。

(二) 课堂时间相对很少

通常,大学基础外语教学放在一、二年级进行,到了三、四年级则转为专业领域的学习,例如:外语语言国的文化历史、政治制度、新闻报刊、文学诗歌、翻译理论、企业管理等。实际上,到了三、四年级,教师在课堂上已无暇继续致力于提升学生的外语基础水平了。大部分学生的外语缺陷和错误因此而被固化了。

如果一学期以 18 周计算,每周为 12 个课时,那么一、二年级的全部课堂时间为 864 课时。如果我们采用法国原版教材 Festival,1 至 3 册共 72 篇主课文及其相应的其他内容，我们可视之为 72 个教学单元。如果分摊到 4 个学期 72 个教学周内，恰好就是每周 12 个课时 1 个单元。如果教师在课堂上要将课本中的内容讲透，每篇主课文的平均讲解时间为 2 个课时，每个单元配备的 Civilisation 文化介绍讲解为 1 课时，还得进行相应的听音练习为 2 课时，相应的语法练习为 2 课时，相应的泛读讲解为 2 课时。这就意味着"输入"运作已经占据了每个单元 12 个课时中的 9 个课时，余下的 3 个课时根本不可能让全班每个学生进行充分产出训练了。

所以，目前所有外语课堂都只能"半途而废"了，换句话说，在课堂上根本不可能达到让每位学生进行充分外语产出、让教师详细纠正的教学运作这一"准终点"。

（三）学生的数量过多

每位学生都想把外语学好，而每位学生的情况又各不相同，然而现有的外语教学设计无法做到让教师和课堂对每位学生进行量身定制的教学安排（即及时解决每位学生的个体问题，并在此基础上让所有学生共同达标）。故在目前情况下，外语课结束时，很多学生都是在没有被教师纠正过、问题没有被解释透或存在问题但自己根本就没有意识到的状态下离开教室的。

为解决这一大问题，蔡式教学法设计了"精简"与"归一"，一种"以翻译为统筹的外语教学法"。

二、基本原理："精简"和"归一"

（一）"精简"

"精简"有两层含意：

（1）把学生不需要教师在场就可以完成的工作全部放在课外完成，从而精简课堂承载的任务量。今天，绝大多数外语教学课堂的内容都由三部分构成：语言知识的讲解（语法知识、文化背景知识等）、外语输入能力训练（听力、阅读）、外语产出能力训练（口头、书面表达）。我们认为，语言知识的学习、语言输入能力训练以及语言输出能力中的书面表达部分可以放在课外，让学生自主完成。课堂必须用于完成学生在课堂之外完成不了的工作，才能凸显其必要性和重要性。

（2）让学生的"需求"决定课堂的"供给"，使教师在课堂上的讲授有的放矢，精准地对应学生的"需求"。学生的"需求",即他在应用外语时出现的错误、遇到的问题,会以两种方式表现出来:一是学生提出的问题;二是学生没有提出,但他在应用外语时会暴露出来的问题。前一类问题是需求的直接表达,教师很容易获悉;后一类问题,教师可以通过检查学生的外语应用(包括输入和产出)来发现。今天,绝大多数外语教师也都是这么做的,例如,布置一篇作文,收学生的作业,发现问题,从中挑一些自己认为很严重、很普遍的错误,拿到课堂上讲一讲。但是,这个教师们习以为常的做法里存在着一个很大的"漏洞",即"供给"与"需求"的错位:学生的作文从内容到所用的词句各不相同,所谓"严重""普遍"是教师凭自己的经验认为的"严重""普遍",并不一定符合事实,教师的"供给"并不一定适应学生的"需求"。所以,蔡式教学法认为,发现第二类问题的工作也应该交给学生来做,这样才能保证教师的"供给"适应学生的"需求"。

(二)"归一"

由于个体差异性的存在,学生们的"需求"一定千差万别,所有学生的"需求"累加在一起,其总量必然庞大,如果让教师和课堂去一一解决这些问题,一方面需要的时间和精力太多,另一方面很多问题并不具有普遍性,不适合占用课堂这个公共时空,因而,还必须在上课之前对学生的问题进行"归一"处理。所谓"归一",是指把个体差异性表现减到最低,并对在经过减低处理之后,仍然无法避免的个体差异性表现进行"过滤",留下具有普遍性的问题给课堂,其目的是使课堂始终都面向全体学生,从而使课堂效益最大化。但在"归一"的同时,不能忽视被"过滤"掉的个体差异性表现,即不能忽视那些并非全体学生都存在的问题——我们称之为"非共同问题"。还必须有一套完善、合理、可行的配套措施使学生的非共同问题在课堂以外得到有效的解决。

"归一"也有两层含意:

(1)减少个体差异性表现。现在比较盛行的情景互动教学法,其"不可控制"的缺点已经为很多外语教学的专家所认识。我们认为"不可控制"性的原因就在于情景互动教学法是一种增加差异性表现的操作方法。其做法是:教师根据其所教授的内容,设计一个有关的情景,引导学生共同讨论、交流看法,以达到训练学生的口头和书面产出能力的目的。由于个体差异性的存在,每个学生对同一主题的看法不同,其发表的意见也不同,说出的句子更是千差万别,这样一来，教师必须分别应付不同个体的产出问题，而无法做到面向全体。而且，学生人数越多，意见的多样性就会越强，为表达意见需要借助的词、词组、句型、时态的多样性也会越强，因而他们表达时所用的语言中存在的问题之和就会越大，教师要解决的问题就会越多，而且教师解决的很可能全都是"非共同问题"，并不是每一个问题的解答一定都对全体学生有用。我们可以看到，在这个问题上，造成这种千差万别的局面、使得原本是公共资源的教师和课堂被迫面对"非共同问题"的根本原因在于不同学生对同一问题的看法不同，在于与外语学习并没有太大关系的个人见解。教师的精力和课堂的时间被消耗在了由于学生个人学习动力欠缺、知识储备和时间投入不足所造成的问题上，如同一问题重复多次。这些差异性表现不因语言而起，却降低了学生学习语言的效率、降低了外语教学课堂的效率。如何才能减少差异性表现，也即降低非共同问题的数量呢？只有统一学生的观点，让所有的学生表达的意思完全相同，这样一来，学生在语言学习过程中关注相同的焦点。即通过翻译训练，教师提供标准稿，学生能用所学外语自如地表达出用母语所要表达的思想。这样一来，教师也不必给每个学生都"分别写一篇范文"，只要有一篇范文就可以了。

（2）过滤个体差异性表现。当然，即便统一了学生要表达的思想，学生在表达这一思想的时候，各自写出或者说出的句子、各自产生的问题仍然是不同的。如果不对这些问题在课前进行一定的加工、操作，就依然会使公共的课堂被迫面对数不清的个体差异性表现。因而必须"过滤"掉差异性表现，即过滤掉非共同问题，只表现普遍性，即将全体学生的共同问题留给课堂。但是，我们是在进行外语教学，而不是在煮咖啡，我们不能把过滤掉的非共同问题像扔咖啡渣一样扔下不管。因为学生的非共同问题也是问题，而且总量可能会很大，如果不解决的话，会给他们的外语学习造成很大困难，更何况，以翻译为统筹的外语教学法的目标是让"全班所有学生'都'学'好'法语"。我们把非共同问题放在课堂之外的自学和集体自学中解决：一方面让学生查资料自己解答问题；另一方面让学生在互相帮助中解答问题，取人之长补己之短。

三、操作方法：以翻译为"统筹"

精简和归一的原理，把大量的学习工作都转移到课外进行，因而必须有完善、有力的配套措施来保障全体学生在课外的自学和集体自学能够切实有效地实行。能够同时承担并完成精简和归一这两个"任务",并能组织起课外学习活动,有效解决由个体差异性所引发的非共同问题的教学载体只有一个,那就是翻译。因为:

(1) 只有翻译可以让教师最大限度地在验收学生的输入成果和产出成果的过程中发现学生的问题,针对学生的"需求",进行有的放矢的"供给"。我们知道,产出中的问题不难发现,只要听学生说话、读学生的作文,就可以发现他们外语产出中存在的问题;而输入中的问题,则相对隐蔽得多。怎么才能知道学生读懂了一篇外语文章呢?让他们做几道与文章内容相关联的选择题吗?这种方法失于笼统和偏颇,并对学生有一定的误导作用:它并不能验收学生对文章中的每一句话是否都理解了,以及理解到了何种程度,而学生,也会因为做对了这几道选择题而忽略掉他在阅读中存在的这样那样的困难和问题。我们外语教学的目标,恰恰是要发现学生的问题并予以解决,而不是让这些问题隐藏起来。要想让学生在语言输入方面存在的问题最大限度、最大数量地呈现出来,只有让他们把外语文章翻译成母语。

(2) 而想要统一思想、统一学生表达的内容,只有靠翻译,给学生一篇母语文章,让他们译成外语。这样一来,就等于给了他们一道一道的数学题,让他们来求解。他们的注意力便被吸引到了如何表达,如何正确、规范、精致地使用语言上来了。而教师也只需要给出一篇"标准译文"作为可供参考和对照的标准答案就可以了。

(3) 只有翻译可以"过滤"差异性表现,并为"过滤"的实现提供保障。"过滤"差异性表现的过程是在课外以集体自学的方式进行的,我们知道要使集体活动顺利开展,集体成员之间要有共同的利益、共同的目标。具体到集体自学(在教师不在的情况下,通过学生翻译、小组和大班讨论,学生课前准备达到归一状态),则学生间要有共同的讨论基础、共同的学习目标。如果学生面临的问题是针对一个题目写一篇作文,他们仅仅可以相互讨论怎样理解这个题目,而真正成文之后,是没有可以共同讨论的基础的,因为每个人写出的文章都是不同的,其中用到的外语词句更是千差万别。而当不同的学生面临的问题都是把相同的内容翻译成外语或者母语的时候,便有了进行讨论的基础和共同的学习目标,在这样一个基础之上,就可以在互相帮助中取长补短。

经过"精简"和"归一"的处理之后,课堂承担的任务量大为减轻,其目的是腾出更多的时间让学生进行口头产出训练。同样为了履行"课堂效益最大化"的宗旨——让每一分钟对每一个学生都发挥最大效益,让教师这个公共"资源"、课堂这段公共时间、这块公共空间始终面向全体学生;同样基于精简和归一的原理,口头产出训练依然应当以翻译的方式来进行,即每次练习的时候都有两名学生同时站在讲台上,一名说中文,另一名把他所说的中文翻译成法语。学生所说的必须是一篇能够表达一个完整的意思、逻辑严密的文章,主题由教师限定。蔡式教学法严格区分"口语化表达方式"和"口头表达方式"。根据蔡式教学法的定义,口语化表达方式,是指可以交流,却忽略语言规范的通俗表达方式;口头表达方式,不仅覆盖口语化表达方式,同时覆盖规范的、严谨的、书面化的语言。不同语用目标的外语均可通过口头表达方式进行训练。因此,该教学法不仅被运用于训练生活口语表达能力,也被用于训练文学、政治、外交等高精尖专业领域的交流能力。蔡式教学法设计的课堂训练旨在让学生说基本规整无误的外语,课堂口头产出的句型、措辞,不经修改就可以直接用于书面表达。

四、该教学法针对如下问题给出了创新型的答案

(1) 如何通过场景模拟训练,一方面精简课堂教学内容,另一方面让学生在应用场景模拟训练中掌握并正确使用各种语料。

(2) 如何用最少的时间解决全班外语学习中的语音问题。蔡式教学法认为,语音阶段的课堂训练40分钟即可。

(3) 如何正确处理"输入"和"输出"之间的关系。在确保输入质量的情况下,如何将课堂的主要时间运用于输出训练。

(4) 如何通过"翻译",让一个班所有学生的问题都归一到同一个平台上来("长板"效应理论)。

(5) 如何组织学生在课外完成外语输入运作,并以翻译的形式将作业连同问题提交给教师,以便教师予以检查答疑,教师同时从中发现并解决学生没有意识到的问题。

(6) 如何组织学生在课外进行听音的练习,并在课堂上以同声翻译的形式表达出来,以便教师检查。

(7) 如何提高学生小组活动质量的培训;如何提高全体学生汇总问题、课前准备的效率。

（8）如何在课堂上让学生用外语表达所想，教师即时纠正的同时，让全班每一个学生都能同步进行内容相同的练习，出现的谬误都能及时得到教师的纠正。

（9）如何组织学生进行课堂笔记以及课堂笔记整理，教师提供规范课堂笔记的标准稿以便所有的学生（包括缺席的学生）课后有效复习，同时解决学生正确书写的问题。课堂笔记是从书面到口头的重要过渡，目标是会说会写，而且写得正确。（最近出版的《蔡老师法语课堂》就是教学实践中课堂笔记的精华总结。）

（10）一种语言因受社会阶层、地区分布及其他方面的影响，在发音及表达方式上往往存在差异，这一现象导致外语学习者学习总量的增加，因此，蔡式教学法提倡学习外语的"普通话"，以便减少学习的总量并能够覆盖外语所在国各个层次的语言需要。

（11）如何在外语学习过程中既培养学生的批判性思维，又将其统一到规范的外语表达中。

（12）如何通过翻译的方式，对传统意义上的外语精读课以及泛读课的理解放在课外进行，教师在课堂上花少量的时间对学生的问题进行答疑。

（13）提高目标语听音能力（主要针对学生看得懂听不懂和看不懂听不懂的问题）的具体操作方法。

结论

蔡式教学法是在对传统教学法进行深入反思的基础上综合创新而成的。通常而言，外语教学需要培养学生的五种技能，即听、说、读、写、译的能力。外语教学的终极理想目标是学生能在尽量短的时间内实现五种技能的完美操作，即听得明白、读得透彻、说得得体、写得精致、译得漂亮。然而，实现以上目标可能是外语学习者及教授者需要终身努力的目标。

国内外语教学界目前的做法是将五种技能独立设置课程，分割教授，这不仅不能实现合理统筹协调综合，而且对于终极目标更是无从设定及考量，从而只能笼统地让课程所设定的单项目标牵着鼻子走：听、读课注重理解，写、说课注重表达，翻译课注重综合理解、表达，至于实现五种技能的最优化只能是所有教师和学生内心深处的永久期盼，这种终极目标就像遥远太空的一团星云——模糊而神秘。大家就在这种欲翱翔太空却又苦于无法生翅的无奈状态下踯躅蹒跚。

蔡式教学法正是出于打破这种状态而进行的一场革新。在蔡式教学法中，听、说、读、写、译五种技能统筹培训，浑然一体，终极目标明确清晰，可期可行，是对常规外语教学模式的整合、提升和创新。蔡式教学法以翻译为统筹手段，将读、写、听、说糅合并促，克服了常规独立技能培训课堂的弊端。

蔡式教学法解决了常规课堂中个性与共性混淆的问题，充分消除个体差异，提炼共性问题，从而准确解决目标。五种技能课程的培训中都存在学生理解力、表达力差异的问题，教师对消除这些差异基本无可奈何。蔡式教学法通过个体自修—小组活动—大组活动—班级汇总—集体纠偏—反复实战—终稿烂熟环节，充分化解了个体差异，极大地实现了高水平"共产"。

蔡式教学法解决了常规外语教学中理想和现实的差距问题，充分缩小了两者之间的距离。让所有的受教育者都达到最高的理想水平可能是所有教育者和受教育者都梦寐以求的目标，然而实现这一目标谈何容易！首先，理想目标的终极性便是一个很难确定的问题；其次，个体差异的复杂性更使得统一意志、统一理想成为可望而不可即的追求。蔡式教学法通过化解个体差异、设定终极目标，经过逐级操作、提升，最大化地缩短了理想和现实的距离。

蔡式教学法解决了常规外语教学课堂中五种技能分割培训、彼此孤立的问题，以翻译统筹四技，实现了整体素质提高。蔡式教学法中没有把五种技能分割处理，而是围绕终极目标综合进行，一切以学生产出的"译作"作为衡量掌握的标准，实现了目标的清晰可控性。

总之，蔡式教学法是自成体系的一套操作系统，是一种目标清晰、目的明确的教学方法，完全不同于常规教学法。

蔡式教学法提炼了国内外各个教学法流派和思想的精髓，添加了国内某些行之有效的教学组织办法，融入了自创的以翻译为统筹的外语教学管理理念，注重过程，追求高端。

参考文献

［1］　蔡槐鑫、赵英晖：《精简与归一：蔡式教学法或以翻译为统筹的外语教学法》，上海三联书店2013年版。

［2］　蔡槐鑫、高镜桂：《蔡老师法语课堂》，上海三联书店2014年版。

任务教学法驱动下的法语阅读课程探索[①]

Didactique de la «compréhension écrite» sous la perspective actionnelle

山东大学 曹艳艳

CAO Yanyan, Institut des langues étrangères, Université du Shandong

caoyanyan@sdu.edu.cn

中文摘要：作为非目的语环境下的二语教学,我国的法语教学通常呈现出语言输入数量有限、性质单一、语言使用与交际环境不足等特点。学生重视词汇和语法,而相对忽略目的语的实际运用。该现象与语言环境不无关系,与学生对外语学习的认知也密切相关。为此,我们利用阅读课程这一平台,以任务教学法为导向,引导学生利用网络资源,增加目的语的输入量及其多样性,拓宽学生知识视野,培养其阅读兴趣,提高其获取信息和解决问题的实际能力。

关键词：任务教学法;网络资源;非目的语环境

Résumé: L'enseignement du français en Chine, comme tout enseignement en milieu exolingue, se caractérise par un input limité et peu varié, ainsi que des situations d'utilisation et de communication peu nombreuses. Les apprenants accordent en général une grande importance au lexique et à la grammaire, et négligent l'utilisation de la langue cible. Ce phénomène est non seulement lié au contexte d'apprentissage en milieu exolingue, mais aussi à leur conception de l'apprentissage des langues. Pour cette raison, nous adoptons l'approche actionnelle dans le cours

---

[①] 本文为山东大学基本科研业务费资助项目"法语专业高年级中介语研究"(2014HW014)的阶段性成果之一。特别感谢毛荣坤老师对本文所提出的宝贵意见。

de « compréhension écrite » et guidons les apprenants à exploiter les ressources internet afin d'élargir l'input et d'améliorer leurs capacités dans la recherche d'informations et dans la résolution de problèmes.

Mots-clés : approche actionnelle, ressources internet, milieu exolingue

引言

我国的法语教学/学习大都在缺少自然语言环境的条件下进行,与目的语环境下的二语习得有明显的差异:"目的语环境下的二语学习者可以从课堂之外获得大量的自然语言输入机会"(文秋芳,2013)和外语使用环境;然而,"对许多中国学生来说,课堂是其接受外语输入的最主要场所,对部分学生来说甚至是唯一的场所"(束定芳、庄智象,2019)。由于时间、空间限制,基于课堂的法语输入通常呈现出数量有限、性质单一等特征。不仅如此,语言使用与交际环境也明显不足:"学生课堂上接触到的是大量的语言知识,或者是语法分析,而不是真实的语言交际样本,也不是实际的语言交际活动"(束定芳、庄智象,2019)。该现象也不可避免地影响了学生的语言学习观:重词汇语法轻实际使用。

针对这一缺陷,日益发展的多媒体和网络技术为此提供了弥补的可能。事实上,教学大纲以及各级教学管理机构均鼓励教师在教学中使用现代信息技术。与此同时,多媒体和网络技术与教学/学习的结合也成为教学研究的一个重要课题,相关文章和讨论不胜枚举,如《中国法语专业教学研究》2005年刊(王惠德、曹德明,2005)、2013年刊(曹德明,2013)和2014年刊(曹德明,2014)就收集了多篇相关论文。

然而,现代技术在二语教学/学习中的广泛使用并不意味着教学/学习观念的根本改变。针对非目的语环境下二语学习条件的缺陷,现有资源往往未能得到足够有效的开发,如未能利用网络资源拉近与真实的法语使用环境的距离,为学生提供法语学习的有利环境。2014年春在国内某重点高校法语专业进行的有关多媒体和网络技术运用的调研结果显示:教学中现代技术的使用并非呈现出一致的发展趋势,而是折射出代表不同教学理念的多种使用方式的简单拼凑,确切地讲,是以知识讲授为主的无理性折中主义的局面(CAO, Y-Y;2015)。

学生在受益于使用多媒体和网络技术的教学实践之外，对上述技术的使用主要集中于获取语言知识和接收信息方面：如借助于电子词典、智能手机或电脑查询单词。有关网络资源，国内网站使用较多①，而列举国外网站的学生仅占20%，且所列举的国外网站②中有些在国内已无法访问(CAO，Y-Y；2015)。

针对上述现象，在法语阅读课设计中，我们以任务教学法为导向，利用多媒体技术和网络资源，鼓励并带领学生走出传统课堂，开发多样化、真实的目的语语料，以此增加目的语的输入量与多样性，强调语言使用，提高学生获取信息、解决问题以及在此过程中获取语言和社会文化知识的能力。

一、任务教学法

任务教学法是20世纪末在交际教学法的基础上发展起来的语言学习观与教学观，吸收了系统功能语言学、当代认知学习理论、活动教学论与第二语言习得研究等领域的研究成果。其主要理念表现为：互动性原则、语言材料的真实性原则、过程性原则、重视学习者个人经历对学习的促进原则、课堂语言学习与课外语言运用的相关性原则(束定芳、庄智象，2013)。较之于其他教学方法，任务教学法以真实的学习任务为关键，将学习者置于整个教学的中心，建立了语言课堂与社会行动之间的关联，实现了由外语学习到真实语境下外语使用的转移，其实际效用远远超越了单纯语言学习活动本身，在国内外受到广泛关注。

该教学理念较适用于自然语言习得环境或目的语输入接近自然语言习得的学习环境，而在目的语输入量有限的条件下难以发挥其效用。另外，该理念相对忽略了教学在学生二语学习中的作用，对语言形式的关注也略显不足。因此，教学实践中往往需要结合其他教学法来实现最佳教学效果。

二、课程设计背景

在山东大学法语系的培养计划中，阅读课跨越了三个学期的教学计划：二年级下学期、三年级上学期和四年级上学期(于2014年开始的新大纲将阅

---

① 提到法语助手和沪江法语的学生分别占总调查人数的51%和46%。
② tv5, lefigaro, franceinfo, canalplus, google, lemonde.

读课开设时间提前：二年级上学期至三年级上学期）①，每周 2 课时。前两个学期采用泛读课的形式，最后一个学期为报刊选读课②。整个课程设计紧密结合阅读课课程目标，并充分考虑到现今学生的阅读习惯、实际需求等因素。

（一）学生阅读习惯的转变

科技发展日新月异，人们的阅读习惯以及信息获取方式也随之改变：传统的以书籍纸张为媒介的文字阅读所占的比重日益下降，而网络资源由于其便利性、时效性、多样性、超文本性、互动性以及多渠道性逐渐占据了阅读的主要部分。该趋势在年轻人中更为明显。因此，单一的纸质版文字资料难以满足学生的阅读需求及兴趣，阅读课材料需要与时俱进，不仅包括纸质资料，还要涉及图像、音频视频材料以及网络资源。

（二）学生实际需求

鉴于我校大部分学生三年级赴法国交流半年或一年，二年级泛读课以向学生展现今日法国、帮助其准备法国生活并清除文化障碍为目标，即以法国学习生活各方面，尤其是法国"大众共有文化"（la culture partagée）（傅荣，2005）为主。三年级在校学生为数不多，需要缩短其与交流学生在语言和法国社会文化方面的差距。这一阶段的阅读课注重文化体验。四年级学生面临就业或继续深造，不仅需要提高其语言技能，还应大力拓展语言与社会文化视野，增强分析事件和综合运用语言的能力。因此，报刊选读课结合法语国家传统纸媒与新媒体介绍法语传媒的特点，并就重大事件进行小组讨论，对法国社会现象作出评论。

由此，学生的阅读需求逐渐由"互动性"向"目的性"再向"批评性"（张庆宗，2012）转变，而阅读材料则由"广度"向"深度"转变。

---

① 现阶段属于新旧法语培养计划的交替期：一、二年级已使用新培养计划，三、四年级属于前一个培养计划。

② 另外，法国名家论坛、法语国家地区概况、法国社会与文化等选修课也和阅读联系紧密。

（三）阅读课课程目标

正如前文所述，我系阅读课程包括泛读课和报刊选读课。所谓泛读，即"广泛阅读，让学生大量接触不同题材和体裁的法语文章，增加所学语言的感悟能力和信息的灵敏度"（傅荣，2005）。有关报刊选读，《高等学校法语专业高年级法语教学大纲》描述如下："通过学习有代表性的法国报刊文章，熟悉报刊文体、表达方式和常用词语，加深对法国社会的认识，培养直接阅读法国报刊的初步能力。"[①]结合《高等学校法语专业基础阶段法语教学大纲》以及《高等学校法语专业高年级法语教学大纲》对各年级学生阅读能力的要求[②]，我们认为阅读课的主要任务为：（1）扩大语言输入；（2）提高学生阅读与获取信息的能力；（3）增加词汇量；（4）增加文化背景知识，培养文化认同感；（5）调动学生的积极性，培养其阅读兴趣与习惯。

三、课程流程

该法语阅读课程设计以"任务教学法"为驱动，遵从"驱动准备阶段""鼓励促成阶段"和"评估考核阶段"这一流程，分别对应课上阅读训练、课后拓展实践和实践任务考核。驱动准备阶段以教师输入为主，鼓励促成阶段表现为学生完成真实任务，而评估考核阶段则由师生共同完成。

（一）驱动准备——课上阅读训练

出于对语料真实性、教材时代性以及社会文化针对性的考量，泛读课选用原版教材：*Compréhension écrite*（Poisson-Quinton, S. & Mimran, R., 2005），并

[①] 国家教育委员会：《高等学校法语专业高年级法语教学大纲》，外语教学与研究出版社 2011 年版。

[②] 在阅读能力方面，二年级学生要"1. 能借助词典读懂用基础法语撰写的文章（如 Textes en français facile）。阅读速度每分钟 80 个词，理解准确率为 70%。2. 掌握阅读的基本技巧，能够根据构词法和上下文猜测词意，抓住关键词，领会段落和篇章的大意。3. 逐步增大阅读量，二年级下学期每周阅读量为 5 000 个词左右"。见国家教育委员会：《高等学校法语专业基础阶段教学大纲》，外语教学与研究出版社 2008 年版。

三年级学生要"能读懂法语国家主要报刊的一般新闻报道，一般科普、社科文章及浅近的现当代文学作品。阅读速度为每分钟 250 个印刷符号，要求理解文章主要内容并抓住要点，理解准确率以 70% 为合格"。在此基础上，四年级的阅读题材更为丰富，难度也有增加。阅读速度提高到 350 个印刷符号，不仅要求对文章内容的理解，而且还要求写内容简介的能力，而准确率和前一个阶段持平。见国家教育委员会：《高等学校法语专业高年级法语教学大纲》，外语教学与研究出版社 2011 年版。

以网络资源为补充,适当增加图像和视频材料,实现教学/学习材料从单纯文字的一维平面向多维结构的转换,以适应学生阅读习惯的改变。以二年级阅读课第一单元第三课 A vous euros 为例,鉴于阅读材料中提到了多项银行服务,我们在教学过程中补充了法国银行业的广告短片,要求学生分析其内容视角并分享观看感受。

课上阅读采用限时快速阅读为主、仔细阅读为辅的形式,利用阅读练习以及对阅读策略(如利用标题副标题进行览读,寻找连接词了解篇章结构等)的讲解提高学生获取重点信息以及根据上下文语境准确理解生词和短语的能力。而后,学生就涉及的文化内涵和社会现象进行小组资料查阅和解读,强调课堂的互动性,保证其在学习法语语言、提高阅读技巧的同时,了解法国文化和法式思维,并为课外完成学习任务做准备。

(二)鼓励促成——课后拓展实践

该阶段以网络资源为支撑,通过课后小组"完成包括语言活动在内的各项任务"(刘骏、傅荣,2008)的方式让学生沉浸于目的语的真实语料环境之中。各阶段学生语言水平有异,任务的设置并不单纯局限于书面任务。如二年级学生的任务之一为上网查询法国人饮食是否均衡,并借助图片、视频等举例证明其观点;三年级阶段的任务之一是为自己将来的留学生活寻找适合的房源,并计算房补的金额;四年级学生则需要参照访谈文章和节目,分组完成以"大学生活"和"法语学习"为主题的访谈视频。

该阶段的目的是在节约课堂教学/学习时间的前提下,将学生置于真实目的语使用环境之中,力求克服传统课堂语言教学与社会实践的脱节以及语言输入有限的缺陷,发展学生获取网络资源的能力和自学能力,培养其对法国文化的应对能力和认同感。

(三)评估考核——实践任务考核

该阶段强调学生参与考核标准的制定与实施。在任务开始之前,根据任务特色,由学生在教师的指导下共同制定考核标准。例如,针对济南某城区改造项目,二年级学生确定了如下考核标准:

项目			项目演示			语言因素			
可行性（10）	创新性（10）	论证充分性（10）	PPT完整性（10）	演示流畅性（10）	与听众互动性（10）	句型多样性（10）	用词准确、丰富性（10）	语法正确性（10）	语音语调准确性（10）
小组1									

任务考核则由学生和教师共同完成。这一方法不仅解决了有些学生"要分"的问题，更重要的是提高了学生对任务的体验与思考，在某种程度上更好地保证了任务的完成。

四、补充任务

为了保证学生的阅读量，课程设计中添加了补充任务这一环节。它在泛读课和报刊选读课中的呈现略有不同。二、三年级学生主要基于推荐书单，根据其兴趣、语言水平利用课外时间自由选择书目进行阅读，并在课上借助课件分享其阅读内容并回答其他同学提问。四年级同学则需要在报刊选读课上进行每周重大新闻播报，通过兴趣阅读和演讲，不仅可以在一定程度上保证学生的阅读量，培养其阅读习惯，扩展其语言文化视野，还可以锻炼其运用目的语交流的能力。

有关课程考核，在寻求各部分均衡的基础上尽量突出自主阅读活动与阅读任务：自选阅读演讲、课后阅读任务和期末考试分别占学生学期总成绩的20%、30%和50%。这一安排目的在于提高学生对自主阅读演讲和阅读任务的重视。

五、有关该课程实践的思考

（一）实践结果评价

自2013年9月使用该课程设计以来，三个年级的课程反馈均显示在校学生能够开发网络资源，自主（个人或团队）完成阅读课任务。此过程中所接触的真实语料和真实语言使用环境在一定程度上弥补了非目的语环境下语言输入有限的缺陷，相对实现了语言使用真实化和语言学习的最终目的。学生的语言、交际和文化能力以及对社会性行为的应对能力均得到一定程度的发展,其自主能力和自学能力也相应提高。通过完成任务,学生学习的成就感得到增加,其学习兴趣在一定程度上得以提高。

(二) 遇到的问题

与此同时,该课程设计在实施过程中也遇到了一些问题。这些问题可以归纳如下:

(1) 获取网络资源客观条件受限。在课程的反馈结果中,学生对现有的网络开放度和渠道便利性普遍不满,如某些网站访问受限、网速过慢等。客观条件的制约造成了相当的时间和精力浪费,也影响了学生的积极性。

(2) 语料难度与学生水平的匹配度问题。低年级学生语言水平和词汇量有限,有些学生因为其水平与某些真实语料的巨大差距产生挫败感而使用回避策略,比如放弃目的语资源转向对母语资源进行翻译再加工。这种解决方案对提高学生法语阅读能力所起到的作用会大打折扣。

(3) 学生网络资源利用能力有限。虽然网络资源具有"开放性",信息量丰富,却真伪并存。有些学生网络资源查询和辨别信息真伪的能力有限,时常迷失于无限的网络资源中找不到有用信息或是选取了不具备可信性的资源,严重影响了任务的完成以及语言学习效果。

(4) 学生对任务教学法的接受不一。在传统外语教学和学习观的长期影响下,学生希望获得知识,尤其是语法和词汇知识。而任务教学法的实施结果往往无法用单词和语法知识点进行量化评估,加上任务大都超越单一的语言知识层面(比如完成一份魁北克的旅游宣传页,学生需要上网查阅了解当地的旅游资源、确定目标人群、选择图片、编写宣传文稿,然后进行排版),因此较之于传统的书面作业,稍显繁重。有些学生对任务教学法持怀疑态度,认为其"不实在,不充实"。

(5) 学生目的语文化的接受和适应困难。由于我国外语教学/学习环境并不具备"多文化共生共存的土壤"(田园,2011),学生对法语国家社会文化和使用法语人群的思维缺乏了解,在使用原版教材进行阅读练习和任务完成阶段均显现了不同程度的适应困难。

(6) 任务成效考核不易把控。任务教学法主张根据任务完成的结果评估任务的执行情况。由于教师无法对学生完成任务所采用的方法进行直观性评价,而方法的选择则直接影响了其语言学习的效果,因此,以任务是否完成为评估标准不能完全保证学生语言学习评估结果的有效性和公平性。

(三) 解决方法尝试

针对上文中前三个和第五个问题,教师需要发挥其指导作用:明确任务,提供重要的信息来源(比如常用网站链接,国外网站和国内法语教学/学习网站相结合),引导学生寻找信息,注意聆听学生所遇到的困难,及时施以援手。这也对教师的网络技术以及对网络资源的熟悉度提出了很高要求。

针对学生对任务教学法的适应困难,教师可以用"博采众长"的方式加以缓解,即结合其他教学方法弥补任务教学法的局限性,前期适量讲解重点词汇与语法现象,逐渐引导学生向自主阅读学习转变。我们已开始尝试把法语实践任务扩展到与法语母语者共同完成任务,通过提高互动性进一步提高学生的积极性。

针对任务成效考核不易把控这一问题,我们则尽量细化考核标准,将语言因素及完成任务所用方法纳入考虑范围。然而,考核标准过于细化则会引起考核操作困难,而对语言因素及所用方法的过多关注则与任务教学法的原则相悖。因此,需要找到一个平衡点,兼顾任务取向与语言及方法的使用。

另外,针对该阅读课程中经典文学作品比重较少的现象,我们希望通过两个途径解决:首先,我们会在所提供的书目中加大文学经典的比重。另外,课程之间进行协调。文学经典阅读可通过法国文学史、法国名家讲坛、法国社会与文化等课程加以保障。

结语

针对我国外语教学存在的"教学资源匮乏""教学理念落后""应试倾向明显"(束定芳、庄智象,2013)等问题,该课程设计力求以学生和阅读任务为中心,重视语料和任务的真实性,通过任务教学法与其他教学方法相结合、教材与网络资源相结合、传统阅读与现代信息技术相结合、语言学习和语言使用相结合、课堂与课外相结合、语言与文化相结合、个人学习与团队作业相结合的方式构建自主学习法语教学环境。当然,该课程设置还处于起步阶段,文中所提到的阅读能力发展模式还需要在以后的教学实践中进行检验。

参考文献

[1] 王惠德、曹德明:《中国法语专业教学研究》,上海外语教育出版社 2005 年版。

[2] 曹德明:《中国法语专业教学研究》,上海社会科学院出版社 2013 年版。

[3] 曹德明:《中国法语专业教学研究》,上海社会科学院出版社 2014 年版。

[4] 傅荣:《趋利避害,积极探索法语基础阶段的网上阅读教学》,载王惠德、曹德明:《中国法语专业教学研究》,上海外语教育出版社 2005 年版。

[5] 傅荣:《对数字化环境下外语教育的学科反思》,《外国语文》2010 年第 1 期。

[6] 国家教育委员会:《高等学校法语专业基础阶段教学大纲》,外语教学与研究出版社 2008 年版。

[7] 国家教育委员会:《高等学校法语专业高年级法语教学大纲》,外语教学与研究出版社 2011 年版。

[8] 刘骏、傅荣:《欧洲语言共同参考框架》,外语教学与研究出版社 2008 年版。

[9] 束定芳、庄智象:《现代外语教学——理论、实践与方法》(修订版),上海外语教育出版社 2013 年版。

[10] 田园:《将任务教学引入基础阶段法语教学:理论与实践》,《法国研究》2011 年第 83 期。

[11] 文秋芳:《二语习得重点问题研究》,外语教学与研究出版社 2013 年版。

[12] 张庆宗:《外语学与教的心理学原理》,外语教学与研究出版社 2012 年版。

[13] CAO, Y-Y: «Les Tice et l'enseignement-apprentissage du FLE en milieu exolingue: les pratiques dans un département de français en Chine», *Alsic*, 2015, vol. 18. http://alsic.revues.org/2826.

[14] Poisson-Quinton, S. & Mimran, R.: *Compréhension écrite*, *Niveau 2*, CLE international, 2005.

[15] Poisson-Quinton, S. & Mimran, R.: *Compréhension écrite*, *Niveau 3*, CLE international, 2007.

以应用能力培养为导向的法语语法教学
Enseignement de la grammaire française en se basant sur le développement de l'aptitude d'application

鲁东大学　高举敏
GAO Jumin　Université Ludong

中文摘要：语法教学是法语教学中不可或缺的重要组成部分，是培养学生语言应用能力的基石。鉴于此，本文从应用型法语人才培养目标出发，分析了法语语法教学现状，并结合二语习得理论提出了一些具体改革途径，将学到的语法规则活用到真实的语言交际中，把语法形式同语言情景相结合，提高学生语法能力，从而为学生应用能力的培养奠定坚实的基础。

关键词：应用能力；法语语法教学

Résumé: L'enseignement de la grammaire française est une partie intégrante dans l'enseignement du français. Il est la pierre angulaire du développement de l'aptitude d'application des élèves. À partir de l'objectif de la formation des talents d'application, cet article analyse le statu quo de l'enseignement de la grammaire française, propose des moyens efficaces concrets en combinant avec la théorie de l'acquisition de la deuxième langue, ce qui permet d'utiliser les règles de grammaire dans la communication de langue, et souligne l'exactitude et la pertinence de l'utilisation de langue, combine la forme grammaticale avec la situation de langue pour améliorer la compétence grammaticale des élèves, de manière à jeter une base solide pour le développement de l'aptitude d'application des étudiants.

Mots-clés: aptitude d'application, enseignement de la grammaire française

引言

语法教学是外语教学中的一个重要组成部分,无论是从语言的本质、外语教学的特点等方面,还是从外语学习者认知能力培养的角度来说都说明了这一点(束定方、庄智象,2008)。"语法能力是掌握语言形式的知识体系,是语言实践能力的前提"(庄艳玲、魏刚,2003)。Hymes(1979)认为语法能力属于交际能力的一部分(Dell Hymes,1979)。由此可见,语法能力是培养学生语言应用能力的基础。然而,目前法语语法教学存在理念陈旧、方法单一等问题,严重影响了学生学习的主动性和语言应用能力的培养。

一、法语语法教学现状

(一)教学理念

注重语言知识的输入,忽略学生输出能力的培养。长期以来,法语语法课被认为是枯燥、乏味的课程,传统上主要采用以教师为中心、学生被动接受的教学模式,教师讲得多且教学缺乏创意。

(二)教学内容

基本依赖教科书而忽视与实际生活相结合的素材。法语语法教学的目的在于使学生重点掌握语法核心内容,提高学生恰当应用语法的能力和应用法语的准确性。然而传统上往往重视法语语法知识的传授,轻视学生能力的培养,将教科书视为"圣经",致使学生对意义建构的能力较为低下。

(三)教学方法

以教师为中心,忽视学生主体地位,轻视学生学法研究。一方面,语法教学与学生语言能力的提高得不到同步进行;另一方面,对学生学法的研究更显薄弱。而语法教学的成功与否,并不在于语法知识传授的多少,而在于学生应用语言能力的强弱。

(四)教学评价

多以终结性的传统考试模式而忽视学生应用能力的检测,有时还以学生通过专业四、八级考试为目标。凡此种种,均不利于法语语法教学对学生应用能力的培养。

二、理论基础

掌握一定的法语语言知识是法语应用能力培养的前提,因此,法语语言知识的有效输入就显得十分重要。

(一) 克拉申语言习得理论

美国著名语言教育家克拉申(Stephen D. Krashen:1985)提出了"输入假设"(Input Hypothesis),认为语言学习最基本的途径就是对语言输入的理解(Stephen D. Krashen,1985)。可理解的语言输入是语言习得的必要前提条件,只有当习得者接触到"可理解的语言输入"(Comprehensive Input)时,即略高于他现有的语言技能水平的第二语言输入,而他又能把注意力集中于对意义的理解而不是对形式的理解时,才能产生习得,这就是他著名的"i+1"公式。"i"代表习得者现有的水平,"1"代表略高于习得者现有水平的语言材料,这是"输入假设"理论的核心之所在(Stephen D. Krashen,1985)。可见,教师的语言信息输入的可理解性和有效性是培养学生法语语言应用能力的第一步。教师对听、说、读、写、译这五项语言技能的训练需要遵循语言习得的规律,逐步从法语知识的有效输入,加强学生听、说、读等技能训练,重视输出能力的培养到侧重法语说、写、译等应用能力的培养,为最终实现学生法语应用能力培养奠定基础。

(二) 布鲁纳"发现学习"理论

20世纪中叶,布鲁纳提出了"发现学习"理论,主张教师应该在课堂上为学生尽量创造相应的学习环境,刺激后者通过独立思考或团队合作的形式自行发现知识,学生扮演探索者的角色,从而培养学生创造性思维能力和发现问题、解决问题能力(赵吉鹏,2014)。强调学生不是被动的、消极的知识接受者,而是主动的、积极的知识探究者,让学生主动探究和发现事物的特性、原理和原则。比如在教授未完成过去时时,教师就可以给定一篇短文,让学生主动发现其中的未完成过去时的用法,然后将它和复合过去时进行对比,使学生有个整体上的概念;或者借助图片,学生联想、发现在描写人物和环境时未完成过去时的作用;最后通过对话练习,进一步巩固未完成过去时和复合过去时的用法。

三、运用适当方法,培养学生语言应用能力

(一) 创设应用情境

在教学中构建一定的语言情境,让学生在设定的情境中学以致用,使课堂成为语言实践的场所,从而提高学生的语言应用能力。学习语法是为语言运用服务的,在语法教学中,教师应当创设真实的语境,让学生们学有所用,并真切地感悟语法的运用功能,这是法语语法教学的关键。"理想的语法教学应在大量的语言交际活动中,提出语言形式,帮助语言学习者将语言形式和意义联系起来,进而理解语言形式"。(衡仁权,2007)如果只教会学生语法规则,而忽视其在实际中运用,那么,培养学生的语言应用能力就成为一句空话。因此,语法教学过程中要体现应用性,使学生将语言结构运用到一定的语言情景中去,例如,在讲授泛指代词 on 时,我们在教学中设置了一定的情境,参考引用了一篇谈论法国女性农民的文章,讲述的是法国"妇女发展农业组织"的一次大会情况,其中频繁使用了"on"及其相关的性数配合情况。(Toutes les femmes assistant à la réunion se sont mariées à des agriculteurs. Dans la loi, on n'est pas reconnues, mais dans le travail qu'on fait, on a constaté qu'on faisait 40 à 50 heures par semaine dans la ferme et au foyer. On peut dire qu'on a un métier et on en est fières)(李淑芬,2007)教师通过这样的情境把语法现象呈现给学生,让学生自己发现、归纳语法规则,教师则起指导者、帮助者的作用,使学生"在用中学,在学中用",教师通过创设应用环境,把培养学生的应用能力作为教学目标。

(二) 组织角色扮演

角色扮演目的是鼓励学生在老师创设的特定情景中,发挥他们的想象力,运用法语进行口语练习,用更加有趣的形式来锻炼学生的口语表达能力,帮助学生进一步理解授课内容,从而达到学以致用的效果。教师根据课文内容等为学生指定相关场景,学生根据教师的指导,表演对话,以检查巩固学生对课堂内容的掌握,并向学生提供应用语言进行交际的机会和条件,营造良好的学习环境与氛围,充分提高其语言运用能力。例如,在讲解"部分冠词"时,我们为学生提供了一些有关饮食方面的词汇和短语,让学生模拟烟台"小巴黎"(法国浪漫餐厅)的

场景，同学之间商量点什么菜，以此准确表达不可数名词前部分冠词的用法：我要一份煎牛排（Je voudrais du steak-frite.）、红酒洋葱炖牛肉（du boeuf bourguignon）、洋葱浓汤（de la soupe à l'oignon）、鲑鱼（du saumon）、沙丁鱼（de la sardine）、苹果酒（du cidre）、葡萄酒（du vin）、啤酒（de la bière）、冰激凌（de la glace）等，将枯燥的语法讲解变为生生互动、师生互动的实际交流场景，学生们表现得非常积极踊跃，达到了培养学生语言应用的效果。

（三）运用歌曲进行语法教学

法语歌曲主题多样，许多单词、句型结构和语法在歌曲中被赋予了生动形象的含义，加上歌曲所特有的节奏，能够使法语语言的用法在脑海中深深印记，巩固所学语法规则，由此帮助提高听力和口语水平并发展综合运用语言的能力。（孙丹，2011）例如，可以运用将法语歌曲与语法教学相结合的办法。法语的语法环环相扣，往往是学生学习的难点，特别是"法语中动词的时态和语式的用法最繁杂，而且几乎每个句子都有动词，都涉及时态和语式的用法，让人捉摸不定"。（王昌宁，2005）而朗朗上口的法语歌曲能让学生在娱乐中更好地掌握相关语法点，而且学生熟悉了歌词以后，在运用时会尽量模仿其中的内容，进行地道的法语表达，从而切实提高其法语综合应用能力。例如，我们采用过法国国歌 La Marseillaise，其中有下列歌词：

> *Allons enfants de la Patrie,*
> *Le jour de gloire est arrivé !*
> *Contre nous de la tyrannie,*
> *L'étendard sanglant est levé !*
> *Entendez-vous dans les campagnes*
> *Mugir ces féroces soldats ?*
> *Ils viennent jusque dans nos bras.*
> *Egorger vos fils, vos compagnes !*
> *Formez vos bataillons !*
> *Marchons, marchons !*
> *Qu'un sang impur,*
> *Abreuve nos sillons !*

里面使用了命令式、以être作助动词的复合过去时、被动语态、感官动词后面接有自己主语的不定式。学生在娱乐中直观地了解这些语法点，从而提高其法语综合能力。

（四）任务型活动应用于语法教学

掌握语言的最佳途径是让学生亲自实践，即"做中学"，完成各种任务。在语法教学中开展一些任务型活动有利于引导学生形成"学以致用"的学习习惯。如，在教授动词被动语态时，教师给学生布置任务：如何制作蛋糕，要求使用动词的被动语态，学生以小组为单位分工协作，查找制作蛋糕的相关配料、动词被动语态的用法、写出具体制作步骤等，最后到讲台上展示合作成果，由此，学生对被动语态用法的掌握贯穿于完成任务的全过程。由此可见，在法语语法教学中，应该使语法规则与相应的语言事实结合起来，设计一种以学生为中心的任务型教学活动，让学生在真实的语言环境中进行实践，提高学生的综合语言运用能力，提高教学质量。

（五）坚持合作学习和交互式教学

学好语法是提高语言应用能力的基础，语法能力又是语言实践能力的前提。在法语语法教学中，采用合作学习和交互式教学也是十分必要的。将学生分成小组，按照教师布置的问题，对语法项目开展小组活动，成员之间相互沟通，相互合作，尝试解决问题，形成问题解决方案；通过生生间、师生间的交流与合作，完成知识的建构，同时学生也获得了语言运用能力。

结语

地方高校法语专业培养应用型人才，是区域经济发展的必然要求，必须以社会需求为导向，以服务地方经济为宗旨，在法语教学中注重培养学生的语言应用能力。作为外语教学不可或缺的组成部分，语法教学是为培养语言技能服务的，也是培养学生综合应用能力的基础，其目的是帮助学生提高使用语言的实际能力，因此，在法语语法教学中，我们必须克服传统语法教学的弊端，坚持交际化语言教学思想，不断探索有利于提高学生应用能力的有效教学方法和途径；任何一种语言都是在真正的语言环境中使用的，教师应该借助于现代化的教学手段，最大限度地让学生接触大量真实的语料,并和具体的语境结合起来,把语法知识的教学和语言功能结合起来,使学生语法能力和交际能力的培养有机结合;教师应以学生为中心,充分利用教材特点,根据学生认知能力、教学环境以及不同的语法规则选择不同的方法,从而培养和提高学生的综合语言应用能力,达到培养适应区域经济发展需求的应用型人才的终极目标。

参考文献

[1] 束定方、庄智象:《现代外语教学——理论、实践与方法》,上海外语教育出版社 2008 年版。

[2] 庄艳玲、魏刚:《"淡化"还是"优化"——英语语法教学改革刍议》,《中小学外语教学》2003 年第 7 期。

[3] Dell. Hymes, *The Communicative Approach to Language Teaching*. Oxford University Press,1979.

[4] Stephen D. Krashen. , *Input Hypothesis: Issues and Implications*. New York:Longman,1985.

[5] 赵吉鹏:《发现式学习视角下的法语语法教学》,《法国研究》2014 年第 3 期。

[6] 衡仁权:《国外语法教学研究的最新发展综述》,《外语界》2007 年第 6 期。

[7] 李淑芬:《高年级法语语法教程》,北京大学出版社 2007 年版。

[8] 孙丹:《法语歌曲在法语教学中的运用》,载曹德明、王文新:《中国法语专业教学研究 2011》,外语教学与研究出版社 2011 年版。

[9] 王昌宁:《解析法语时态和语式使用的几点疑难》,《上海理工大学学报》2005 年第 6 期。

大学"法语翻转课堂"模式设计
Conception d'un modèle de classe inversée appliqué dans lénseignement du français à l'université

江汉大学　郭　娟
GUO Juan　Université Jianghan

中文摘要：随着慕课时代的来临，翻转课堂教学逐渐深入人心。这种新型的教育教学形式，颠覆了传统意义上的课堂教学模式，将"教学"翻转为"学教"，将传统教学中知识传授与知识内化两个阶段加以颠倒，真正实现了"以学生为中心"的教学理念。为了将翻转课堂应用到法语教学中，本文在探讨了"翻转课堂"的真正含义以及"翻转法语课堂"必要性的基础上，结合 Robert Talbert 的翻转课堂模型图，设计了"4+1"翻转法语课堂教学模式，以期更好地促进翻转课堂在法语教学中的应用。

关键词：翻转课堂；法语教学；以学生为中心

Résumé：La classe inversée s'est popularisée peu à peu à l'ère des MOOCs (massive open online course: cours en ligne ouverts et massifs). Cette nouvelle méthode pédagogique consiste à inverser les temps, espaces et rôles d'enseignant-apprenant par rapport à la méthodologie traditionnelle. Dans la classe inversée, l'apprentissage passe devant l'enseignement en vue de l'auto-apprentissage et la centration sur l'apprenant. Une analyse des problèmes que nous avons remarqués dans l'enseignement/apprentissage du français en Chine et une autre du modèle de Robert Talbert, débouchent sur un modèle «4+1» plus adaptée à l'enseignement du français en milieu universitaire chinois.

Mots-clés：Classe inversée, enseignement/apprentissage du FLE, centration sur l'apprenant

一、"翻转课堂"的真正含义

所谓翻转课堂(Flipped Classroom),是指在信息化环境中,课程教师提供以教学视频为主要形式的学习资源,学生在上课前完成对教学视频等学习资源的观看和学习,师生在课堂上一起完成作业答疑、协作探究和互动交流等活动的一种新型的教学模式。

开启这一教学模式的是美国科罗拉多州一所高中的两位化学老师 Jon Bergmann 和 Aaron Sam。为了给因各种原因缺课而跟不上学习进度的学生补课,他们把结合实时讲解和 PPT 演示的视频上传到网络。不久,这些在线教学视频被更多的学生接受并广泛传播开来。两位老师认为:"翻转课堂已经改变了我们的教学实践。我们再也不会在学生面前花费 30 分钟至 60 分钟来讲解。我们可能永远不会回到传统的教学方式了。"加之以"Khan Academy"和"TED Ed"为代表的微型网络视频课程的推动,这种教学模式已从网络走进世界各地的教室。

根据布鲁姆的认知分类理论,在传统课堂上,学生的学习主要是"记忆和理解"(认知最低的两个级别),而他们在课外的学习则是为了达到更高层次的认知水平:应用、分析、评估、创新(Robert Talbert,2014)。显然,这个"课外的学习"对于认知水平的提高更为重要。根据果茨基的最近发展区理论,如果这个"课外的学习"能在他人的辅助下进行,将更能加速学生的成长。所以,"翻转课堂"将教学由"教-学"模式变成"学-教"模式,首先教师创建视频,然后学生在家中或课外观看视频中教师的讲解,最后回到课堂上师生面对面交流和完成作业。值得注意的是,教学视频并非"翻转课堂"的核心,对传统教学流程的颠覆(Zhongke GUAN,2012)和基于"以学生为中心"的思考才是"翻转课堂"的真正含义(Ling JIN,2012)。

二、"翻转法语课堂"的必要性

(一)传统教学法之负面影响

虽然多媒体技术已被广泛应用在教学实践中,但传统教学法所带来的负面影响还是无法令人忽视的:

1. 学生学习语言靠死记硬背、自主学习能力差

在目前的教学中,我们一直强调的是知识的传授,是继承和接受。长期以来

用传统的教学方式培养循规蹈矩、听话顺从的学生,以考试为教学目的,由此使得繁复的练习、盲目的抄写、无休无止的记诵成了学生的学习方法,其实一味地死记硬背,是不能真正学会一门语言的。而且这种方法必然会抑制学生的主动思考,扼杀他们的探索精神和创新精神,长此以往,就形成盲目服从、迷信权威的思维定势,只会机械地接受现成的东西。这样的教学方法既降低了学生学习的兴趣,抹杀了学生学习的乐趣,也直接打击了学生自主学习的积极性,导致他们自主学习能力差,丧失创造的欲望和能力。正如宋学智在《FOU:法国对外法语教学新概念》中所说,中国学生"靠记忆学习,似乎记住老师的话,背好笔记就是好学生,对所学内容缺乏自己的见解,不善分析,更谈不上批判精神,只会抄而不会自己动脑筋,大部分学生的学习还停留在知识的层面,没有上升到认识的层面"(Xuezhi SONG,2011)。

2. 以教师为中心的教学方式,促生了"哑巴法语"的现象

长期以来,"发挥学生的主体作用""让学生成为课堂教学的主体"成为教学改革的中心命题。然而在现实的课堂上,虽然使用了多媒体课件,可仍就是教师一个人在活动、一个人在思维、一个人在讲话,学生成为旁观者,他们只负责听和记,完全不需要动脑子。实际上,教师并没有把学生真正放在主体的位置上,而是过多注意自己的教学活动如何安排得环环相扣,自己的教学课件如何"富媒体化",却恰恰忽视了学生主体作用的发挥。而且在法语的教学中,教师和学生都重视语法的教学,却忽略了其他语言技能的培养。难怪很多学生讲法语时成了"聋子""哑巴"。一定意义上讲,学生学了多年法语等于没学,因为他们只学了一个方面——语法规则。这一点在出国深造的学生身上体现得特别明显,很多学生在国内学了多年法语却无法在外和别人进行正常的生活交流和沟通。可见,传统教学法带来的不良后果非常严重。

3. 课堂过度"言语化",导致学生的片面发展

虽然我们一直强调素质教育的重要性,教育重在促进学生的全面发展。然而,在目前过度"言语化"的法语课堂中,教学仍无法摆脱"只注重知识传授"的局限。这种教学模式只注重培养学生的语言智能,而其他一些智能却一直处于被忽视的状况,如人际交往智能、自我认识的智能、视觉和听力智能等,而且学生情感、兴趣、个性等方面的培养和发展也没有得到足够的重视。还有,传统课堂实质就是知识的传授,而学生的实践能力、交往能力以及分析和解决问题的能力并

不会因此而得到锻炼和提高。

(二)"翻转课堂"之优势

如果把"翻转课堂"的理念引入到法语教学中,却可以从根本上改变这一状况:

首先,根据元认知理论,任何一个个体都有自己独特的认知风格与认知方式,这必然导致学习者个体形成独有的个性化学习方式和学习风格。个体在对自己认知的认知、体验与监控的基础上所选择或形成的学习方式,必然与自己的认知特点相吻合,其学习过程也必然能最大限度地发挥、挖掘出个体的综合潜能。Jon Bergmann 和 Aaron Sam 认为,"翻转"最大的好处是让学生自己掌控学习。翻转课堂后,利用教学视频,学生能根据自身情况来安排和控制自己的学习,可以随时随地反复地观看学习,学习的节奏和氛围完全掌控在学生自己的手中,甚至还可以通过聊天软件向老师和同伴寻求帮助。这对提高学生的学习兴趣性和自主学习的能力都能起到积极的作用,简单来说,就是让学生"乐学"。

其次,"翻转课堂"增加了学习中的互动,利于学生的全面发展。翻转课堂的另一个好处就是全面提升了课堂上教师与学生以及学生与学生之间的互动,让学生真正成为课堂的主体。在这种教学模式下,知识的传授已通过信息技术的辅助在课前完成,而知识内化则在课堂上经老师的帮助与同学的协助后以三方互通的方式完成。这个内化的过程既利于教师以参与者的身份近距离地了解学生学习的情况,成为学生学习的引导者;又便于学生之间通过协作学习小组来达到互相帮助、学习和借鉴的目的,提高他们的团队合作意识及人际交往等智能,促进学生素质的全面发展及教师的"乐教"。"乐教"是"乐学"的前提和保障,而学生"乐学"则更能促进教师的"乐教",这是一种相辅相成的关系(Pingfeng SONG,2013)。

三、如何"翻转法语课堂"

美国富兰克林学院的 Robert Talbert 教授通过如图 1-1 所示的翻转课堂结构模型图(Mingxing ZENG,Qingping ZHOU,Xiaobo WANG,et al,2013),简要描述了翻转课堂的过程:

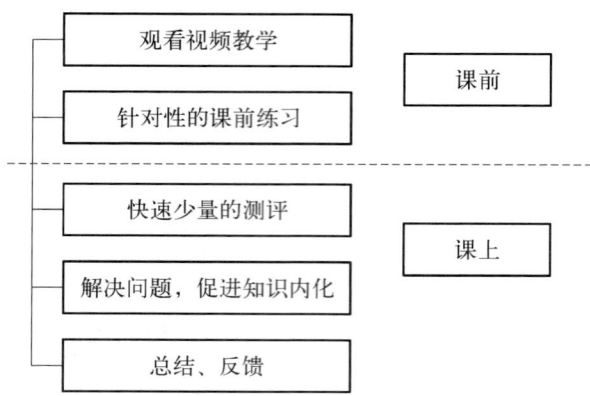

图 1-1　Robert Talbert 的翻转课堂结构模型图

从图 1-1 中可以看出，Robert Talbert 的"翻转课堂"包含"课前"和"课上"两个阶段：课前，学生通过观看视频和做针对性的课前练习，进行自主探索学习；课上，学生要先完成少量的测验，然后通过解决问题来促进知识的内化，最后进行总结和反馈。这是 Robert Talbert 教授结合自己"线性代数"的课程教学经验总结出来的，不能生搬硬套到法语的教学实践中。因此，在此基础上，笔者结合交际行动教学法的理念，构建出"翻转法语课堂"教学模型图，如图 1-2 所示：

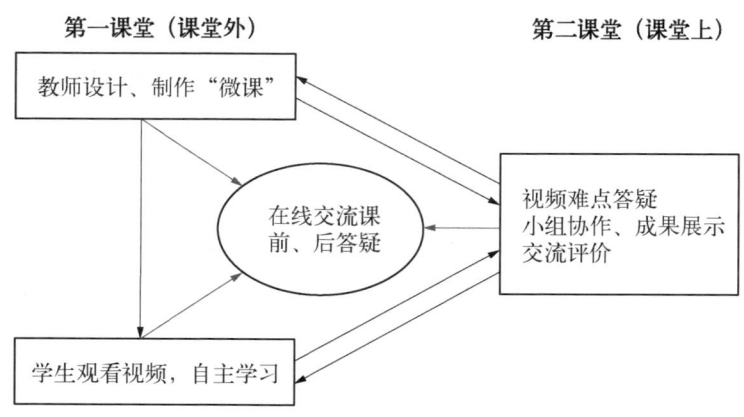

图 1-2　"4+1"翻转法语课堂教学模型图

图 1-2 中的"4+1""翻转法语课堂"代表了此"翻转课堂"实施的四个步骤及一个中心环节：

(一) 四个步骤

1. 教师设计、制作"微课"

在翻转课堂中,"知识的传授"是通过教师提供的短小精悍的教学视频来完成的。这就是我们所说的"微视频",也被称为"微课"。"微课"可以由教师根据课程特点、应用信息技术来制作,也可以使用网络上优秀的开放教育资源(麻省理工学院、哈佛、耶鲁公开课,可汗学院课程,中国国家精品课程,网易公开课等)。不过目前法语"微课"资源比较匮乏,因而多数情况下,需要教师在确定教学目标和分析学习者特征的前提下(Jinlei ZHANG, Ying WANG, Baohui ZHANG, 2012),根据教学内容,选择教学资源,自行录制教学视频。自行录制视频可以考虑到学生的特点,使其更切合他们的需求,但对教师的教学技术和时间的投入是个很大的挑战。另外,教学视频的视觉效果、互动性、时间长度等都是关系学生学习效果的重要因素。心理学家特瑞赤拉在说明人类的记忆与感官之间的关系时曾指出:人们一般可以记住自己阅读到的10%,自己听到的20%,自己看到的30%,自己既看到又听到的50%。因此,教师在制作"微课"时,既要考虑视觉效果、互动性和逻辑性,也要考虑学生的接受能力和观看视频的有效时间:根据国外可汗学院课程的统计和脑科学的研究,一般人的注意力集中的有效时间在10分钟左右。我们在各地培训教师设计微课程的实践也发现,其实,微课程的时间一般以3—5分钟为佳(Jianying DING, Yanbo HUANG, Hui ZHAO, 2013)。

2. 学生观看视频,自主学习

在"翻转课堂"里,学生可以自由选择观看视频的时间、地点和学习的进度,真正成为了课堂的"主体"。鉴于法语学生"重语法"学习和"哑巴法语"的特点,我们可以将语法难点制成"微课",让学生通过观看视频自学语法知识,并在观看过程中或看完视频后,进行针对性的练习,并对疑点、难点加以记录。这样在课上,他们就有更多的机会去使用法语来表达看法、交流思想,从而达到"交际教学法"的目的。不过这类"微课"并不意味着让学生直接去记忆法语规则,而是应该按照认知教学法理论中语言习得的过程来进行,即"假设—验证—纠正"。乔姆斯基认为掌握语法规则有两种途径:一是发现规则,二是创造性运用规则。所以我们的"微课"首先需要引导学生自己通过观察、分析语言特点,归纳总结出语法规则;然后再让学生进行针对性的练习,"创造性运用规则"。这样的学习过程,才能培养学生独立思考和分析问题的能力,也才能最大程度地发挥学生个体的综合潜能。

3. 知识内化

建构主义者认为,知识的获得是学习者在一定情境下,通过人际协作活动实现意义建构的过程。所以在我们定义的第二课堂里,即传统意义的课堂上,每个环节都是以协作的形式体现的:首先,在"视频难点答疑"阶段,由学生就视频观看过程中记录的疑点、难点进行提问,而教师则可以组织学生或跟学生一起来讨论、解答,这是一种"师生协作"的方式。然后,在"小组协作、成果展示"和"交流评价"阶段,基本遵循"行动导向教学法"的"咨询、计划、决策、实施、检查、评估"这一完整的"行动"过程,由老师布置任务,然后学生在老师的指导下、以小组协作的形式完成任务,之后展示小组成果(成果展示可以以多种形式呈现:角色扮演、辩论、PTT展示等),最后,由老师与学生一起评估(自我评价与他人评价相结合),这是一种"师生、生生"协作的方式。此类协作活动,一方面利于学生批判性思维与创新性思维的养成,另一方面则利于增强学生交流沟通的能力和学生相互之间的包容能力(Zhenfang LIU, Xiaohong ZHANG, 2013)。

4. 教学反思

在课堂上的"活动学习"之后,教师应该对学生所反馈的以及课堂上所呈现的问题进行归纳、分析和总结,反思自己的教学,改进自己的教学方案及教学视频,以求达到更好的教学效果。而学生则可以在课后或考试前(随时随地)再次观看教学视频,进一步加深知识的内化,从而达到旧知识向新知识的完美过渡,逐渐构建起自己完整的知识体系。建构主义教学观认为:教学过程是教师帮助学生进行意义建构的过程,学习是建构内在心理表征的过程,学习者并不是把知识从外界搬到记忆中,而是以原有的经验为基础,通过与外界的相互作用来建构新的理解[①]。

(二) 一个中心环节

"网络教学平台"就是我们"法语翻转课堂"的中心环节,而交互式教学则是

---

① Guofeng XUE, Yahui WANG. Evaluational analysis to the instructional theory of contemporary constructivism in the west, Journal of Higher Education, 2003, 24(1): 95 - 99.

这个平台的核心：学生可以将观看视频时或课上"行动"过程中遇到的问题反馈到交流平台上，通过与教师或其他同学交流，更好地实现知识的传授与内化；而教师则可以将课上学生展示的成果加以修改后，以补充资料的形式放到交流平台上，一可供学生扩展学习使用，二可成为教师评价学生整个学习过程的依据。

四、结语

随着微时代的来临，"翻转课堂"获得越来越多学校的青睐。但"翻转课堂"并不是在线视频的代名词，不是单纯意义上的"在线课程"，更不是用视频来取代教师。"翻转课堂"除了教学视频外，还有教师与学生、学生与学生面对面的互动时间，学生并不是一个人在无序地、孤立地学习，而是"师生、生生"间的协作学习；而且整个教学都以学生为中心，将传统教学中的"以教为主"翻转为"以学为主"，所以这种"翻转教学模式"更利于学生主动建构知识。当然，将翻转课堂应用到法语教学中既是对学生自学能力的挑战，也是对教师微课制作能力和时间、精力投入的挑战，如何合理评定学生在这个学习过程中的表现及核定教师的教学工作量，也是实践"翻转法语课堂"必须注意的问题。

参考文献

[1] Robert Talbert. Inverting the Linear Algebra Classroom，PRIMUS，2014，24（5）：361-374.

[2] Zhongke GUAN. What is exactly flipped in the Flipped Classroom? China Information Technology Education，2012，No.5：19.

[3] Ling JIN. What is flipped in the Flipped Classroom? China Information Technology Education，2012，No.9：18.

[4] Xuezhi SONG. FOU：New Concepts of FLE in France，Foreign Language Research，2011，No.6：98-100.

[5] Pingfeng SONG. Happy Teaching et Learning in College English Teaching，Journal of Liaoning Medical University (Social Science Edition)，2013，No.1：63-65.

[6] Mingxing ZENG，Qingping ZHOU，Xiaobo WANG，et al. Research on Cloud Computing Platform of Flipped Classroom Model for Software Engineering Professional，Modern Educational Technology：2013，No.8：26-31.

[7] Jinlei ZHANG，Ying WANG，Baohui ZHANG. Research on Flipped Classroom

Model, Journal of Distance Education, 2012, No. 4: 46-51.
[8] Jianying DING, Yanbo HUANG, Hui ZHAO. Research and Instructional Design of the Flipped Classroom, China Education Technology & Equipment, 2013, No. 21: 88-91.
[9] Zhenfang LIU, Xiaohong ZHANG. Modern Educational Technology, Beijing: Chemical Industry Press, 2013.
[10] Guofeng XUE, Yahui WANG. Evaluational analysis to the instructional theory of contemporary constructivism in the west, Journal of Higher Education, 2003, 24(1): 95-99.

情景等值翻译法对法语基础词汇教学的价值分析

Analyse de la valeur de la traduction d'équivalence contextuelle du lexique dans l'enseignement élémentaire du français spécialisé

四川外国语大学成都学院　金　星
JIN Xing　Institut de Chengdu
Université des Études internationales du Sichuan
haojins7170@163.com

中文摘要：词汇是语言构成的基本元素和显性的语言实体特征，也是语言习得的基本对象。高校法语专业基础阶段教学大纲对学生的词汇学习提出了明确的目标要求，但在教学实践中，词汇课程却是一个"重理论，轻实践"的领域。学生以"提高词汇量和提升词汇运用能力"为目标的学习往往处于自发状态，缺乏早期系统化的课程学习和指导。在基础阶段的教学实践中，词汇情景等值翻译法旨在构建以"学生为本体"的词汇教学和词汇训练模式，以期从根本上改变学生词汇量，培养学生的词汇学习技巧和运用能力。

关键词：词汇；背景；情景等值翻译

Résumé：Le lexique fait partie intégrante de la langue. Il fait aussi l'objet de l'étude de la linguistique et de l'enseignement. Les mots sont considérés comme vecteurs de significations d'une langue, et de la culture d'une communauté qui l'utilise. Au moyen de la traduction contextuelle des mots et des locutions, les apprenants découvrent et comprennent la variation significative d'un seul mot et l'attribution du sens dans un contexte donné en aboutissant à l'équivalence pertinente. Cela permet aux apprenants de mieux s'adapter à la conversion lexicale et d'être mieux préparés à l'emploi des mots dans l'expression écrite et la traduction.

Mots-clés：lexique, contexte, traduction d'équivalence contextuelle

一、我国高校法语专业词汇教学现状

词汇学的研究对象就是词汇，并围绕词汇这一中心议题，展开对词的性质、结构、词义特征、分类、起源、词形的历史演进等方面的探究。然而，我国各个高校法语专业在对法语词汇学课程的重视程度、配备的师资力量、教师和学生自身的重视程度、授课方式等各方面相差很大，导致法语词汇学的授课效果迥异。

刘勰的《文心雕龙·章句》篇中有"夫人之立言，因字而生句，积句而为章，积章而成篇"。所以无论何种语言，其基础都是丰富的词汇量。著名学者威尔金斯认为："没有语法，表达甚微；没有词汇，表达为零。"

目前词汇的主要教学现状如下：（1）课程类型以选修为主，对象多为高年级学生，每周为2学时。（2）在低年级基础教学阶段，只有少数高校会开设词汇学课程。（3）专门的法语词汇教材少，教材的科学合理使用情况也不容乐观。目前主要使用的教材有曹德明先生编著的《现代法语词汇学》，程依荣先生的《法语词汇学概论》。（4）对于词汇学课程类型的认识和定位模糊。教学大纲只是对课程进行了较为笼统的规范和要求，缺乏具体的课程规定和描述。

于是词汇课程沦为一门理论学科，讲授的内容基本为词的基本概念、词义的演变或构成等理论内容。不可否认的是，这些内容对于部分学生将来的语言应用与实践具有指导性意义，但对于大多数学生来说，如何在法语学习和实践中，切实地实现词汇量的提高才是根本性的问题，所以词汇学习愈来愈受到外语专业师生的重视。

二、翻译理论与词汇教学

翻译并不仅仅是一门职业。它本身就是一种工具，读者可以借助翻译来了解本族语言外的世界。对于教师而言，翻译可以成为一种教学法，一种教学手段。有时，对这种简便现成的教学工具，只要加以科学合理的利用，所带来的效果是令人瞩目的。

费道罗夫在《翻译理论概要》中提出了"翻译等值"理论，定义是"翻译的等值就是完全准确地表达原文思想内容和作用上、修辞上与原文完全一致"；奈达进一步强调了"形式对等"和"动态对等"。纽马克的"文本中心论"可以看作是对翻译实践本体的重视。理论来源于实践。虽然汉语是表意文字，与法语这类拼音文字相去甚远，译者的理解和文风跟原作品的内容和形式之间也会有距离，译文总有失真和走样的地方，但这并不影响这些理论的研究价值和实用性。

词汇既是语言构成的基本模块和显性的实体表征，也是构建语言实践所需的基本元素。翻译的直接对象就是语言本身，作为语言构成要素的词汇就是翻译所面临的第一关隘。既为部分，就必须服从整体（原文背景、社会背景、文化背景）。学生在整体的背景下，能正确地理解词汇的含义，做出对应的翻译，其前提必须是对原文的透彻理解。

因此，在词汇教学中，情景等值翻译法就是根据文章所给定的情景，翻译出某个单词在"此时此处"的含义，而不能从字典的词条解释中随便取一个。这需要结合上下文，甚至全篇作品，才能译出一个常用单词的真正含义。这种教学法是将以上翻译理论灵活地运用在词汇教学中，其所取得的作用与意义验证了翻译理论的价值和实用性。

三、情景等值翻译法的教学实践

在词汇教学实践中，情景等值翻译法要求学生通过给定的篇章，找出与篇章背景相匹配的单词或短语的中文译文。例如："homme"这个单词，在有些文章里需要译成"男人"，有些篇章里却需要译成"人"。又例如，"ambition"这个单词，在背景是褒义时，可以译成"雄心"；反之，就要译成"野心"。"temps"也有"时间"和"天气"这两个关联度不大的含义。在某个特定的情景下，单词含义的取舍间就决定了对全文的理解。

一旦限定了篇章，情景也就被限定了，单词的意义就基本确定了。原本一个单词可能有多个意义，在情景限定后，一般情况下，一个单词只能分配出一个含义给一个单独的句子，自然对应的只有一个译文。

但在采用等值翻译法进行教学时，要注意以下几个方面：

第一，对于等值翻译法要采取"与文俱进"的态度，而不是用带有偏见或偏执的眼光去对待、去排斥。一个词的词义并非一成不变，相反，它具有一种不很明显的不稳定性,会随着上下文的变化出现轻微甚至重大的意思或词性的变化。因此,在用译出语写成的同一篇文章中,同一个反复出现了好几次的单词,在不同的句子中,会有几种不同的含义。这样,这个单词可能会有好几个所谓的等值成分,也就对应了好几个不同的译文。这说明了无论在何种上下文中,译出语与译入语之间的等值成分的"等值",只是在特定的背景下达成的暂时的、部分的等值关系。

第二,在教学实践中,这种词汇或短语的等值翻译法,绝不是"逐字"的教条式翻译。例如:pousser comme un champignon 就不能译成"像蘑菇一样生长"。"tuer la poule aux œufs d'or"就要译成"杀鸡取卵"。

第三,在教学实践中,教师课前会要求学生完成预习。预习要求是找出一个固定主题下 2—4 篇文章中的重点词汇与短语,并将之译成中文。课堂上,由教师通过预先设计好的课堂练习来检测预习单词的效果。评估预习效果的最重要的一个标准,就是单词译文的"本文"化,也就是说,在一篇文章中的单词的译文是特定的,即必须符合本篇文章背景下的含义,而不是随意地找一个中文含义。

因此,为了避免学生不加区别地,随意从法汉词典中的某一词条下拎一个词就用的现象频繁出现,教师需要通过串讲文章的背景与段落,强化掌握每个单词在文章背景下特定含意的观念,解释采纳这些词汇译文的缘由,尤其是影响到全篇的关键词的译文,使学生对于文章有深刻的理解与记忆。

第四,在课堂训练中,笔者发现,法语中实词的翻译用情景等值翻译法来训练,虽难度大、变化多,但学生易于理解,而虚词(主要是介词、连词、冠词)的翻译在中外文之间几乎就无等值可言。在中文中,这些虚词本身很贫乏,通常是用其他的方法来完成这些词的功能。所以,对于虚词中的介词翻译,学生反而觉得难度最大。例如介词 pour,会随着所接名词不同、句型结构不同而产生不同的用法。通常对于这类虚词的训练更倾向于在短语或句型结构下的情景翻译,而不是孤立的单词。

第五,在使用词汇情景等值翻译教学法过程中,不需要过分突出翻译效果。因为,教师为低年级学生设定的词汇教学目标是直观地感受词汇和理解词汇,从而为日后的运用进行词汇储备,不能要求学生达到林语堂先生将"humour"译成"幽默"的境界。词能"达意"即可。

四、词汇情景等值翻译法的导入对教学价值的分析

法语专业低年级阶段的教学基本属于输入型教学,也就是学生以学习和记忆语言知识为主,并没有专门的词汇运用或实践类课程。到了高年级才有需要知识输出的课程,例如翻译、写作。因此,低年级是最需要单词积累的阶段。如果在此阶段能积累相当数量的词汇,那么进入高年级后,在词汇输出型课程中,学生的法语学习会真正进入一个良性阶段。

通过在教学中运用上述的词汇情景等值翻译法,教师将语言的个体单位——词汇的教学贯穿在整个教学体系当中,使学生通过自身的参与,直接见证词汇随情景的改变而变化,将抽象的词汇"转移或演变"运动变成直观的感受,为高年级翻译、写作等词汇运用型课程作了词汇储备和基本运用能力的培养。

因此,这种词汇教学法的价值体现在以下三个方面。

(一) 培养和训练学生在特定的语境下的基本翻译能力

篇章的翻译,是以词汇的翻译为起点的。而人们对于翻译水平高低的最直接的评估手段,就是对于其中词汇的翻译是否准确到位。

所以,在低年级阶段,如果有意识、有步骤地培养学生的词汇情景等值翻译能力,就是在逐步训练学生,使学生学会在特定背景下赋予一个单词或短语特定的有时候甚至是唯一的含义,然后将此含义再译成对应的等值中文。到了高年级,在写作和翻译这类课程中,学生能更快地扫除词汇的翻译障碍,顺利进入到对于整句乃至段落和文章的翻译能力训练上。

(二) 培养学生举一反三的能力

词汇的情景等值翻译教学法,并不禁锢于翻译。译文仅是一个载体和手段。在教学实践中,教师不会因为追求翻译水平的高低而忽视语言的各种现象,反而实现了通过词汇翻译这一过程,让学生更加灵活和更加深刻地理解词汇。

实际上,这种词汇训练法会自然地引出词汇的其他教学内容。在词汇训练中,学生清晰地、直观地看到词汇的历时演变,理解词义扩大与缩小、褒义与贬义、抽象与具体、本义与转义等语言现象,还会发现词汇的共时语言现象,尝试总结一词多义、同音词、同义词、反义词等。运用多次训练,逐步培养学生"举一反

三"的词汇演绎学习能力。

教师在每次的课前准备中,都要求学生去找寻重要词汇的近义词、反义词、同音异义词、衍生词。一般在前几次的检测结果中,只要涉及这部分需要归纳总结,并推导出新词的检测,结果都很差。其中一个重要原因就是:由于单词的情景等值含义理解错,自然导致相应的近义词、反义词也错,还有就是对于衍生词的前后缀不熟悉,导致"张冠李戴"。

经过长期训练,一般到后期,学生基本能学会在情景下找等值的含义,并推导出相应的近、反义词,开始熟练地辨别前后缀导致的意义改变;学会"一生二,二生三"的词汇学习方法。

(三) 培养学生的语用能力

教学中,教师通过不同篇章,为学生设下了不同的情景,不同情景中的词语的分分合合就组合成内容不同的言语。通过不同的组合搭配,词义发生变化,来传递自己的信息,甚至可以用近、反义词来表达微妙的情感变化。在这些直观的词语练习中,学生会为日后的语言应用积累丰富的、立体的词库资源。无论是日常交际还是翻译实践,因为把握了语言的基本脉络,而能应用自如,并不会产生词到"用时方恨少"的感觉。

五、结语

语言研究和语言运用本应相得益彰,两者都是以言语语境内的词汇为核心。通过情景等值翻译法的词汇训练,学生们总结出了词汇系统内词汇的聚合关系,即同义关系、反义关系等;找到了词汇的组合关系,即搭配关系、词组、成语等。

这一词汇教学方式,既需要学生发挥自学的能动性,又需要教师的慧眼,能敏锐地识别出学生错误理解词义的原因。学与教的双方都参与其中。这改进了部分学生死记硬背的单词输入记忆法,学会了理解词义的迁移,能达到较好的词汇学习效果。经过不断地尝试与调整,笔者发现,在一个学期中,如果能坚持每周 3 次、每次用时 15 分钟地采用此方法,那么较之当期期初,学生的词汇量至少会有 50%—80% 的增加;同时,能逐步训练学生摆脱单纯的词汇记忆,学会归纳和演绎式单词记忆法,加深词汇的深层次理解与运用。

学生不仅要学好语言本身,而且要了解语言本身所蕴藏着的无尽的文化内涵。语言并非空壳，它是文化、文明的载体。翻译既然是在两个不同的语言之间进行的，总会难以尽如人意。教师在词汇教学中的着眼点是"求同"。对于词汇翻译法的使用，重在用译出语传达思想内容。对于固定短语，译入语也不可能一味仿效，那会使译文不伦不类，贻笑大方。因此，我们不会像法国人那样说"雨后蘑菇"，而只会说"雨后春笋"；我们会说，汽车排成了"一条长龙"，法国人则说是"一根线"。在低年级阶段，较长时间的持续词汇翻译训练，会使学生逐步掌握相关的译出语与译入语的各种背景知识，学会总结自身经验，实现词汇积累，从而不断提升整体法语语言能力和语言交际水平。

参考文献

[1] 曹德明：《现代法语词汇学》，上海外语教育出版社 1996 年版。
[2] 程依荣：《法语词汇学概论》，上海外语教育出版社 2007 年版。
[3] 程依荣：《法语词汇学的渊源和现状》，《法国研究》1990 年第 1 期。
[4] 汪榕培：《英语词汇学：历史与现状》，《外语研究》2001 年第 1 期。
[5] 王文斌：《从词汇学研究走向词汇语义学研究》，《外语电化教学》2009 年第 3 期。
[6] 秦兮：《论法语的词汇联系与词汇教学》，《湖南税务高等专科学校学报》2015 年第 2 期。

法语专业阅读课程中教学材料选择的几点思考

Réflexions sur le choix des matériaux didactiques pour l'enseignement de lecture en F. S.

上海外国语大学　刘常津
LIU Changjin　Université des Études internationales de Shanghai
lcj@shisu.edu.cn

中文摘要：教学材料作为重要的媒介，集中体现学生、教师与学习目标之间的互动关系，应在教学与学习的进程中发挥多种功能。针对法语专业阅读课程，选择教学材料的关键在于使其成为互动式和渐进式教学理念的有效支撑，既能够引导学生构建文本的意义，还要使学生获得有效的知识。学生在阅读不同类型文本的过程中，通过对比不同的话语形式及相关的表达目的，逐步理解文本的交际功能这一概念。阅读教学中的文本大多由教师提供，但也应适时地让学生根据自己的兴趣选择阅读材料。材料选择应贯穿于整个阅读教学过程中，合理选择文本对于实现教学目标具有十分重要的影响。

关键词：阅读教学；文本；选择

Résumé : À titre d'intermédiaire, les matériaux didactiques se situent à la confluence des interactions qui s'instaurent entre l'apprenant, l'enseignant et l'objet d'apprentissage et doivent exercer les multiples fonctions au processus d'enseignement et d'apprentissage. Dans le cadre spécifique de l'enseignement de lecture en F. S., le problème posé est celui du choix des textes qui servent de support à l'enseignement dans une perspective interactive et progressive et qui permettre autant la construction du sens que l'acquisition de connaissances de la langue et du monde. La variabilité des types de textes peut permettre à l'apprenant de conceptualiser la notion d'intention communicationnelle par la comparaison entre les formes du discours et leurs objectifs visés. La plupart du temps, l'enseignant propose des textes. À certains moments, il est opportun que l'apprenant ait le droit de choisir selon sa préférence. Nous devons donc intégrer le choix des matériaux dans toute la démarche didactique, car les textes bien sélectionnés influencent la réalisation du projet didactique.

Mots-clés: enseignement de lecture, textes, choix

Introduction

Les matériaux au choix de l'enseignant se font souvent autour de grands thèmes en langue étrangère pour permettre le développement d'une base linguistique et culturelle. À titre d'intermédiaire, les matériaux didactiques se situent à la confluence des interactions qui s'instaurent entre l'apprenant, l'enseignant et l'objet d'apprentissage. La question du rapport que les praticiens établissent avec les divers genres de matériaux s'avère cruciale, car ce rapport induit la sélection et les modalités d'utilisation des matériaux et affecte les contextes d'enseignement et d'apprentissage. En fait, les matériaux didactiques sous toutes formes, soit traditionnelles (manuels, cahiers d'exercices, romans, journaux, dictionnaires), soit modernes (cassettes ou disques, PPT, ressources numériques), doivent exercer les multiples fonctions au processus d'enseignement et d'apprentissage. Nous pourrons les résumer comme suit[1]:

◇ *Une fonction de médiation* qui consiste à programmer les activités d'enseignement, c'est-à-dire à en proposer une démarche de lecture

---

[1] Nous résumons ces quatre fonctions à partir des travaux de Vincent Grenon, Abdelkrim Hasni, Johanne Bédard, Johanne Lebrun, *Le matériel didactique et pédagogique: soutien à l'appropriation ou déterminant de l'intervention éducative*, Sciences humaines, Éducation et IQRC, Presses de l'Université Laval, 2006, pp. 3-4.

actualisée, autant du point de vue de l'enseignant que de l'apprenant. Cette modélisation se base sur un ensemble d'approches pédagogiques en adéquation avec l'approche par compétences préconisées par le programme général de l'enseignement.

◇ *Une fonction de soutien* qui offre aux enseignants des outils concrets pour réaliser en classe les prescriptions des programmes disciplinaires. La fonction de soutien s'applique également du côté de l'apprenant, car ces ensembles l'aideront à développer les compétences prévues dans le programme général de l'enseignement, et ce, au moyen d'outils divers et de situations d'apprentissage et d'évaluation.

◇ *Une fonction de référence* qui s'applique comme une ressource constituée d'une serie de tâches et d'un ensemble de connaissances, développée et améliorée par un coffre à outils (stratégies, techniques, attitudes et processus). La fonction de référence dépasse le seul contexte scolaire, car elle est exécutée de premier plan pour assurer un lien entre université et société.

◇ *Une fonction culturelle* qui est liée aux visées de formation du programme général de l'enseignement. De ce point de vue, l'ensemble didactique est considéré comme un outil privilégié pour amener l'apprenant à construire sa vision du monde, à structurer son identité et à développer son pouvoir d'action. À ce titre, l'interprétation et l'appréhension des éléments culturels contenus au document donné joue un rôle déterminant.

Dans le cadre spécifique de l'enseignement de lecture en français spécialisé, le problème posé est celui du **choix des textes** qui servent de support à l'enseignement dans une perspective interactive et progressive.

1. Blocages à la lecture des apprenants : lexical, textuel et référentiel

Dans un premier temps, résoudre le problème du choix des textes à lire nécessite une investigation des origines des difficultés principales qui «bloquent» l'apprenant-lecteur en FLE dans la compréhension du texte. Il faut souligner que les étudiants chinois de français sont relativement faibles en lexique, en syntaxe, en structure textuelle et en connaissances socioculturelles de la langue cible, d'où proviennent les blocages lexical, textuel et référentiel. En vue d'apporter des arguments solides à l'appui de notre point de vue, nous montrerons et analyserons les données statistiques sur la question *Vous avez l'impression d'avoir plus de difficultés à comprendre lorsque...?* au *Questionnaire 1* dont les questionnés sont 171 étudiants chinois en troisième année de français. Parmi huit critères donnés, les étudiants en question doivent en choisir trois et les classer par ordre d'importance. Les résultats concrets seront exposés par les tableaux suivants:

Vous avez l'impression d'avoir plus de difficultés à comprendre lorsque...?

Tableau 1 – 1   38 garçons

Critères Ordre d'importance	a	b	c	d	e	f	g	h
1	**18**	8	5	2	3	3	0	0
2	7	3	**15**	2	5	3	0	0
3	6	3	**5**	6	4	**5**	3	3

Tableau 1 – 2   133 filles

Critères Ordre d'importance	a	b	c	d	e	f	g	h
1	**63**	3	17	19	10	8	0	2
2	21	11	**45**	21	9	12	4	5
3	17	18	10	**19**	16	**20**	10	22

Tableau 1 – 3   la somme des 171 personnes

Critères Ordre d'importance	a	b	c	d	e	f	g	h
1	**81**	11	22	21	13	11	0	2
2	28	14	**60**	23	14	15	4	5
3	23	21	15	**25**	20	**25**	13	**25**

En voici les résultats de l'enquête: pour les garçons, les critères **a→c→d** indiquent les trois premières difficultés de compréhension, tandis que pour les filles, ce sont **a→c→f/d**. En somme, les critères les plus choisis sont **a→c→d/ f/h**. Nous devons remarquer que les huits critères à option ne sont pas tout à fait hétérogènes. Nous pouvons les diviser en deux parties, c'est-à-dire la forme (**a, c, h**) et le contenu (**d, f**) du texte à lire. La plupart des étudiants considèrent **a** (*il y a dans le texte beaucoup de mots que vous ne connaissez pas*) comme la première difficulté de leur lecture en FLE. Presque la moitié des étudiants mettent **c** (*les structures grammaticales et syntaxiques sont complexes*) au deuxième rang de leurs difficultés en compréhension écrite. En ce qui concerne la troisième difficulté de lecture, nous avons plusieurs réponses: **d** (*le thème ou le domaine vous est étranger*), **f** (*il y a trop de références à la culture française*) ou **h** (*la présentation du texte est compacte, par exemple sans division en paragraphes, sans intertitres*), qui sont toutes dans une proportion non négligeable.

L'apprenant-lecteur en langue étrangère est souvent retenu par le premier mot qu'il ne connaît pas et obligé de s'arrêter sur ces mots dits «inconnus» en consultant le dictionnaire. Ce blocage du vocabulaire fait perdre à l'apprenant-lecteur le fil du texte et peut susciter de l'inquiétude chez lui, ce qui construit le premier obstacle dès qu'il est en face d'un texte original. Quant au deuxième blocage, il s'agit de reconnaître les indices articulateurs de la structure textuelle. À cause des connaissances insuffisantes sur les procédés syntaxiques et les organisateurs textuels du français, l'apprenant-lecteur, «insensible» aux macro-structures sémantiques, sera réduit à une tâche de décodage trop lourde et risque vite d'être en **surcharge cognitive** et de ne plus pouvoir mettre en œuvre les autres compétences nécessaires à la lecture. Le troisième blocage se bâtit par la méconnaissance du contenu socioculturel du texte à lire, qui empêchera l'apprenant-lecteur d'interpréter ce qui est implicite ou connoté.

Certes, nous ne pouvons pas éluder le fait que les étudiants chinois de français, au moins un certain nombre d'entre eux, n'ont que des connaissances très limitées sur la langue française, sur la France ou sur la francophonie. Mais la compréhension d'un texte exige de multiples compétences ou savoirs mis en jeu, parmi lesquels les compétences référentielles et culturelles. Dans la lecture, l'apprenant éprouvera des difficultés de compréhension, «sans notions préalables du domaine traité (opacité des textes scientifiques par exemple)» (Fabienne Desmons, Françoise Ferchaud, Dominique Godin, Catherine Guerrieri, Christine Guyot-Clément, Sabine Jourdan, Marie-Chantal Kempt, Fédora Lancien, Rachel Razakamanana, 2005) ou par ignorance des «circonstances de production du texte». (Fabienne Desmons, Françoise Ferchaud, Dominique Godin, Catherine Guerrieri, Christine Guyot-Clément, Sabine Jourdan, Marie-Chantal Kempt, Fédora Lancien, Rachel Razakamanana, 2005) Le problème du schéma référentiel dans les domaines historique, sociologique, politique ou culturel conduirait à un «handicap» (Fabienne Desmons, Françoise Ferchaud, Dominique Godin, Catherine Guerrieri, Christine Guyot-Clément, Sabine Jourdan, Marie-Chantal Kempt, Fédora Lancien, Rachel Razakamanana, 2005) de l'apprenant-lecteur qui ne pourra pas alors interpréter l'implicite du texte.

À en juger par les éléments défavorables analysés ci-dessus, il appartiendra donc à l'enseignant de déterminer les critères des textes sélectionnés en fonction du niveau linguistique et du niveau culturel de la plupart de ses apprenants. Pour que l'effort du choix soit encourageant et efficace, l'enseignant devra établir une progression fondée sur le degré de difficulté du vocabulaire et de la syntaxe, mais aussi sur la longueur du texte, afin de respecter les processus de mémorisation.

2. Besoins et intérêts des apprenants: impulsion à lire

Le choix des textes à lire est très important pour l'efficacité de notre enseignement de lecture et il faut donc sélectionner des textes porteurs de sens. Tout avant de choisir un texte quelconque, l'enseignant doit être conscient du besoin et du centre d'intérêt de son apprenant, en utilisant des supports didactiques en adéquation avec le niveau linguistique de l'apprenant, car le besoin et l'intérêt sont en relation directe avec la motivation à la lecture, surtout pour un apprenant-lecteur. Dans ce cadre, nous pourrons tirer profit des travaux de recherche en anglais langue étrangère.

D'après les résultats de l'enquête sur la lecture des étudiants chinois d'anglais en 2004(吕和发、古丽娜、汪红、方凡泉、王莉、刘丽梅、蔡坚、朱士兰、张凌、窦卫霖、贾爱兵、刘丹、任林静、王大来、王满良、尤五力, 2004), parmi les matériaux de lecture en anglais, la presse, les œuvres littéraires réputées et les biographies des personnages connus sont les trois premiers préférés des étudiants chinois. De plus, les romans d'amour ou romans policiers, les livres d'histoire ou les livres sur les conditions géographiques ou mœurs exotiques sont choisis par de nombreux étudiants chinois. En ce qui concerne la motivation à la lecture en langue étrangère, ces travaux montrent que l'acquisition des connaissances (linguistiques, encyclopédiques, culturelles, etc.), la distraction (repos, amusement), le désir de connaître les développements récents, les nouvelles conceptions et les produits technologiques de pointe, le besoin esthétique (apprécier l'écriture, le rythme, la prosodie, la forme et la connotation philosophique des documents lus) et l'exigence de parvenir au succès de la vie sont les cinq motivations principales qui orientent le choix des matériaux à lire et la pratique de lecture des étudiants.

Dans notre questionnaire (*Questionnaire 2*), la réponse à la question *Tu as l'habitude de lire Quoi?* nous permet d'obtenir des données spécifiques en FLE, pour connaître et analyser les besoins et les intérêts en lecture des étudiants de français. Nous montrerons les résultats statistiques par les tableaux suivants:

Tu as l'habitude de lire Quoi?

Tableau 1 - 4   36 garçons

Critères	Revues	Romans	Livres de recherche	Albums	Textes sur Internet	Journaux	Bandes dessinées
Nombre du choix	13	27	8	7	17	14	4

Tableau 1 - 5   163 filles

Critères	Revues	Romans	Livres de recherche	Albums	Textes sur Internet	Journaux	Bandes dessinées
Nombre du choix	80	127	29	19	64	85	22

Tableau 1 - 6   la somme des 199 personnes

Critères	Revues	Romans	Livres de recherche	Albums	Textes sur Internet	Journaux	Bandes dessinées
Nombre du choix	93	154	37	26	81	99	26

Basés sur ces chiffres, les résultats montrent que romans, journaux, revues et textes sur Internet sont les matériaux les plus choisis par les étudiants de français, malgré qu'il y ait une petite nuance entre les garçons et les filles, à l'égard des textes sur Internet (le troisième pour les garçons mais le quatrième pour les filles). De plus, bandes dessinées et albums sont choisis par la minorité des participants à l'enquête. En comparaison avec les travaux en anglais, nous pourrons en tirer des points communs. La presse et la littérature sont deux sources essentielles de leurs activités de lecture. Aussi élevée est la proportion des étudiants de français qui ont l'habitude de lire sur Internet, ce qui démontre que la curiosité pour tout ce qui est nouveau constitue une caractéristique commune des étudiants chinois, quelle que soit la langue étrangère qu'ils apprennent.

L'analyse des données susmentionnées nous éclaire sur les critères du choix des matériaux à lire qui devraient offrir des caractéristiques telles que l'esprit de l'époque, l'abondance de connaissances de divers genres, l'utilité sociale ou professionnelle, le charme esthétique et l'agrément de vie. Plus de caractéristiques citées possède un texte choisi, plus satisfait sera le besoin de l'apprenant qui fera une lecture plus active et plus efficace, car les matériaux de lecture jouent un rôle important de trait-d'union entre la motivation et l'effet de la lecture. Etre lecteur d'un texte n'est possible que si l'on a, enseignant comme apprenant, un intérêt pour le thème et le propos du texte; il faut donc organiser un «répertoire» de textes porteurs de sens qui peuvent susciter la curiosité. En même temps, il est conseillé à l'enseignant de prendre en compte l'âge des apprenants qui sont des adultes, ce qui explique pourquoi la bande dessinée ou l'album sont peu choisis aux enquêtes de lecture, puisque ces deux types de matériaux sont destinés aux enfants ou adolescents.

3. Variété des textes choisis

Lire, comme ce que nous avons analysé au chapitre 2, c'est mettre en application et en interaction un ensemble d'habiletés qui permettent au lecteur de découvrir le fonctionnement d'un texte et rendent possible une interprétation qui conduit à comprendre le sens. L'apprenant peut ainsi se donner des instruments qui l'aident à développer l'apprentissage de la lecture de façon consciente et réfléchie. Mais le texte n'est pas un "mécanisme paresseux" qui apporte "volontairement" sa collaboration avec son lecteur. Il lui donne simultanément une série d'instructions explicites et implicites.

Tout texte programme en quelque sorte sa propre lecture. On ne peut pas lire un annuaire de la même façon qu'une poésie. La première fait rappel à une lecture sélective, tandis que la seconde à une lecture intégrale. Un article de reportage ne peut pas s'écrire comme un conte ou un fait divers. Un lecteur accompli est celui qui, dès le début du texte, aura la facilité à identifier à quel genre appartient le texte, quelle stratégie et quelle modalité de lecture le texte attend de lui. Ainsi la formule inaugurale « Il était une fois... » signale au lecteur le genre du conte et le mode de lecture attendu (récit fictionnel, imaginaire).

Le texte par différents aspects (visuel, énonciatif, organisationnel) va baliser et orienter la construction du sens par le lecteur, mais également la piéger, la retarder avec intention (texte-piège, intrigue policière). La lecture n'est pas une compétence facile à former. Les contextes, les structures cognitives et affectives du lecteur, les genres de texte sont très variables. La saisie du sens d'un texte requiert alors des connaissances diverses, suscitent des attitudes hétérogères et nécessite des stratégies de lecture spécifiques. Il est tout possible qu'un lecteur fort en littérature éprouve une grande gêne devant un texte scientifique, ou un énoncé mathématique ou juridique.

Comme nous avons affirmé que l'utilisation des stratégies de lecture dépend en grande partie de la typologies des textes donnés, l'enseignant doit alors présenter une grande variété de types de textes, car nous avons différents buts pour les expériences de lecture et de communication écrite. Quant aux étudiants, à cette ère de l'information, ils doivent être en mesure de bien communiquer leurs idées, d'interpréter les énoncés des autres et de se servir d'une grande variété de textes à des fins diverses, tant dans les contextes scolaires que dans les contextes professionnels, sociaux de plus en plus complexes.

Ainsi se pose un problème essentiel devant l'enseignant: parmi les multiples écrits constitués par la presse, les œuvres littéraires (romans, poésies, proses), le courrier, les publicités commerciales, les formulaires professionnels et les bulletins administratifs, quels textes l'enseignant doit-il sélectionner? En fonction de quels critères? En réalité, aucune liste ne peut être idéale, mais le principe même de la liste permet de s'interroger sur les critères qui peuvent présider au choix des textes pour les apprenants. Certains de ces critères sont généraux tandis que certains d'autre sont plus concrets.

En premier, il faut choisir des textes de niveaux de difficulté variables pour s'adapter aux niveaux hétérogènes de la compétence en lecture des apprenants. La progression est un principe fondamental de la sélection du matériel didactique. D'ailleurs, les textes choisis ne seront pas à se livrer immédiatement. Leur réception doit être travaillée et accompagnée pour permettre un accès à la compréhension fine par inférences. Deuxièmement, la diversité des genres pourra être un autre critère important. Avec l'aide de l'enseignant, l'apprenant traitera des exemples typiques d'un genre qui pourront créer un horizon d'attente chez le lecteur et cultiver une attitude propice à l'entrée dans la culture cible. Le troisième critère consiste en une collection de textes de thèmes divers dans laquelle peuvent s'agréger graduellement de nouvelles lectures, pour constituer un apprentissage interdisciplinaire, ce qui convient à l'un des objectifs de l'enseignement de lecture en FLE, c'est-à-dire «apprendre à lire et lire pour apprendre».

Suivant le cours de lecture, l'apprenant-lecteur développe ses compétences langagières par la lecture de divers textes, ce qui lui permettrait d'approfondir ses connaissances des textes narratifs et descriptifs, et d'explorer les textes explicatifs et argumentatifs. L'apprenant-lecteur élargira ses connaissance sur les genres narratifs par l'étude de récits variés, de récits de voyage, de nouvelles, de romans brefs. Il s'agit d'entraîner l'apprenant à la saisie chronologique et à la compréhension logique insérées au texte lu. Nous abordons aussi l'apprentissage du descriptif comme forme de discours, et plus particulièrement dans les relations riches et complexes qu'elle tisse avec le discours narratif. Enfin, l'enseignant pourra initier l'apprenant à la reconnaissance des types explicatif ou argumentatif qui méritent de stratégies de lecture plus sophistiquées.

Dans la pratique didactique, la lecture de textes de la vie quotidienne, de textes documentaires et de textes de presse sera menée en classe. Il s'agit de genres usuels et variés. Leurs objectifs différents de lecture doivent être précisés, les caractéristiques de chaque genre soulignées. Comme en toute discipline de langue, nous accordons une place importante à la littérature (littératures française et francophone), à laquelle l'accès aisé développe le goût pour les livres et la lecture, qui pourra permettre aux étudiants d'interpréter le sens de quelques œuvres classiques (en grande partie celles du 19e siècle) ou contemporaines, d'apprécier des figures rhétoriques du discours poétique (métaphore, métonymie, antithèse, périphrase) ou des symboles, et de trouver des repères culturels et historiques.

La lecture de la presse peut se faire avec des journaux et des revues adaptés à l'âge et aux intérêts des étudiants qui analyseront les titres des articles et les différents types de phrases et qui apprendront à comparer plusieurs articles écrits sur un même sujet. Il leur est nécessaire de distinguer les différentes formes de discours mises à l'œuvre. L'apprenant s'initiera à la lecture de la une de quelques grands quotidiens ou hebdomadaires français (*Le Monde*, *Figaro*, *Le Nouvel Observateur*, *L'Express*), dans laquelle la lecture des genres documentaires constitue l'enjeu d'apprentissage. L'apprenant explorera des documents aux caractères variées, c'est-à-dire imprimés ou multimédias. L'usage du dictionnaire ou de l'encyclopédie ne s'interdit pas en classe. Sous forme d'une exploitation documentaire particulière, un ensemble de stratégies de lecture spécifiques (reconnaissance immédiate de la typographie, sélection d'informations, repérage des indices paralinguistiques ou extralinguistiques) peuvent s'appliquer par exercices réguliers et continus. Tout ceci doit être mis en interrelation avec la lecture de presse.

En somme, sur le plan du choix des textes, il ne s'agit pas d'une "immersion" d'écrits hétérogènes, mais d'une rencontre bien organisée par l'enseignant. L'importance des activités didactiques en cause se trouve dans l'intériorisation progressive de l'apprenant aux règles propres du langage écrit du français. L'exercice continu et programmé de lire différents types de textes amènera l'apprenant à les associer aux buts de lecture respectifs et à les lire de manière distincte selon la situation donnée.

4. Document authentique

Au fur et à mesure de l'application des techniques modernes de la communication, les documents authentiques utilisés dans la classe de français joue un rôle de plus en plus important au processus d'apprentissage d'une langue étrangère. Les nombreux documents authentiques constituent la première source des matériaux pédagogiques. Besse a donné une notion de document authentique qui :

> *doit être un échantillon prélevé au sein des échanges ayant réellement eu lieu entre les natifs de la langue enseignée/apprise et donc être conforme à leurs pratiques langagières authentiques ; il doit correspondre aussi précisément que possible aux intérêts et préoccupations des étudiants. (Henri Besse, 1984)*

Il en ressort que les documents authentiques sont ceux qui n'ont pas été conçus à l'origine pour un cours de langue. C'est par exemple : un article de presse, un extrait d'une émission de radio ou d'un film (une des ressources principales didactiques de notre cours audio-visuel du FLE), une photo, une brochure ou un souvenir de vacances. Ils font partie des premiers supports qui permettent aux enseignants de proposer diverses activités aux apprenants et de développer les compétences linguistiques, pragmatiques et culturelles des derniers.

S'opposant aux «documents didactiques» qui ont été fabriqués à des fins pédagogiques préalablement fixées, les documents authentiques, dont l'utilisation est très répandue en classe de FLE, ont plusieurs avantages:

ils permettent aux apprenants d'avoir un contact direct avec l'utilisation réelle de la langue et (qu') ils montrent les situations qu'ils (apprenants) auront à affronter réellement s'ils séjournent dans un pays francophone. Ces supports permettent donc d'unir étroitement l'enseignement de la langue et celui de la civilisation et de régler ainsi un épineux problème en didactique des langues. (Jean-Pierre Cuq et Isabelle Gruca, 2005)

Nous pourrons les montrer de façon plus imagée par la figure suivante:

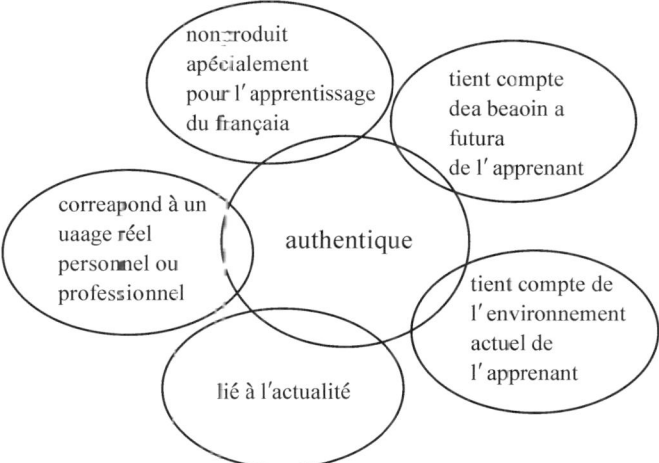

Figure 1 - 3①   Le document authentique et la lecture

---

① Michel Barbier, "TIC et enseignement des langues Qui commande?", Département de la Formation continue, Université d'Uppsala. http://www.linguistic.fba.uu.se/articles/fr/TIC_et_enseignement.htm.

Le choix de documents authentiques s'explique sur la base de la théorie communicative. Celle-ci fait entrer la vie réelle dans la classe de langue par l'analyse du langage en emploi. Dans une approche communicative de l'enseignement/apprentissage des langues étrangères, l'importance des documents authentiques est soulignée car ils ont été conçus dans un but communicatif, au lieu d'illustrer seulement l'usage d'un aspect particulier de la langue cible: les apprenants les trouveront pour cela probablement plus motivants que les documents fabriqués. De plus, la variété et la richesse du lexique y sont bien plus grandes que dans des documents «artificiels». Certes, les documents authentiques nous seront aussi utiles pour l'apprentissage visant la grammaire et la syntaxe françaises. Mais nous pouvons souvent saisir dans ces documents des écarts et des exceptions compliquées, sur lesquelles Besse propose alors d'interpréter ces données grammaticales sous une approche stylistique, en les mettant dans leurs conditions d'emploi originales et dans celles en classe. (Henri Besse, 1987)

Les documents authentiques doivent toujours présenter un objectif langagier et communicatif, de sorte que dans le cours de lecture ou aux activités de lecture hors classe, l'enseignant puisse aider l'apprenant à découvrir progressivement les actes de langage dont celui-ci aura besoin dans une situation de communication réelle. Comme l'apprenant sera confronté à une variété de productions écrites, il est nécessaire de classer les documents authentiques selon le type et le genre des textes. La classification dans notre thèse s'applique dans quatre domaines[①].

L'enseignant doit essayer d'intégrer de plus en plus fréquemment ces documents authentiques dans la didactique de lecture en FLE, puisqu'ils ont l'avantage de présenter aux apprenants une communication originale et complète, et constituent des matériaux privilégiés pour l'enseignement/

---

① Étant donné la particularité de la lecture des textes littéraires et la dimension limitée de la thèse, nous n'incluons pas de textes de la littérature dans la recherche présente.

Tableau 1-7　Classifications des textes choisis

Classification	Exemples
Textes de la vie courante	Messages, cartes postales, lettre d'invitation
Textes de la presse	Nouvelles, enquêtes, éditorial
Textes professionnels	Lettres administratives, comptes rendus
Textes hypermédias	Extraits sur les sites Internet

apprentissage à condition qu'ils soient organisés de façon cohérente et qu'on leur applique un traitement approprié. C'est donc d'abord l'enseignant qui fait le choix, en fonction d'un projet pédagogique. Mais les documents choisis doivent être suffisamment variés pour permettre aux apprenants d'y prendre une part active. Ces documents doivent être adaptés à leurs intérêts et à leurs compétences assez «ciblées», à dessein que les apprenants puissent percevoir le rapport des activités du cours de lecture avec tout l'apprentissage de la langue française. C'est aussi à l'enseignant de prévoir les activités qui seront faites durant chaque séance didactique, d'organiser les échanges ou les débats, d'apporter les aides nécessaires à ceux qui en ont besoin. D'une séance à l'autre, nous pourrons faire varier les documents proposés, poursuivre des lectures sur plusieurs séances, mais également en équipe, décider d'une progression sur une période scolaire (par exemple un semestre). L'essentiel de cette démarche pédagogique consiste à nourrir les séances du cours d'une variété suffisante de situations, de projets, d'objets et de modalités de lecture.

Conclusion

Le choix des textes à lire joue un rôle important dans une approche équilibrée. Ces textes doivent être riches de qualité et permettre autant la construction du sens que l'acquisition de connaissances de la langue et du monde. La variabilité des types de textes peut permettre à l'apprenant de conceptualiser la notion d'intention communicationnelle par la comparaison entre les formes du discours et leurs objectifs visés. La plupart du temps, l'enseignant propose des textes. À certains moments, il est opportun que l'apprenant ait le droit de choisir selon sa préférence. Nous devons donc intégrer le choix des matériaux dans toute la démarche didactique, car les textes bien sélectionnés influencent la réalisation du projet didactique.

Bibliographie

［1］ 吕和发、古丽娜、汪红、方凡泉、王莉、刘丽梅、蔡坚、朱士兰、张凌、窦卫霖、贾爱兵、刘丹、任林静、王大来、王满良、尤五力：《阅读动机与读物选择——2004中国大学英语专业学生英语读物阅读情况的调查与分析》，《北京第二外国语学院学报》2004年第4期。

［2］ BESSE, H., "Documents authentiques et enseignement/apprentissage de la grammaire d'une LE", dans CORTÉS, J., *Une introduction à la recherche scientifique en didactique des langues*, Didier, Paris, 1987.

［3］ BESSE, H., "Sur quelques aspects culturels et métalinguistiques de la compréhension d'un document en classe de langue", *Tranel 6*, Paris, 1984.

［4］ CUQ, J.-P., GRUCA, I., *Cours de didactique du français langue étrangère et seconde*, Presses universitaires de Grenoble, Grenoble, 2005.

［5］ DESMONS, F., FERCHAUD, F., GODIN, D., GUERRIERI, C., GUYOT-CLÉMENT, C., JOURDAN, S., KEMPF, M.-C., LANCIEN, F., RAZAKAMANANA, R., *Enseigner le FLE: pratiques de classe*, Belin, Paris, 2005.

［6］ GRENON, V., HASNI, A., BÉDARD, J., LEBRUN, J., *Le matériel didactique et pédagogique: soutien à l'appropriation ou déterminant de l'intervention éducative*, Sciences humaines, Éducation et IQRC, Sciences humaines, Éducation et IQRC, Presses de l'Université Laval, Québec, 2006.

ANNEXES

Questionnaire 1：

(20 minutes environ)

Questionnaire sur les stratégies de lecture

Quel lecteur êtes-vous?

1. Lisez-vous la presse de votre pays? (   )

a) tous les jours

b) 3 fois par semaine

c) 1 fois par semaine

d) plus rarement

2. Comment lisez-vous un article en chinois? (   )

a) Vous observez d'abord le titre, la rubrique, la signature.

b) Les illustrations, les titres, la mise en page du texte ne retiennent pas particulièrement votre attention, vous lisez directement l'article.

c) Vous lisez tout l'article sans sauter un mot ou une ligne.

d) Vous parcourez rapidement le texte puis vous faites une lecture détaillée si le sujet vous intéresse.

(*Remarques: Questions 3 - 11 concernent votre lecture en français*)

3. Comment lisez-vous en français un article de journal? (   )

a) Vous traduisez mentalement en chinois.

b) Vous ne traduisez pas.

4. Comment abordez-vous la lecture en français? (   )

a) Vous lisez le texte de manière linéaire: vous lisez tout, tout de suite.

b) Vous parcourez rapidement le texte pour en saisir le sens global.

5. *Quel(s) avis suivant(s) affirmez-vous?* (   )

a) Vous prêtez attention à l'articulation (l'organisation) du texte.
b) Vous pensez que retrouver le plan du texte est une perte de temps.
c) L'organisation du texte n'influence pas la compréhension.

6. *Qu'est-ce qui retient le plus votre attention?* (   )

a) La signification de chaque mot.
b) La signification de chaque phrase.
c) La signification de chaque paragraphe.

7. *Comment retenez-vous les éléments essentiels du texte?* (   )

a) Vous soulignez les passages ou les mots qui vous semblent importants.
b) Vous prenez des notes.
c) Vous mémorisez.

8. *Comment réagissez-vous face aux difficultés?* (   )

a) Vous sautez les mots que vous ne comprenez pas et vous continuez votre lecture.
b) Vous soulignez les mots inconnus, puis vous les cherchez dans un dictionnaire.
c) Vous essayez de deviner le sens des mots inconnus en vous appuyant sur leur contexte.
d) Vous demandez la signification du mot à votre voisin ou au professeur.

9. *En situation d'apprentissage*, (   )

a) vous trouvez que les fiches de lecture guidée vous aident à mieux comprendre.
b) vous estimez que les fiches de lecture guidée ne vous servent à rien.
c) vous êtes gêné par les fiches de lecture parce qu'elles vous empêchent d'organiser votre parcours comme vous le voulez.

Choisissez 3 critères parmi ceux qui suivent et classez-les par ordre d'importance :
10. *Vous avez l'impression d'avoir plus de difficultés à comprendre lorsque:*

_____

a) il y a dans le texte beaucoup de mots que vous ne connaissez pas.
b) l'articulation du texte est peu claire.
c) les structures grammaticales et syntaxiques sont complexes.
d) le thème ou le domaine vous est étranger.
e) le sujet ne vous intéresse pas.
f) il y a trop de références à la culture française.
g) il y a trop de références à l'actualité.
h) la présentation du texte est compacte (sans division en paragraphes, sans intertitres).

Choisissez 3 critères parmi ceux qui suivent et classez-les par ordre d'importance :
11. *Les activités de lecture que vous avez effectuées en classe,* _____

a) vous ont permis d'acquérir de nouvelles stratégies de lecture et par conséquent de mieux comprendre ce que vous lisez.
b) vous ont permis d'acquérir des compétences lexicales.
c) vous ont permis d'acquérir des compétences grammaticales et syntaxiques.
d) vous ont permis de vous familiariser avec la culture française.
e) vous ont donné envie de lire en français en dehors de la classe.
f) ne vous ont été d'aucune utilité pour l'apprentissage de la langue.

Vous êtes étudiant ( ) ou étudiante ( ) en _____ année.
Merci de vos renseignements!

Questionnaire 2：

Questionnaire 2

(30 minutes environ) *Enquête sur les habitudes de lecture*

Vous êtes étudiant ( ) ou étudiante ( ) en_____année.
Merci de vos renseignements !

Pour toi lire c'est ...

1.• passionnant   2.• ennuyant   3.• divertissant   4.• amusant   5.• agréable

6.• intéressant   7.• difficile   8.• normal   9.• reposant

10.• stimulant   11.• endormant   12.• enrichissant

13.• magique   14.• « plate »

Réponses:

Les lectures que tu fais t'apportent ...

 1.• des idées pour réfléchir   3.• des moments de détente

2.• des idées pour écrire

4.• de nouvelles expressions

5.• des occasions de rire   6.• un voyage dans l'imaginaire

7.• de nouveaux mots

Réponses:

Autour de toi il y a des personnes qui aiment beaucoup lire ...

1.• mes parents

    3.• un professeur

2.• des amis

4.• des caramades de classe

Réponses:

工程技术法语测评体系构建研究
Recherche sur la construction du système d'évaluation du Français des Technologies

四川外国语大学成都学院　邱　枫
QIU Feng　Institut de Chengdu
Université des Études internationales du Sichuan

中文摘要：工程技术法语专业方向旨在培养"能够为我国企业在法语国家工程技术项目全流程中提供语言服务的人才"，其测评体系建设是一项仍需完善的重要工作。本文阐述了工程技术法语在构建测评体系方面的三个要求和在测评标准方面的三项原则，并具体探讨了如何将三种主要测评方法运用于实际教学。

关键词：工程技术法语；测评体系构建；测评实践

Résumé: Le Français des Technologies est une direction de la formation des talents pour « cultiver des talents capables de fournir des services linguistiques aux entreprises chinoises dans l'ensemble du processus des projets de technologie d'ingénierie dans les pays francophones », et la construction de son système d'évaluation est un travail important qui doit encore être amélioré. Cet article expose les trois exigences de sa construction et les trois principes de la norme d'évaluation, et explique comment appliquer les trois principales méthodes d'évaluation à l'enseignement pratique.

Mots-clés: le Français des Technologies, la construction du système d'évaluation, la pratique d'évaluation

据教育部外语教指委法语分委会统计，2015年，全国130余所高校开设法语专业，每年有近万人毕业。但是，全国大部分院校的人才培养模式同质化，强调法语语言学和法国文学的教授，虽然也有部分院校开展了较为实用的专门用途法语的教学研究工作，但其受众往往是专业人员，他们因为职业的目的而上法语课。而随着"一带一路"倡议的推行，外经（对外经济技术合作）所占比重逐年增加，尤其是中国在非洲法语国家投资和承建了大量工程技术项目，亟需众多能在这些项目上承担交流沟通的法语语言服务人才。这就造成了当下法语人才市场存在一个突出的结构性矛盾：毕业生的知识和能力构成与法语人才市场的需求匹配度差。工程技术法语这一人才培养方向正是为了解决这一结构性矛盾而产生的。

工程技术法语以培养能为我国企业在法语国家工程技术项目全流程中提供沟通交流语言服务的人才为目标。因此，它的教学不同于普通法语教学，也不同于专门用途法语教学。它有以下特点：强调"通用"专业技术知识的教学，即在大多数工程技术领域都能用到的专业术语和知识，它是工程技术法语的基础；重视培养学生的"四项基本能力"，即普通法语知识能力、通用专业术语能力、通用文件格式能力和通用工程技术知识能力，以提高学生在多个领域的适应性；培养学生发展成为一人承担"翻译＋专业人员"两人工作的人才；通过法语学习"通用"专业技术知识，实现法语和专业技术知识的结合。

一、测评内容的构建

测评是一项既艰巨又重要的任务。在一定程度上，对测评原则的研究也就是对学生应具备的知识结构的研究。为使学生的知识结构更好地满足企业的需求，同时也为了进一步完善工法教学体系，有必要对其测评体系的构建进行研究和实践。首先，工程技术法语人才的培养目标是为我国企业在法语国家工程技术项目全流程中提供沟通交流语言服务的人才，因此，测评重点应当是翻译能力，即能否进行正确的中法互译，而不是考察学生是否懂得修理机器、设计桥梁等；其次，工程技术法语教学的定位是"培养学生对我国企业在法语国家所涉及工程技术各行业的适应性"。因此，测评内容还应具有工程技术各行业的通用性。在明确了测评重点的基础上，测评内容的构建应再遵循以下三个要求：

（一）测评词汇的设置

将通用专业术语作为测评内容。不能将只用于某个工程技术专业的专门专业术语作为测评范围,而应采用在大多数工程技术分支上都能用到的通用专业术语,如比重、闪点、细部图、分解图、转炉、卷板、锻压比、辛烷值等。

对某些具有多重含义的词汇,只考察其专业意义。如"diffuseur"既有"传播者"又有"浸提器"的含义,而在制糖专业领域中,就只能取"浸提器"之意。

(二)测评篇章的设置

将通用工程技术法语知识作为测评内容。工程技术法语不是传统意义的土建施工,也不仅限于外贸,而是从项目招投标到结算项目款项的全过程;涉及领域也不囿于土建,而是涉及工农业的各个领域。因此,工程技术法语翻译能力测评不应仅限于法语语言方面的知识,而应包括在大多数工程技术分支中通用的基础知识,如电气、供水、招投标流程、仪表、基本机械构造等。

采用真实的工程技术文件进行测评。为培养"与社会对接、与企业对接、与岗位对接"的生产服务一线的应用型、复合型、创新型人才,应做到教学内容与生产有效对接。工程技术法语翻译能力测评应当采用来自工程技术各项目第一线的真实文件,以保证内容和格式都具有真实性,而不是为了教学和测评专门编撰文章。如堤坝的招标书、电动机的使用手册或卷板机的检验报告等。

(三)符合外法语专业教学实际

避免为了追求真实性而忽略课时有限的实际情况。法语专业本科的总学时是有限的,过于追求教学内容的真实性会导致学生无法进行全面学习,反而使得就业出口变窄。同时工程技术法语涉及的专业门类较多,所涉及的专业术语对学习外语的文科生来说也有一定难度,如果将所有相关术语全部塞给学生,反而会达不到目的。因此,测评所使用的专业术语应当是经过筛选的。同时,在专业文章的选取方面,比如销售合同,只能有重点、有针对性地截取一部分进行测评。

避免为了追求真实性而忽略某些专业内容难度较大的问题。工程技术法语培养的是有能力成长为"懂法语的工程技术管理人员"的工程技术法语译员,而不是懂法语的工程技术专业人员。工程技术法语涉及广泛,在其教学和测评中难免会涉及一些法语专业学生从未接触过的知识,如果难度过大,测评就不会有较好的区分度,也就不能达到测评应达到的目的,同时也必然会打击学生的学习积极性。因此,应采取措施适当降低专业内容的难度,以便更好地帮助教师了解学生的能力、调整教学计划等。

二、测评标准及其实践

工程技术法语教学不同于普通法语教学，也不同于专门用途法语教学，它强调的是通用工程技术法语术语、通用工程技术法语文件格式和通用工程技术知识的教学。因此，工程技术法语翻译能力测评应当有一套针对其特点和要求的测评标准。由于没有针对工程技术法语的第三方评估，工程技术法语的评估都采取内部评估。以我院法语专业为例，在结合学生的实际情况和自身定位的基础上，采取了将诊断性测评、形成性测评以及总结性测评三种主要方法相结合的方式。另外，测评应该是连续的，贯穿整个学期的，以形成连续性评估。

（一）测评标准三原则

准确性是工程技术法语翻译能力测评中的首要标准。"译员必须将原文准确地转译到目标语言，让目标语言的受众与源语言的作者或读者对原文的表达或理解是相同的，能够借助译文像源语言的读者一样完成原文所要求的工作，这就是工程技术法语翻译的准确性。"（沈光临，2016）对工程技术法语翻译是否具有准确性的测评应当考虑以下几点：用词的准确性、标点符号的准确性、虚词的准确性、句子的准确性、篇章的准确性以及限定词的准确性。

逻辑性是工程技术法语翻译能力测评中用以评判译本是否符合其对应工程技术专业领域的特点和要求。"要掌控译本逻辑性，需要必备的工程技术背景知识作为支撑"（沈光临，2016），在评判译本是否具有逻辑性问题上应当从以下方面进行考虑：专业领域的逻辑性、风格的逻辑性、时间的逻辑性以及工程技术的逻辑性。

标准汉语的使用是指在对工程技术法语翻译能力进行测评时评估译本所使用的汉语是否符合汉语的表达习惯。在几年的工程技术法语教学和评测实践当中，笔者总结出了工程技术法语学习者在标准汉语的使用方面较为容易出现的几个问题，故其翻译能力测评应当着重对这几个问题进行检查，如法式汉语、"大肚子"修饰语。

（二）诊断性评价

由于工程技术法语所涉及的专业领域众多，仅在整个课程开始之前进行一次诊断性测评无法为整个课程各个章节的教学提供连续有效的参考。并且,由于课时所限,也不可能在每一课开始授课之前都进行一次专门的诊断性测评。因此,要求学生每个章节都完成一次课前预习作业,并以此作为诊断性测评的依据。比如本专业使用的教材《工程技术法语》中第三课为制糖工艺流程,可在课前要求学生试译一段甜菜制糖、甘蔗制糖或是酒精生产的工艺流程文章,以了解学生对制糖工业以及工艺流程类文章的了解程度,便于随时调整授课重点及安排。

(三) 形成性评价

形成性测评是在学习中进行的。这种评估能给教师提供有关学生强项和弱项方面的信息,帮助教师对课程内容进行调整并重新组织教学活动,以利于通过调整而实现教学目的。如课堂的提问、学生的作业、小测验等。为达到良好的测评效果,本专业采取了多种方法相结合的方式进行形成性测评。

直接评价。这种方式可以让教师了解学生在某一特定学习活动中的表现和能力,比如答辩。由于工程技术法语对于外语专业学生有一定的难度,因此要求学生在教师的指导下在课前对将要学习的工程技术知识进行学习研究。学生在归纳整理之后,将学习研究的成果进行陈述。教师根据学生的陈述提问,并根据学生的陈述和对提问的回答给出评价。

表现性评价。这种评价方式是指"教师让学生在真实或模拟的生活环境中,运用先前获得的知识解决某个新问题或创造某种东西,以考查学生知识与技能的掌握程度,以及实践、问题解决、交流合作和批判性思考等多种复杂能力的发展状况"。与直接评价不同的是,表现性评价是在完成直接评价之后,利用课堂实践训练完成的。教师根据对学生直接评价的情况有针对性地选取部分课文段落、工程技术表格或图纸要求学生利用课前学习研究习得的知识以口述的方式进行试译。教师则根据工程技术法语翻译的三个原则对学生的口述进行评价。

自我评估。这种学生自我评价方式可以让学生了解自己的水平和学习结果,其中也包括师生评估。这两类方法的好处是让学生也有责任参与对学习的评价。每一章节结束后,学生在教师的指导下将学习研究成果和课堂练习汇总,归纳每个章节的知识点以及在学习时学生自己对这些知识点运用的情况,且编撰成册。同时,在学生自我评估的基础上,教师对其自我总结评估提出要求和问题,以促进学生对学习过程的反思,提高学生自我评估的成效。

(四)总结性评价

终结性评价应着重于对工程技术翻译能力进行检验,看学生是否能够通过学习翻译真实的工程技术文件,也可以让学生了解自己是否达到这门课的阶段性要求。在总结性评价实践中,主要采取相对评价和绝对评价两种方式。

相对评价的任务是评估学生在同伴中的水平。为保证该测评能够测试出学生的真实水平,并达到良好效果,采取工程技术法语翻译比赛的形式,比赛内容为关于本学期所学工程技术知识的一段文章。通过比赛,学生可以了解到自己的学习成效,也有助于教师了解学生的学习水平分布,可为教师更有效地教学提供依据。绝对评价是根据学习目标的列表评估学生的能力和知识,因此将期末考试作为测评手段。

三、总结

在工程技术法语教学过程中,根据前辈对外语知识和能力测评的经验,在结合本专业实际情况的基础上,有针对性地进行多种测评方法的实践,逐步完善了工程技术法语翻译能力测评的相关原则,也总结出了一些不足的地方。工程技术法语课程虽然至今已开设 9 年有余,但仍是一门年轻的课程,关于其翻译能力测评的研究与实践还有很多工作有待去做。

参考文献

[1] 曹德明:《高等外语院校国际化外语人才培养的若干思考》,《外语教学理论与实践》2011 年第 3 期。
[2] 欧洲理事会文化合作教育委员会编:《欧洲语言共同参考框架:学习、教学、评估》,刘骏、傅荣主译,外语教学与研究出版社 2008 年版。
[3] 王华伟、王华树:《翻译项目管理实务》,中国对外翻译出版公司 2013 年版。
[4] 吴敬业、花清亮:《中国当代外语教学法》,河南大学出版社 2004 年版。
[5] 沈光临、薛晓、杨继瑞:《"一带一路"背景下国际化人力资源的开发路径——以工程技术法语人才培养为例》,《西部论坛》2016 年第 4 期。
[6] 沈光临:《工程技术法语翻译实务》,东华大学出版社 2016 年版。

[7] HARDENET, P. Processus qualifiant et objectifs spécifiques. Évaluer l'attendu et l'imprévu en langue étrangère. Le français sur objectifs spécifiques: de la langue aux métiers, Le Français dans le monde, Recherche et applications, 2004.

[8] LERAT, P. Les langues spécialisées, Paris, PUF, 1995.

基于视听法的法语动画片教学案例设计
——以系列动画片《小驴托托》之《托托骑车》为例

Élaboration didactique d'un cours audiovisuel par le dessin animé français — *Trotro fait du vélo*

山西大学　田　宇
TIAN Yu　Université du Shanxi

中文摘要：根据外语教学视听法的理论与原则，本文以法语系列动画片《小驴托托》之《托托骑车》为教学案例，分别从呈现、讲解、重复、开发四个环节进行了教学设计，以期对法语教学提供一点参考。

关键词：视听法；法语教学；法语动画片

Résumé：Basé sur la théorie et les principes de la méthodologie structuro-globale audio-visuelle (SGAV), cet article présente progressivement, par le biais du dessin animé français (*Trotro fait du vélo*), les phases principales d'un cours audiovisuel : *présentation*, *explication*, *répétition et exploitation*, il a pour l'objectif de fournir une référence utile dans l'enseignement du français.

Mots-clés：méthodologie SGAV, didactique du français, dessin animé français

一、引言

视听法全称为视听整体结构法（Méthodologie SGAV），是继传统法（Méthodologie traditionnelle）、直接法（Méthodologie directe）与听说法（Méthodologie audio-orale）之后的一种外语教学方法。阮福根（1981）指出："视

听教学法是为了初学阶段培养听说外语能力而设计的一种教学方法。该教学法体系起源于法国。视听法是以索绪尔的结构语言学为基础的。"

根据 Cuq J.-P & I. Gruca(2002:261),语言首先是一种口头表达和交际的工具,视听法注重的并不是语言,而是具体语境中的话语。任何一门视听课的核心都是对话,它作为日常语言的载体,出现在具体的交际环境中,但对话除了言语实现外,还依靠节奏、语调、动作、情境以及心理等因素而实现,视听法中"整体结构"这一术语很好地阐释了这一点,因为正是"整体"一词体现了这些因素在口语交际中的融合。据此,在法语初学阶段的视听课堂上,如果运用该教学法,我们需要选用一些合适的教学素材。也就是说,这些素材既要有生动的交际环境,又要有适应学生语言能力的对话。根据田宇(2016),法国经典的少儿系列动画片《小驴托托》(L'âne Trotro)具有主题明确、情节紧凑、发音清晰、诙谐幽默等特点,适合法语初学者。本文选取该动画片一集《托托骑车》(Trotro fait du vélo)作为教学案例加以分析,试图挖掘动画片在视听课上的辅助作用,对法语教学提供一定参考。

二、教学设计步骤

本文教学设计是针对法语专业一年级第一学期的视听说课程教学,时间约30分钟,教学目标主要是培养学生听说表达能力,具体课堂步骤[①]如下:

(一)呈现环节

在播放之前,教师简单导入关键短语(faire du vélo)加以提示,然后给学生观看动画片2—3遍。在这一过程中,学生根据自己的认知能力虽然不能全部听懂对话内容,但故事情节是可以理解的。

(二)讲解环节

呈现环节结束后,学生对故事已有了整体的把握,但从语言层面讲,还需要更具体、更细致地理解对话内容。因此,讲解是所有环节中最重要的环节,而分

---

① 在视听法教学中,Henri Besse(1985:62—64)介绍了四个教学步骤:呈现(présentation)、讲解(explication)、重复记忆(répétition-mémorisation)和开发利用(exploitation)。他认为前三者的顺序可以颠倒,即:呈现—讲解—重复—开发;呈现—重复—讲解—开发;重复—呈现—讲解—开发,本文采用第一种顺序进行课堂设计。

镜头讲解是必经之路。我们的具体方法是，按故事情节配合录音从故事开端、故事展开和故事尾声三部分入手，一边展示一边讲解给学生。

1. 故事开端

对于法语零基础的学生而言，故事开头的对话相对复杂些，无法立刻听懂具体内容，这时教师对那些识别度相对较低的词与词组稍加提示即可。

Transcription du dialogue（scène 1）

L：Dépêche-toi, Trotro, viens faire du vélo.

T：J'amène Nounours.

L：On va jusqu'à là, et après on revient.

T：Oui, d'accord... j'arrive!

2. 故事展开

我们将主要的四组镜头（见图1-4）配合录音进行暂停和重复播放直至学生能够齐声跟读对话，随着情节展开，他们很容易辨别出图1-4①和图1-4③中不同动作的表达以及莉莉的回答。（见图1-4②与图1-4④所示）

图1-4　托托莉莉单手骑车示意图

Transcription du dialogue（scène 2）

T：Regarde, Lily, je fais du vélo sans la main gauche.

L：Moi aussi!

T：Regarde, Lily, je fais du vélo sans la main droite.

L：Moi aussi!

接下来图 1-5 的 4 组镜头中，托托向莉莉展示他的"高超"技术，最终的结局可想而知，这一情节是整个故事最精彩的部分，学生们很容易理解对话的含义。然而，我们注重引导学生对莉莉表情的观察（如图 1-5④），以及对莉莉说"Attention! Trotro, tu vas tomber..."这句话时语音语调的模仿。

图 1-5　托托高难动作情景图

Transcription du dialogue（scène 3）

T：Regarde, Lily, je fais du vélo sans les mains.

L：Pas moi!

L：Ouf!

T：Et maintenant encore plus difficile... Regarde, Lily, sans les mains et sans les pieds.

L：Attention! Trotro, tu vas tomber...

3. 故事尾声

在故事尾声，我们提示学生注意观察当自行车摔坏后托托表现出的沮丧和失落(如图1-6①),同时点出对莉莉"Tu t'es fait mal?"这句话的理解。在课堂上,我们发现托托说的最后一句话很容易被误听为"C'est le vélo fait de la Trotro",通过几次的回放,学生才恍然大悟,其实是"C'est le vélo qui fait de l'âne Trotro"。

图1-6 故事尾声情景图

Transcription du dialogue（scène 4）

L：Tu t'es fait mal?

T：Un peu... Le vélo est tout cassé...

L：Viens, on va voir ta maman... tu viens Trotro?

T：Oui... maintenant, c'est le vélo qui fait de l'âne Trotro.

(三) 重复环节

朱京曦(2010)指出:"攻破记忆的城池从来只有一个办法——那就是重复,重复对任何内容来说都是最重要的记忆方法。"视听法中的重复环节,目的在于让学生达到熟记故事对话内容。我们整个过程始终贯穿合唱式句型重复练习,即教师先按照讲解环节中的分镜头让学生齐声重复练习2—3次,最后进行整合,在此过程中,强调语音、语调以及动作的重要性,以便在下一环节的模仿练习中打下基础。

(四) 开发环节

开发环节是视听法最关键的一步,目的在于让学生能够将所学知识运用到相似的情景中,甚至在日常生活当中灵活运用。从难易程度入手,我们分以下三

个层次加以引导:

第一层次:复述故事。在故事开头,可以采取自由问答的方式逐渐引入话题,比如问托托两人骑车时的天气如何,在哪骑车,托托还带着谁,等等,这样学生可以很快被情节带入。然后,我们请学生用第三人称复述故事,并及时纠正其语法错误。

第二层次:骑摩托车情景模仿。通过前一层次的练习,学生已经基本识记故事中的对话,接下来可以稍加变换,练习骑摩托车各种动作的表达,比如"faire de la moto sans la main droite…",我们可以邀请一位学生到讲台上来做动作,大家齐声用法语加以描述。

第三层次:角色表演。采用角色表演形式,重点是能够即兴地、自由地、自然地将所学知识运用到生活的真实场景当中。具体方法是组织学生两人一组,给托托和莉莉配音,并加以动作模仿。

三、结语

本教学案例设计曾在山西大学外国语学院法语专业一年级视听说课堂上初步实践。我们在使用主要视听教材的基础上,适当加入了动画片的教学内容作为辅助手段。从教学效果来看,该教学实践为课堂增添了一份新的活力,最重要的是让法语零基础的学生从另一个切面上体会到学习的乐趣,从而激活学习的积极因子,激发学习法语的兴趣,让他们更活泼、更自信、更快乐地参与法语课堂活动。

总之,视听法作为一个重要的外语教学法,首次提出听觉与视觉的紧密结合,强调整体结构的感知,注重及时纠正错误等观念,在当代教学中仍然值得我们借鉴。褚孝泉(2011)指出:"外语教学法研究是一门实用的学科,惟其实用,所以能一直受着实践的检验和推己而不致像一些纯理论研究那样堕入虚妄无稽的境地。"本文仅以视听法作为依据,对动画片教学案例进行了设计与应用,略陈管见。在高年级的视听课堂上,所选的教学材料范围更广、更多样,相信运用此教学法也会有更好的教学效果。

参考文献

[1] 褚孝泉:《试论外语教学法的基础及其运用》,《外语教学理论与实践》2011 年第 2 期。

［2］ 阮福根:《视听教学法探讨》,《四川外语学院学报》1981年第2期。

［3］ 田宇:《建构主义理论下法语动画片教学模式探析》,《长治学院学报》2016年第3期。

［4］ 朱京曦:《多媒体教学策略》,北京师范大学出版社2010年版。

［5］ Besse H. *Méthodes et pratiques des manuels de langue*,Editions Didier,1985.

［6］ Cuq J.-P,I. Gruca. *Cours de didactique du français*,*langue étrangère et seconde*,Presses universitaires de Grenoble,2002.

［7］ http://v.youku.com/v_show/id_XMzM1NTk0ODU2.html? from＝y1.2-1-100.3.2-1.1-1-1-1-0.

全球化背景下"面向行动教学法"在中国外语教学中的应用

Application de la perspective actionnelle dans l'enseignement des langues étrangères en Chine dans le contexte de mondialisation

济南大学　王永康
WANG Yongkang　Université de Jinan
pierrewang@126.com

中文摘要：《欧洲语言共同参考框架：学习、教学、评估》着重提出了语言教学中"面向行动教学法"的理念。中国有学者对"面向行动教学法"进行了阐释，并有学者对其在中国应用的局限性进行了探讨。笔者总结认为，"面向行动教学法"的本质是交际，核心是任务，关键是真实场景，目标是综合能力。在经济全球化背景下，随着中外交流日趋频繁，在中国实践"面向行动教学法"的条件日渐成熟。把学生推向商务、文化、教育、旅游等领域，是当前实践"面向行动教学法"的主要方面。本文举例说明了在这些方面的应用。

关键词：全球化；外语教学；面向行动教学法

Résumé：Dans le *Cadre européen commun de référence pour les langues: apprendre, enseigner, évaluer*, on souligne la perspective actionnelle dans l'enseignement des langues. Certains chercheurs chinois ont bien analysé la perspective actionnelle et certains ont indiqué les limites de sa pratique en Chine. En résumant les recherches précédentes, nous croyons que l'aspect essentiel de la perspective actionnelle est la communication, le noyau est la tâche, le point capital est la vraie situation, le but est la compétence complexe. Au fur et à mesure des échanges sino-étrangers dans le contexte de mondialisation, nous estimons qu'il est très favorable maintenant de pratiquer la perspective actionnelle en Chine. La pratique peut se trouver dans les domaines du commerce, de la culture, de l'éducation et du tourisme, etc. Dans l'article, nous allons citer les exemples de son application.

Mots-clés: mondialisation, enseignement des langues étrangères, perspective actionnelle

引言

《欧洲语言共同参考框架：学习、教学、评估》（简称《共同参考框架》）是世纪之交欧洲理事会文化合作教育委员会集体智慧的结晶，既是对过往语言教学理念的总结，又是充满创新理念的著作。《共同参考框架》在西方，尤其是欧盟内部，成为语言教学者和学习者重要的指南。《共同参考框架》汉译版已于 2008 年底面世，但是，在笔者看来，没有引起国内外语教学界足够的重视。《共同参考框架》中提出的"面向行动教学法"（简称"行动教学法"）和"多元语言与多元文化能力"等概念对欧洲国家，甚至对全球国家来说，都是十分先进的教学理念。国内傅荣、蒲志鸿等学者对行动教学法进行了阐述，并对其在国内实践的局限性进行了探讨。笔者认为，在经济全球化背景下，随着中国综合国力的不断提升以及中外交流的日益频繁，在国内实践行动教学法理念的时机已经到来，虽然称不上成熟，但已经大有可为。下文将主要以笔者学生时代的经历、大学工作中的教学实践以及他人经验为例进行阐述。

一、对行动教学法的再认识

对于面向行动的外语教学理念，《共同参考框架》明确阐述了其含义：

> 本《共同参考框架》在此着重提出面向行动的外语教学理念，其含义在于把语言使用者和学习者首先定性为社会人，他们需要在某一具体的社会行动范围内，根据特定的条件和环境，完成包括语言活动在内的各项任务。如果说言语行为是通过语言活动实现的话，语言活动本身则是社会环境作

用下的产物。正是社会环境赋予了语言活动充分的含义。一个或几个行为主体策略地运用其掌握的能力,去实现某一特定的目标。这就叫行动,或者叫"任务"。所以,面向行动的教学法理念也会重视作为社会人的学习者所拥有并运用的认知力、情商和意志力。(欧洲理事会文化合作教育委员会,2008)

傅荣在评述《共同参考框架》要点时指出:"首先必须指出,《共参框架》提出的'面向行动教学法'绝不意味着一种所谓新教学法流派的产生。……'面向行动教学法'其实是一种新的外语教育理念,核心在于培养学习者能够运用目的语跟其他不同语言文化背景的人合作共处共事,完成相关任务,并最终创建一种超越本民族/国家的语言文化共同体。"(傅荣,2009)的确如此。从其含义上,我们可以看出行动教学法是20世纪80年代兴起的交际教学法的深化。行动教学法同样以外语学习者为中心,视其为行动的主体,完成一定的任务。从行动教学法的含义我们可以看出它对交际教学法的深化之处如下:① 把学习者首先定性为社会人,任务的完成不仅限于课堂上,而且还贵在真实的情景;② 不单纯培养学生的语言能力,而是注重学习者的认知力、情商和意志力等方面,也就是我国常说的综合能力或素质。由此,笔者总结性地认为,行动教学法的本质是交际,核心是任务,关键是真实场景,目标是综合能力。

二、国内学者对行动教学法的探讨

面世于世纪之交的《共同参考框架》的汉译本已于2008年底出版,这份在欧洲被普遍接受和使用的语言教学指南在中国尚未引起外语教学界足够的重视。我们通过查阅中国知网收录的文章或著作,发现探讨《共同参考框架》的作品不多,探讨外语教学中行动教学法的作品也不多,并且在这些不多的作品中主要还是仅限于对课堂实践和对教材选用的经验介绍。很多作品都是在探讨"行动导向"教学的其他方面,如职业教育,和外语教学不沾边。下面我们介绍几个外语教学中关于行动教学法的典型探讨。

朱震芸在其博士论文《交际行动教学法的应用及其在中国高校法语教学中的适用性》[①]中介绍了她向上海8所高校23名教师发放了关于交际行动教学法

---

① 2012年于上海外国语大学答辩通过。

方面的调查问卷,其调查内容主要还是涉及课堂内容方面。朱总结出了目前中国高校应用交际行动教学法的几种羁绊:教育理念的冲突(以教师和知识为中心、以学校为中心、教学的应试导向),实用主义和通识教育的冲突,社会目标的差别,微观社会(课堂)和现实社会的差别,来自师生方面的障碍,其他困难(需要时间保证、教学组织上的困难等)。

傅荣在《试论"面向行动教学法"的理论基础及其对外语教学的影响》(傅荣,2009)中论述了行动教学法的理论基础及其对外语教学的影响。在谈及对外语教学的影响时,傅谈了三个方面:对编写教材指导思想上的启迪;学生的角色转换;教师的角色转换。

蒲志鸿在《行动与外语教学——欧洲语言教学理念的转变及其启示》(蒲志鸿,2008)一文中指出了在中国实践行动教学法面临的七大难题:与传统外语教学法的碰撞,任务界定存在难度,教师水平参差不齐,学生参与行动的程度不平衡,母语的影响,母文化的影响,形式和意义之间的顾此失彼。

综上,中国外语教育学者对行动教学法的探讨主要还是停留在基于任务的课堂互动上,或者只是停留在理论的探讨和实施过程中可能会出现的现实困难上。笔者认为,基于任务的课堂互动,是模拟真实场景而非真实场景,是行动教学法的一部分,但同时也是交际教学法的主要内容,而交际教学法的深化部分——走出课堂,一个或几个行为主体,利用目标语,和以目标语为母语或者官方语言的人(简称"目标语人")进行沟通,有策略地完成一定的任务,通过任务的执行过程提高自己的综合能力,才是行动教学法的重要内容。因此,下面要讨论的行动教学法内容只针对课堂外的方面而言。

三、行动教学法在中国的实践

笔者认为,不少中国外语教育者和学习者其实已经在应用行动教学法,虽然他们本身可能并没有意识到这一点。根据自己的经验和观察,笔者把应用分为偶发性实践和固定性实践两种类型。

(一)偶发性实践

偶发性实践主要指实践行动教学法的时间不固定,具有很大的随机性、碎片化。例如,随着中外交流的日益频繁,大量外宾来中国参观、学习、交流,领域涉及政务、商务、旅游、教育等。学生通过某种渠道获得了相关信息,积极参与其中,进行翻译、导游、导购等工作。学生用目标语工作,和外宾沟通,通过各种策略完成各种真实的交际任务。通过这种活动,学生的外语水平得到了锻炼,接人待物的能力也会有所提高。中外交流日益密切,学生在外实践的机会有所增多。但是,这些机会毕竟是具有偶然性、随机性、不稳定性和短暂性的。那么,有没有相对稳定和持久的机会应用行动教学法呢?笔者认为答案是肯定的。下面,笔者以自己当学生时的经历、他人的经验以及从事法语专业教书育人的实践来进行介绍。

(二) 固定性实践

我们把固定性实践看作践行行动教学法的时间相对固定,学生可以定期参与一些外事活动或者和国际友人进行交流。在笔者看来,目前主要有三种形式:实习、校际学生交换及和留学生结对子。

1. 实习

不少外语专业的院系会在相对固定的时间里为学生提供实习的机会,常见的有毕业实习和学业中实习。前者主要指积极和在华外资机构建立合作关系,派遣毕业年级学生去实习;后者较为少见,笔者认为定期举办的国际会议或者展览是学生学业中实习的最佳机会。例如,每年两季的广交会期间(春、秋两季,每季约持续两周时间),广州部分高校暂停外语专业学生的校内课程,以实习期的形式鼓励他们参与广交会。我们注意到,甚至部分外省、市高校的教师会带着学生到广州,积极参与广交会工作。很多学生在会馆外主动出击或者通过其他途径找到了机会。

对于实习,虽然在时间上相对固定,但是不可否认,可能也存在一定的问题,例如,没有足够的外资机构承接所有毕业班学生进行实习,甚至很多高校所在地没有相对应的外资机构,这时,我们就需要尽力拓展、灵活进行。例如,笔者在青岛读本科阶段,青岛某高校法语毕业班的学生分批到同一家法资企业实习。另外,对于学业中实习,也可能存在一定的困难,比如,由于学生众多,并不是所有学生都能在广交会期间找到机会的。

2. 校际学生交换

随着中国高校国际化程度的日益提高,中外师生交换已经不是新鲜事,外语专业学生参与学生交换项目尤为重要。笔者认为,外语专业学生参与交换生项目是中国高校在外语教学中实践行动教学法的重要部分——学生虽然在国外,但学生的主体学校仍然是中国高校,他们在绝对真实的目标语国家里完成包括修习各门课程的学习任务和生活中难以预见的种种任务,这在语言能力和综合能力上对他们来说是更大的考验和锻炼。到国外学习,更能够了解和体验目标语国家的文化,提升跨文化交际能力。对于文化,法国学者 Robert Galisson 提出"知识文化"和"大众共有文化"概念(Robert Galisson,1984),前者主要指文学、历史、政治艺术等书本中常见的文化;后者是一种日常实践文化,指"某一特定语言和文化的人所为,如何看待世界,在某种情况下的行为方式,对于异域的表现,跨文化形象"等方面。中国学生在国内通过书本和课堂教学就可以很好地学习目标语的"知识文化",而通过置身到目标语国家,他们能够更好地了解对方的"大众共有文化",从而更好地和当地人交流。

校际学生交换方面,在国内高校有一定的不平衡性,比如,有的学校可能和国外很多学校建立了友好关系,大多数某外语专业的学生有机会参与交换项目;而有的高校甚至没有交换项目,学生没有机会参加。然而,机会都是人创造和争取的,以笔者所工作学校的法语专业为例,学校从 2006 年开始,每年招收 30 名法语本科生,起初没有任何和法国的交流项目。笔者多方努力,最终从 2009 级学生开始,到他们大三时,有 15 个到法国交换的名额,接受法国某高校一个学期的法语强化培训(听说读写等方面)。

3. 和留学生结对子

中国教育部把吸引和招收外国留学生作为一项十分重要的工作,各高校都积极行动,把招收一定数量和质量的留学生作为提升学校国际化程度的重要举措。高校的国际化战略和外国留学生的大量到来,为实践行动教学法提供了"天时"和"地利"条件,接下来只剩"人和"。笔者认为,相关教师努力促进外语专业学生和目的语国家的来华留学生接触和交流是十分重要的。以笔者所在的学校为例,2015 年,来自法语国家和地区的留学生人数已达 50 多人。2016 年,人数至少上升到 70 人(目前有 10 多名政府奖学金学生在其他高校学习一年语言,2016 年 9 月转入本校进行其他专业的学习;另外,学校每年固定接收 10 多名官方语言为法语的奖学金学生)。笔者意识到这些法语区的留学生是一项宝贵的资源,就积极组织或者让法语专业学生组织包括法语角在内的各项语言文化活动,推动中外学生见面。在活动现场,笔者积极介入,促使大二、大三学生和法语区留学生结成学习对子,并对他们进行必要的指导。他们大都乐于接受这种互助学习的形式,目前已经初步呈现出中外学生互动好学的局面。

在和留学生结对子的过程中,外语专业学生实际上也是用目标语和汉语(汉语难以避免,即使如此,他们平时说外语的机会也大大增多)完成一定的真实任务,比如说,为外国学生解释一些汉语知识难点,回答他们其他一些关于语言文化方面的问题。同时,中国学生也有自己的问题需要解决,比如,让对方解释自己外语学习中的问题,或者寻求某些地道的表达方式。不论他们聊什么样的话题或者完成什么样的交际任务,对中国学生的外语水平的提高,尤其是口语水平的提高将具有很大的促进作用。

笔者以上谈及的内容,都是践行行动教学法的实例总结。作为外语教育者,我们要因地制宜,利用好现有条件,同时创造新条件,为实践行动教学法而努力。我们不应过多考虑会遇到什么样的困难和局限性,只要有机会,就应该把具有一定水平的学生推出去,"在做中学"。即,我们需要做的是在实施过程中发现和总结遇到的问题,而不是一味地探讨如果实施这种方法会遇到什么问题。

四、实施过程中的问题探讨

行动教学法理念重视外语学习者语言能力和其他方面能力与素质的培养,笔者根据自己学生时代的经历、他人经验以及教学实践,探讨一下学生参与行动教学法过程中所涉及的语言能力以及其他能力和素质方面所遇到的问题。

(一) 语言能力方面

在执行真实交际任务的过程中,学生常常遇到两类问题:一是听不懂对方的表达,二是自身不能顺利表达。第一类问题的产生常常来自两方面的原因:① 对方个别词汇的发音和学生平时所学不一样(以法语为例,中国学生在国内学习的是法国法语);② 学生没有接触过对方所说的一些词汇。第二类问题产生的原因也有两个方面:① 学生锻炼少,表达不流畅、不清楚;② 学生没有足够的词汇量来表达。遇到语言(听、说)障碍时,部分学生会尽力采取一定的策略来化解困难。针对第一类问题,学生可以请求对方重复,甚至让对方写出一些话语。针对第二类问题,学生可以借助手势等肢体语言,或者换一种方式向对方解释,甚至中外文夹杂一起表达,等等。针对这些情况,教师应该提前对学生进行必要的指导,例如,准备一些相关词汇等。

(二) 综合素质方面

除了语言能力,学生综合素质方面也会出现很多问题。常见如下:① 由于语言能力方面的欠缺,导致心里紧张,越来越难以完成相关任务;② 没有采取必要策略完成交际的意识;③ 缺少必要的应对突发情况的能力,对和任务无关的问题无法应对;④ 缺少必要的外交礼仪知识和跨文化交际能力;⑤ 性格腼腆,缺乏积极主动性;⑥ 缺乏服务别人、锻炼自己的态度;等等。教师应根据自己和前人的经验,对学生进行行前指导和事后总结,帮助学生不断取得进步。

五、结语

结合自身的经历以及别人的经验,尤其是结合自己的教学实践,笔者总结了在中国外语教学中应用"面向行动教学法"的方方面面。笔者认为,在经济全球化背景下,中外交流日益密切,实施行动教学法的机会也日益增多。我们要尽可能地利用各种机会,把我们的学生推向实践活动,用目标语完成各种真实的任务,培养他们的外语应用能力及提升其他方面的素质。万事开头难,不要担心他们在开始阶段不能很好表现,不断地让他们"在做中学"才是硬道理。

参考文献

[1] 傅荣:《〈欧洲语言共同参考框架〉要点述评及其对我国高等学校专业外语教育的借鉴意义》,《中国外语教育》2009年第8期。

[2] 傅荣:《试论"面向行动教学法"的理论基础及其对外语教学的影响》,《中国外语教育》2010年第8期。

[3] 欧洲理事会文化合作教育委员会:《欧洲语言共同参考框架:学习、教学、评估》,刘俊、傅荣主译,外语教学与研究出版社2008年版。

[4] 蒲志鸿:《行动与外语教学——欧洲语言教学理念的转变及其启示》,《四川外语学院学报》2008年第1期。

[5] 朱震芸:《交际行动教学法的应用及其在中国高校法语教学中的适用性》,上海外国语

大学 2012 年博士论文。
[6] Louis PORCHER. *L'enseignement des langues étrangères*, Paris: Hachette, 2004.
[7] Robert Galisson. *Dictionnaire de compréhension et de production des expressions imagées*. Paris: CLE International, 1984.

基于神经语言学理论对法语教学的思考[①]
Réflexion sur l'enseignement du français dans la perspective neurolinguistique

中国海洋大学　吴晓倩　李　筊
WU Xiaoqian, LI Jiao　Université Océanique de Chine
tournesolvv@163.com

中文摘要：作为一门新兴学科，神经语言学起始于对语言障碍的神经病理研究，后来发展到研究语言和大脑的关系，对理解L2/LE习得过程中的大脑运作模式和神经机制有重要的价值，对L2/LE教学有极大的启示作用。本文基于神经语言学理论，关注学习者的生物生理因素，在整理、分析国内外相关研究成果的基础上，从语言-学习主体、语言-语境和神经语言学-词汇、翻译教学三个方面对法语教学进行思考和探讨。希望语言教学的参与者在实际的教学实践中重视和尊重学习者的生物性，用神经语言学的研究成果指导教学实践，提高外语教学的效率。

关键词：神经语言学；法语教学；大脑；神经系统

Résumé：La neurolinguistique, en tant que science relevant aussi bien de la linguistique que de la médecine, joue un rôle crucial dans la compréhension du fonctionnement du cerveau et du système nerveux en matière d'acquisition des langues étrangères. Basé sur les recherches toutes récentes, cet article vise à en

---

① 基金项目：
(1) 2015年教育部人文社会科学研究青年基金项目："二语语感的神经语言学研究"，项目号：15YJC740103，课题负责人：吴晓倩。
(2) 教育部留学回国人员科研启动项目："法语类语法感与(元)语言意识的阶段性发展差异研究"，课题负责人：吴晓倩。

extraire quelques points essentiels qui pourraient contribuer à l'amélioration de l'enseignement du français, et il propose des réflexions sur trois aspects tels que langue-apprenant, langue-contexte et l'enseignement du lexique et de la traduction. Par ces réflexions, nous souhaitons que l'importance de la nature biologique des apprenants soit reconnue dans l'enseignement/apprentissage et que l'enseignement soit mené avec plus d'efficacité.

Mots-clés: neurolinguistique, didactique du français, cerveau, système nerveux

引言

乔姆斯基(Chomsky)提出的语言能力天赋论(Innatetheory)指语言的掌握是由大脑的某种物质及其特殊构造决定的(韩景泉,2000)。人们渐渐从对语言结构本身的研究转向对心智和大脑的研究,向生理研究的范畴靠近。语言学由此发展出两门学科:认知语言学侧重语言习得过程中的心智研究,神经语言学则关注语言和人脑之间的关系。普遍语法(universal grammar)更直指人类大脑共享一套具有遗传属性的语法系统。在这样的大背景下,语言学家和心理学家都纷纷将目光投向了对大脑的研究,希望在大脑中找到语言和语言习得的奥秘。其中,二语习得的神经机制研究不仅是探索人类大脑的重要一步,也是解答一系列在外语学习中困扰我们的问题的关键。比如,缺乏经验和逻辑推理能力的儿童为什么比成年人更容易掌握一门语言?语境对外语学习有没有影响?有多大的影响?年龄、性别和情绪为什么会影响外语学习?教学者和学习者可否借助这些影响调整教学,实现资源配置的最大化呢?认知语言学从认知和心智的角度对上述问题进行了详尽的解答。本文将把关注点从心理因素转移到以大脑为代表的生理因素上,希望通过探讨语言-脑区/神经之间的关系,为高校的法语专业教学提供科学的指导和启发。

一、学习主体和外语

学习者、目的语和语境组成了外语学习过程中的三个基本因素。作为人,学习者本身就是一个遵循复杂的规则在动态变化着的系统。在生活和工作中,人们根据年龄及性别被赋予了不对等的优势,同时每一个人又都可能获得丰富的情绪体验。借助大脑科学的发展,诸如性别、年龄、情绪等自然规律正逐渐被人们认识,其对语言学习的影响也渐渐被了解。

(一) 二语习得与年龄

二语习得与年龄的关系一直是神经语言学关注的重要命题。乔姆斯基提出的"语言习得关键期假说"(Critical Period Hypothesis,CPH)认为二语的习得是存在最佳时期的。研究表明,句子生成过程中,早期习得L2/LE的双语受试者的L1和L2/LE在额叶(Broca)和颞叶(Wernicke)语言区的激活相同,而晚期习得L2/LE的双语者其L1和L2/LE的激活在颞叶区相同,但在大脑左侧额叶区存在差异。这个差异即由二语习得的年龄不同所致。根据该项实验不难发现,由于早期习得的L2/LE的激活区域更接近L1的激活区域,所以更容易接近母语的水平。换言之,更容易达到高度流利的程度。另一项实验(Ullman,2001)显示"晚期习得的L2/LE与L1具有不同的认知机制和皮层表征:L2/LE的语法知识属于陈述性知识,L1知识则属于内隐记忆程序性知识";在储存部位上,"前者在左侧颞叶的神经系统,后者则在左脑前部基底核的神经系统。在语言加工过程中,晚期习得的L2/LE并不依赖于母语机制"。(金晓兵,2012)

van den Noort等人的研究成果表明单语者和双语者在大脑神经结构上存在差异(岳金星、史光孝,2013):双语者的大脑顶下叶皮质中灰质密度大于单语者,且左脑半球更为明显;较晚开始学习L2/LE的群体与在关键期之前便开始学习L2/LE的群体相比,顶下叶灰质密度更大。这说明二语习得必然会引发神经结构的改变,与习得时间的早晚没有关系,只不过早于关键期前学习二语会触发更明显的改变(岳金星、史光孝,2013)。所以,关键期对二语习得的影响是显而易见的。在有条件的情况下把握关键期,尽早进行干预,可以优化学习效果。

对于高校法语学习者来说,无疑已经错过了外语学习的关键期。但值得庆幸的是,频繁的练习和使用有助于使用者语言脑网络加工机制的形成,即使是关键期之后才习得L2/LE,也能通过频繁的练习和使用确保L2/LE达到母语水平(Ullman,2001)。同时,Pallier(2007)的CPH(关键时期假说)认为即使是在幼年就开始学习二语,但如果不用的话,也会遗忘或者丧失这些知识。所以无论是关键期之前还是之后习得L2/LE,都需要多使用、多练习,才可能弥补年龄所带来的劣势。

(二) 二语习得与性别

吴梅(2012)提出大脑在语言能力方面存在性别差异。研究证明,女性控制语言过程的左脑半球的专门性程度比男性快。所以,在教学中应该考虑到性别所带来的差异,若男同学出现阅读水平能力低于女同学或者在外语学习中稍显滞后,除了给予足够的耐心之外,还应着重对其进行相关的训练,通过后期对脑部的刺激弥补这种先天性别上可能导致的"劣势"。

(三) 二语习得与情绪

情感加工的神经基础是杏仁体,认知加工则主要依赖大脑额前叶皮质完成(岳金星、史光孝,2013)。刺激评价系统理论认为大脑会将感知的信息分为"有利"和"有害"两类,并分别激发"积极情绪"和"消极情绪"。其后,大脑才会对感知的信息进行认知和加工,且对有利信息的加工效果优于对"有害"信息的加工(Schumann et al., 1995)。Paradis(2004)也提出过相似的理论:杏仁体、腹内侧前额皮质、伏核、多巴胺神经系统和外网神经系统负责动机关联和对刺激材料的情感认同,即在加工自己感兴趣的材料时,杏仁体释放更多的麻醉剂,促进材料进入长期保存。一般来说,语言学习者和使用者对母语比对 L2/LE 具有更大的情感认同。

这些神经科学领域的发现为情感因素在二语教学中的重要性提供了生物性依据。教学者可以从两个方面来利用和发挥情感因素的作用:活泼、生动的授课方式可以使学生认为传授内容是有益的,调动积极情绪,对刺激进行更好的加工;充实自我并尝试让学生喜欢上自己,避免学生产生先验性的抵触情绪。

二、二语习得与语境

儿童之所以能够在三四年时间中从不会说话到流利地表达思想,除了与本身大脑结构有关外,与语境也有着密不可分的关系。正常、健康的环境下成长的儿童几乎时刻都处在母语环境中。和母语接触的时间"每天按 10 小时计算,4 年有 14 600 小时。而以中国学习英语的人为例,计算从中学到大学 8 年的英语学习时间,即使节假日无休,每天坚持学习两个小时,语言接触时间加起来还不及儿童前四年的一半"(程冰、杨旸,2009)。

医学证明失语症病人有可能恢复部分语言功能。这说明"环境和语言输入可以影响大脑语言功能的代偿性恢复,即大脑具有可塑性。对母语而言,频繁、不断的接触和练习会在语言加工过程中减弱大脑左侧前额皮层的激活程度。这说明练习会使语言加工任务所需要的认知资源减少,进而提高完成语言任务的效率"(金晓兵,2012)。

神经语言学的介入使语境的重要性在生物性层面上得到更加直观的显现,再一次强调了 L2/LE 学习过程中语境和操练的合理性和必要性。对高校法语专业教学来说,如何在非目的语环境下创造目的语语境成为一项重要课题。在传统的语言教学中,单一的语言模态常被看作语言学习过程中唯一或最重要的要素;然而真实自然的交流永远不可能仅仅局限于语言这一单模态系统内,而是通过多模态语篇来构建意义的。多模态教学则倡导打破传统的单一语言模态的教学模式,"在教学过程中引入图像、声音、甚至气味、动作及表情等其他模态,使其与语言符号一同参与意义共建体系"(曾方本,2009)。教学的多模化为外语教学提供更加接近现实世界的语境和语料,促进学习者语识-语能/语用的转换。

三、神经语言学理论模型对外语词汇和翻译教学的启示

(一) 词汇教学-共同表征模型

共同表征是指双语的语义表征储存在同一系统内(金晓兵,2012)。Altarriba(1992)发现跨语言的语义相关词比同语言的无关词更能产生启动效应,例如英语词"table"比汉语词"窗户"更快地启动了汉语目标词"椅子"。

共同表征模型为使用目的语为教学语言提供了有力的论据。在教学过程中,尽量合理地多使用目的语为教学语言,不但可以创造自然真实的交际语境,还可以同时刺激大脑的左右半球,借助左右半球的协作,发展学习者的语言创造力,特别是为词汇教学提供了具体的指导:分主题的接触、学习和记忆词汇更加有效。

(二) 翻译教学-修正层级模型与义项模型

修正层级模型与义项模型对认识二语翻译有着重要的价值,它们都从生物性的层面上解释了翻译任务中的不对称性。修正层级模型(Revised Hierarchic Model)认为前向翻译(L1 到 L2)通过语义系统调节完成,而后向翻译(L2 到 L1)通过词汇形式系统完成。通过 ERP 技术发现,后向翻译任务导致比较明显

的 N400 反应,且枕叶区强于中央区,中央区强于额叶区(Palmer et al.,2010：1435)。

义项模型(The Sense Model)认为大多数词都具有许多不同的义项。L1 所掌握词汇的义项多于对等的 L2 词汇。二语对等词汇之间在义项上存在较大程度的重叠,后向翻译的语义重叠程度大于前向翻译,可诱发更大的 N400 效应(Palmer et al.,2010：1436)。

翻译和翻译教学中,直译和意译常被划为两极,非此即彼。事实上,根据以上两个模型,我们不难发现在前向翻译中大脑更多地使用语义系统,而后向翻译则是通过词汇系统;从义项层面来看,抽象词和具体词也存在义项重叠上的不同。因此,了解翻译过程中大脑和神经的运作机制,可以有意识地培养外语学习者在翻译过程中意译和直译相结合;避免前向翻译中常出现的过度阐述和搭配错误,以及后向翻译中常出现的生搬硬套现象。在处理义项较多的抽象词汇上,引导学习者多使用法-法词典,减少和避免翻译中出现歧义的情况。

四、结论

随着科学技术的发展,神经语言学内部也呈现多元发展的趋势,出现了众多流派、学说和理论模型,都试图阐述语言和大脑的关系。针对很多热点问题,研究者们也可能持有不同的意见和看法。比如关于二语习得关键期,管群(2010)认为习得二语语法/句法的过程实质上并不受年龄的限制,但是习得二语语音/发音则受年龄的限制;周雪婷(2013)认为不存在临界期而存在敏感期。这种百家争鸣的现状恰恰说明神经语言学作为新兴科学,已经为我们的语言学和语言教学研究注入了新鲜的血液,其影响得到了广泛的关注和认可。

目前,神经语言学的研究大部分都证实了认知语言学已有的研究成果,得到的数据却比认知语言学更加客观和科学。神经语言学在尊重人的生物性的基础上发展起来,很多常见的语言学习现象都可以从大脑和神经的层面得到具体的解答,而不再需要依靠观察行为和自省来揣测心理。

遗憾的是研究和实践两者往往是脱离的。真正的教学实践者和参与者对神经语言学的了解还不够多。很多有价值的研究发现并不能真正指导语言教学实践。这不仅需要语言学家的重视,更需要教学者和学习者的努力,用理论指导实践,在实践中善于发现问题,在理论学习中乐于联想和思考问题。借助神经语言学的研究成果,真正达到解决实际问题、改善教学现状、提高教学效率的目的。

参考文献

［1］ 程冰、杨旸:《母语习得的脑神经机制研究及对外语教学的启示》,《西安交通大学学报(社会科学版)》2009 年第 3 期。

［2］ 管群:《认识神经科学证据:何时开始学习二语效果最好?》,《中国特殊教育》2010 年第 5 期。

［3］ 韩景泉:《乔姆斯基的形式主义语言研究》,《外语教学和研究》2000 年第 1 期。

［4］ 金晓兵:《双语表征的神经机制研究综述》,《当代外语研究》2012 年第 12 期。

［5］ 吴梅:《外语语感获得的神经心理机制及其培养策略》,《外语教学》2012 年第 3 期。

［6］ 岳金星、史光孝:《〈神经语言学与心理语言学视角下的第二语言习得〉述评》,《外国语》2013 年第 6 期。

［7］ 曾方本:《多模态符号整合后语篇意义的嬗变与调控——兼论从语言语篇分析到多模态语篇分析转向时期的若干问题》,《外语教学》2009 年第 6 期。

［8］ 周雪婷:《神经语言学及外语教学》,湖南人民出版社 2013 年版。

［9］ Altarriba, J.: «The representation of translation equivalents in bilingual memory», In R. J. Hrris (ed). *Cognitive Processing in Bilinguals*, Amsterdam: Elsevier, 1992: 78-123.

［10］ Pallier, C.: «Critical periods in language acquisition and language attrition», *Language Attrition: Theoretical Perspectives*, 2007.

［11］ Palmer, S. D., J. C. van Hooff & J. Havelka: «Language representation and processing in fluent bilinguals: Electrophysiological evidence for asymmetric mapping in bilingual memory», *Neuropsychologia*, 2010, 48(5): 1426-1437.

［12］ Paradis, M.: *A Neurolinguistic Theory of Bilingualism*, Amsterdam: John Benjamins, 2004: viii +293 pp.

［13］ Shumann, P., D. Ransley & D. Prestwood: «Measuring R&D Performance», *Research Technology Management*, 1995, 38(3).

［14］ Ullman, M. T.: «A neurocognitive perspective on language: the declarative/procedural model», *Nature Reviews Neuroscience*, 2001(2): 717-726.

中国大学生法语语音听辨的错误研究
Études sur les erreurs des étudiants chinois en matière de l'identification des phonèmes français

电子科技大学　吴　瑶
WU Yao　Université des Sciences électroniques et de Technologie de Chine (UESTC)

中文摘要：本研究结合电子科技大学法语系为 2014 级新生开展的语音教学工作，对学生出现的语音听辨错误进行研究。语音分析和辨音测试可以反馈教学中遇到的问题，回应教师对学生的直接观察，使教学实践进一步形成清晰的经验和有效的方法。研究首先通过听力测试，对学生的听辨错误进行梳理，根据音位筛理论对比不同语言的音位系统，对测试结果进行深入分析，理解典型的发音错误。此外，研究总结了具有"区别效能"的发音因素，分别是唇形圆展、口型大小和舌头位置。研究将有助于法语教师有的放矢地开展语音教学活动。

关键词：语音教学；听辨错误；音素；音位筛；区别效能

Résumé: Résumé : Dans le cadre de l'enseignement mené par le département de français de l'UESTC en 2014, cette étude porte sur les erreurs commises par les étudiants chinois lors de l'identification des phonèmes français. À l'aide des analyses phonétiques et des tests d'identification, l'étude répond aux observations directes du côté de l'enseignant et permet d'approfondir la réflexion pédagogique, pour que les pratiques récoltent des expériences partageables et une méthode efficace. L'étude commence par un test de compréhension orale sur les phonèmes français dont les résultats sont traités et classés. Selon la théorie du crible phonologique, en comparaison des systèmes phonologiques de différentes langues, les erreurs sont analysées pour comprendre surtout des difficultés typiques. L'étude finit par la saisie de trois facteurs qui jouent le rôle essentiel dans la « performance de distinction», qui sont la forme de bouche, l'ouverture de bouche et la position de langue. Des conseils utiles sont offerts aux professeurs de FLE et les aident à exercer des enseignements ciblés.

Mots-clés：phonétique, erreur d'identification, phonèmes, crible phonologique, performance de distinction

法语语音学习是专业的开门课。语音犹如语言能力的第一张名片，反映出学生专业学习的系统性以及基本的能力水平，其重要性不言而喻。教师在教授语音的过程中，往往结合自身的母语、第二外语和文化观察等，经验性地去把握法语发音的重点和难点，以此展开教学活动。但是目前法语语音教学的研究依然缺乏更多客观的论证和解释。

特鲁别茨柯依以索绪尔提出的符号系统为依据，曾描述过音位筛的构成，强调母语和外语存在不同的音位筛。学习者学习外语的过程，会不自觉地用母语音位筛去分析外语，而母语音位的判断将导致外语语音感知错误或缺陷。根据音位筛理论，发音的错误归根究底源于听力，首先表现在音素的听辨错误上。本研究中的测试便基于这样的理论基础进行设计，将语音发音问题先从听音辨音上去追溯，利用测试收集发音错误，再进行客观的语言学分析和解释。实验结果中，所汇总的几个音素的错误情况存在较明显的错误率差异。这个差异性可以理解为汉语和法语音位系统差异的具体反映。辨音问题与发音器官（主要是口腔）有很大关系。发音器官的不同，导致发音上的差异，听力上往往难以捕捉。基于这样的关联，我们可以进一步探究发音器官与音位筛的关联性。

一、语音测试

基本情况如下表所示：

测试名称	基础语音听辨	测试依托课程	法语初级视听说 I
测试学时	共 10 学时	测试对象	2014 级本科 法语专业 共 21 人
测试设计 参考资料	1. 何慧敏等：《法语语音速成》，上海译文出版社 2010 年版 2. 柳玉刚：《标准法语发音》，大连理工大学出版社 2005 年版 3. 其他补充资料		
实验步骤	1. 单音素组 (1) 教师告之学生即将进行听辨的音素，仅分别示范朗读 3 次 (2) 播放辨音练习听力，只放一遍，学生标记是否听到教师示范的该音素 (3) 重复(1)进行下一组训练，教师不解释发音技巧直至所有单音练习完成 2. 双音素组 (1) 教师告之学生即将进行听辨的两个音素，分别示范朗读 3 次 (2) 播放辨音练习，只放一遍，学生标记所听到的两个单词中存在教师刚才所朗读的同一个相同音素还是两个单词存在的音素 (3) 重复(1)进行下一组训练，教师不解释发音技巧直至所有双音素练习完成 3. 双音素补充组 (1) 教师告之学生即将进行听辨的两个音素，分别示范 3 次 (2) 给学生 1 分钟时间快速浏览提供的材料 (3) 播放辨音练习听力，只放一遍，学生标记所听到的是两句中的哪一个句子 (4) 重复(1)进行下一组训练，教师不解释发音技巧直至所有练习完成		
数据处理	1. 教师收集学生听辨记录并订正 2. 统计每个发音的错误人数及错误率 3. 标记每组发音练习中的错误率最高的单词，以及错误率超 50% 的单词 4. 横向对比错误率最高的音素组 5. 横向对比单元音音素、双元音音素及补充实验结果		

二、实验结果汇总

单音素组	错误数	单因素组	错误数
[a]	28	[ɛ]	67
[y]	45	[u]	20

续　表

单音素组	错　误　数	单因素组	错　误　数
[ø]	64	[ã]	43
[e]	97	[ə]	77
[ɔ]	85	[o]	63
[ɛ̃]	63	[ɔ̃]	57
[i]	60	[œ]	81

双音素组		错误数	双音素组		错误数
[i]	[y]	2	[e]	[ɛ]	67
[u]	[y]	10	[œ]	[ø]	28
[e]	[ə]	22	[o]	[ɔ]	17
[œ]	[ɔ]	37	[ã]	[ɔ̃]	14

错误总数最高的 6 个元音音素：

[e] 错误共计 97 个

[ɔ] 错误共计 85 个

[œ] 错误共计 81 个

[ə] 错误共计 77 个

[ɛ] 错误共计 67 个

[ø] 错误共计 64 个

（一）结果分析一

汉语、法语的音位如下图，由于测试学生均具有英语的基础且英法同属印欧语系，相对比较接近，辅以英法音位图作参考。（王秀丽，2006）

对错误数量最多的 6 个音素进行分组，并结合发音特征分成两组，每组三个音素。

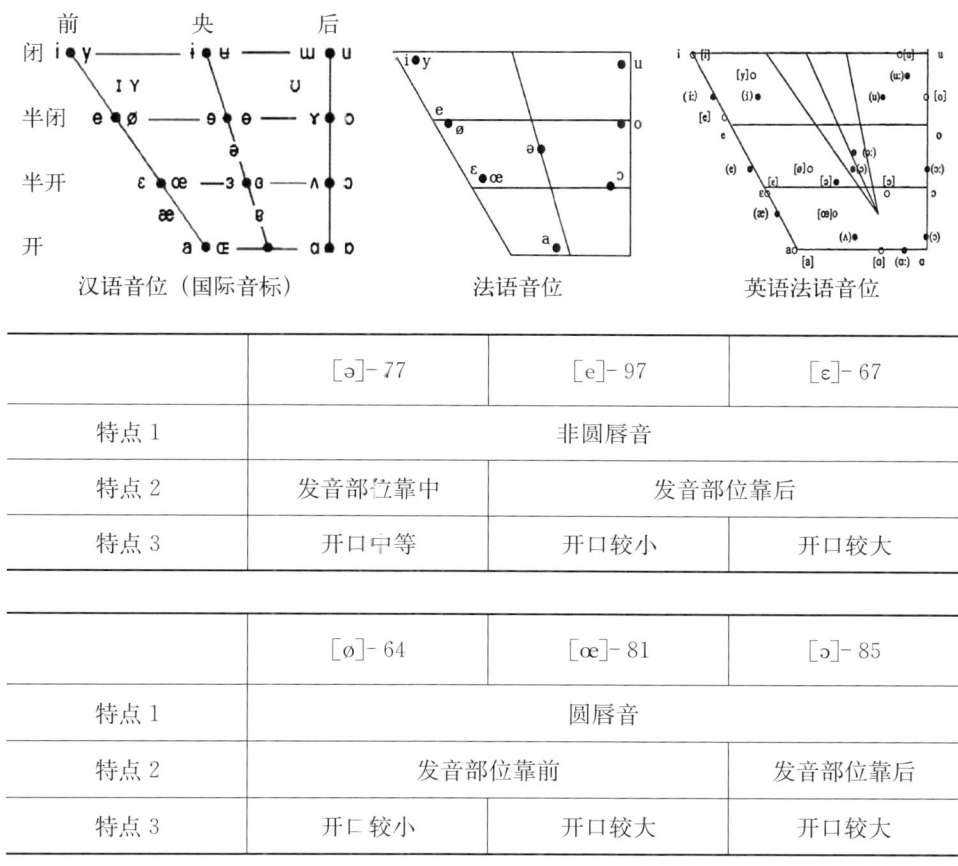

汉语音位（国际音标）　　　法语音位　　　英语法语音位

	[ə]-77	[e]-97	[ɛ]-67
特点1	非圆唇音		
特点2	发音部位靠中	发音部位靠后	
特点3	开口中等	开口较小	开口较大

	[ø]-64	[œ]-81	[ɔ]-85
特点1	圆唇音		
特点2	发音部位靠前		发音部位靠后
特点3	开口较小	开口较大	开口较大

总结：

高错误率的每组三音素体现为均具有一个共同发音特点1：该特点涉及唇形；

其中两个音素拥有特点2：该特点表现为发音的部位（舌位）；

三个音素在特点3：即发音口型上各自不同。

"口腔变化影响元音发音主要有三方面：一个是舌面位置的前后，一个是舌面位置的高低，三是嘴唇的圆展。"（沈阳，2005）这三个特征对元音音色起着决定性的作用。但是根据实验的结果，我们初步推断，这三个方面的影响力不同：其中是否为圆唇音对元音发音的影响力可能最大，也就是唇形圆展的改变对音色的改变力度可能是最大的。其次，两组音素的对比中，每组的开口大小的改变不能够明显区别不同元音音素,学生依然出现严重的混淆,所以我们推测开口大小可能对音色的改变力度最小。我们把这个改变因子所产生的改变力度,也就是效力定义为"区别效能"。根据数据,"区别效能"最大的,我们推测可能是唇形圆展。可以大致总结为:口型大小＜口腔发音部位(舌)＜唇形圆展。

(二) 结果分析二

双元音音素的对比组实验结果给以上的推测提供了进一步的参考数据。(共八组对比)

[i]	[y]	[e]	[ε]
非圆唇音	圆唇音	非圆唇音	非圆唇音
发音均靠前	发音均靠前	发音均靠前	发音均靠前
开口相同,均为最小开口	开口相同,均为最小开口	较小开口	较大开口
共 2 个错误(最小错误数)	共 2 个错误(最小错误数)	共 67 个错误(最大错误数)	共 67 个错误(最大错误数)

从以上对比组差异明显的例子可以看出,[i]&[y]组的区别仅为圆唇与否,剩下的两个口腔部位的音色区别性特征是相同的,结果学生错误总数为 2 个,显示学生对这 2 个音素有很好的区别力。这个明显印证了我们的推测,即唇形圆展的区别效能是很大的。

[e]&[ε]组唇形圆展度和发音部位相同,不同的仅为开口度,结果学生的反馈为对比组错误数最高 67 个,说明学生在唇形圆展度相同、发音部位又相同的情况下,如果仅有开口大小的不同,很难听到音素的区别,音素的音色改变不明显。这点也印证了我们的推测,即嘴唇开口大小效能很小。

错误数排序 (从多到少)	唇形圆展(＋) 发音部位(＋) 开口度(－)	唇形圆展(＋) 发音部位(－) 开口度(＋)	唇形圆展(－) 发音部位(＋) 开口度(＋)
1	[e]&[ε]:67		
2		[œ]&[ɔ]:37	

续　表

错误数排序 (从多到少)	唇形圆展(+) 发音部位(+) 开口度(−)	唇形圆展(+) 发音部位(−) 开口度(+)	唇形圆展(−) 发音部位(+) 开口度(+)
3	[ø]&[œ]：28		
4	[e]&[ə]：22 唇形圆展(+)发音部位(−)开口度(−)		
5	[o]&[ɔ]：17		
6			[a]&[ɑ̃]：14
7		[u]&[y]：10	
8			[i]&[y]：2
TOTAL	112	69	16

总结：

双音素的对比组实验也基本上符合我们针对口腔的变化因子在音素发音上对音色改变所产生的效能结论，依然是，按区别效能由小到大排列：口型大小＜发音部位＜唇形圆展。

(三) 产生差异的进一步分析

音色的差异来自发音器官的改变。发音器官改变的因子不同，对音色的改变力不同。但究其所以，为什么这些差异有些不能被学生听到，产生听辨上的困难呢？法语语音的听辨错误，和母语语音有何联系？

特鲁别茨柯依对语音有这样一段形象的描述："一门语言的音位系统就好像一把过滤所有话语的筛子。留在筛子上的只有那些具有区别意义的语音标记以构成音位。每个人从孩提时开始就习惯于以这种方式来分析话语，并且分析的方式完全是自动和无意识的。"(杨艳如，2004)。也就是说，学生在法语语音上产生的许多错误，源自一种音位的错误判断。这个错误的音位判断是法语的语音从母语汉语的音位筛经过以后，存在一些不符合的情况。

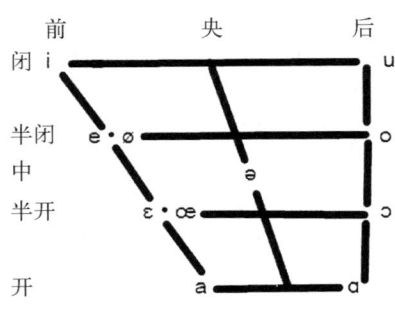
图 1-7 法语舌面元音分布

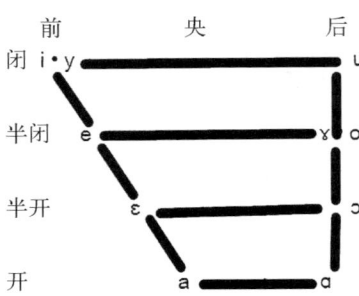
图 1-8 汉语普通话舌面元音分布

从元音的分布上,以上两幅示意图可以说明在舌面元音上,法语和汉语普通话的元音音素有很多区别。学生的音素错误统计情况如下:

(1) 中法均有该元音:[a]、[i]、[y]、[u],平均错误数为 35.75。
(2) 中法均有但法语还存在相近音位:[ɛ]、[e]、[ɔ]、[o],平均错误数为 78。
(3) 法语特有:[ə]、[ø]、[œ],平均错误数为 74。

我们可以推测,对于中法两个语言都具有的音素,如果该音素也不具有其他相似音时,中文母语的音位筛系统能够顺利让法语的音素通过,没有发生太强的阻滞。但是在中法均有该音素,而法语音位系统中该音素还存在相似音素或者该元音为法语特有时,中文母语的音位筛系统对该法语音素就会产生较强的阻滞,学生容易出现判断失误和混淆的情况。这个结论是符合特鲁别茨柯依的音位筛系统假设的。

	A (CN & FR) vs B (CN & FR)	A (CN & FR) vs B (FR)	A (FR) vs B (FR)
[i]&[y]	2		
[e]&[ɛ]	67		
[ø]&[œ]			28
[e]&[ə]		22	
[o]&[ɔ]	17		

续 表

	A (CN & FR) vs B (CN & FR)	A (CN & FR) vs B (FR)	A (FR) vs B (FR)
[u]&[y]	10		
[œ]&[ɔ]		37	

除了[e]&[ε]，虽在汉语法语音位系统中都存在，但我们推测由于本身发音在两个系统中就十分接近，相似度高，错误数总体较高。总的说来，根据数据，我们推测，对中国学生而言，如果遇到汉语中本身存在且不同的音素，应用在法语音素的听辨区别上，是不会有太多困难的。相反，双音素对比组中告诉我们，一旦遇到法语特有的某音素，学生的听辨错误就有所增加，母语的音位筛系统对法语的音素无法"过滤"，产生较强阻滞。

三、结论

本研究主要通过音素听辨测试，对语音辨音的错误进行一些梳理、思考、分析和论证，验证和应用了特鲁别茨柯依的音位筛系统理论，并提出发音器官的三个改变因子对音色改变力度的大小，定义了区别效能的概念。研究结果能帮助我们收获许多对法语语音教学的启示：在法语的元音教授中，教师应更注意"区别效能"的次序和作用。在中法两个音位系统中，针对区别效能小的音素进行听辨时，即可能仅存在口型大小的差异，我们能够预计学生会存在更多辨音困难。建议教师补充较多的听力听辨练习，强化法语音位系统的输入，并辅以较多的口语发音示范来不断强化，比如[e]&[ε]等。只有从听辨上把握区别，才能说发出有区别的音；也只有先有所捕捉，才能说进一步模仿。另外，建议教师配以其他的发音要素，更加突出一些音素的差异性，让学生在开始的时候更容易听辨（如声调、重音等），特别是针对易混淆音素的听辨方面。对汉语中没有的一些音素，教师应从发音技巧上作重点讲解，讲清楚该音素的发音特征，再进行听辨或发音的对比练习。从听到说，从听辨到发音的调整，这是法语语音教学思路的巨大改变。但是只有把握了根源问题，才能使教师的教学有的放矢，切中教学中学生学习的薄弱环节，帮助学生打好语音基本功。

参考文献

[1] 陈玉琳：《法语发音快速入门》，世界图书出版公司 2006 年版。
[2] 何慧敏等：《法语语音速成》，上海译文出版社 2010 年版。
[3] 黄传根、许爱霞：《突出重点　深化法语语音教学》，《西安外国语学院学报》2001 年第 3 期。
[4] 柳玉刚：《标准法语发音》，大连理工大学出版社 2005 年版。
[5] R. H. 罗宾斯：《普通语言学导论》，复旦大学出版社 2008 年版。
[6] 沈阳：《语言学常识 15 讲》，北京大学出版社 2005 年版。
[7] 舒毅宁：《法语发音：（一）法语的 36 个音素》，外文出版社 2003 年版。
[8] 许朝阳、张菊：《英语对法语语音的迁移及对法语语音教学的启示》，《河北师范大学学报》2011 年第 12 期。
[9] 杨艳如：《法语语音错误纠正的理论思考及方法》，《四川外语学院学报》2004 年第 1 期。
[10] 王秀丽：《法语语言学教程》，外语教学与研究出版社 2006 年版。
[11] 张卓宏等：《动感法语——语音与语调》，清华大学出版社 2008 年版。
[12] 周林飞：《法语发音与纠音》，北京大学出版社 2000 年版。

附录：发音错误结果汇总

[a]			[ɛ]		
ma	2	9.52	air	5	23.8
mes	0	0	débuter	3	14.29
ta	2	9.52	*dernière*	12	57.14
laide	0	0	répéter	8	38.1
voilà	3	14.29	prenez	2	9.52
savourer	6	28.57	taire	4	19.05
mère	1	4.76	épeler	8	38.1
appeler	3	14.29	étranger	6	28.57
emmener	0	0	tête	9	42.86
remède	1	4.76	secrétaire	10	47.92
	18			67	
[y]			[u]		
bise	1	4.76	moule	1	4.76
russe	10	47.92	rude	1	4.76
musée	3	14.29	*roue*	7	33.33
bureau	6	28.57	mule	1	4.76
boulot	0	0	sourd	4	19.05
rue	6	28.57	jour	2	9.52
rire	1	4.76	jus	0	0
pur	3	14.29	réussir	0	0
pile	4	19.05	douce	1	4.76

续 表

[y]			[u]		
sur	11	52.38	pousser	3	14.29
	45			20	
[ø]			[ã]		
malheur	9	42.86	bambin	6	28.57
heureux	3	14.29	**incendie**	9	42.86
fauteuil	6	28.57	pingouin	8	38.1
cœur	8	38.1	engin	4	19.05
seuil	1	4.76	insister	0	0
jeudi	6	28.57	enfant	2	9.52
les yeux	12	57.14	maintenir	1	4.76
raleur	6	28.57	ennemi	0	0
religieux	5	23.8	emmener	4	19.05
les œufs	8	38.1	**malin**	9	42.86
	64			43	
[e]			[ə]		
boulanger	12	57.14	repérer	9	42.86
repère	7	33.33	mener	10	47.92
problème	10	47.92	emmener	8	38.1
plaisir	8	38.1	valérie	2	9.52
étranger	8	38.1	rive	7	33.33
merci	9	42.86	lever	9	42.86

[e]			[ə]		
demander	9	42.86	mercredi	7	61.9
aéroport	12	57.14	*jeudi*	12	57.14
école	9	42.86	élever	8	38.1
premier	13	61.9	lire	5	23.8
	97			77	
[ɔ]			[o]		
peau	8	38.1	moreau	5	23.8
bureau	10	47.92	*faute*	12	57.14
boulot	4	19.05	eau	8	38.1
port	9	42.86	lot	8	38.1
mort	11	52.38	corps	2	9.52
poireau	4	19.05	auto	2	9.52
rose	6	28.57	bordeaux	9	42.86
mot	6	28.57	dormir	4	19.05
or	12	57.14	chauve	5	23.8
sortir	15	71.43	sologne	8	38.1
	85			63	
[ɛ̃]			[ɔ̃]		
pépin	9		moment	13	
dindon	10		pardon	2	
montant	3		longer	1	

续　表

[ɛ̃]			[ɔ̃]		
empreinte	5		arrondi	15	
grinçant	6		tremblons	2	
revend	9		grondant	4	
répond	3		menton	5	
ravin	7		jardin	4	
blanc	2		éteindre	2	
frein	9		emmenous	9	
	63			57	
[i]			[œ]		
valise	8	38.1	chanteur	8	38.1
blouse	1	4.76	danseuse	7	33.33
russe	5	23.8	malheureux	4	19.05
amical	5	23.8	**sort**	13	61.9
relire	6	28.57	sœur	6	28.57
stylo	7	33.33	peureux	5	23.8
cinéma	5	23.8	feu	13	61.9
écrire	9	42.86	chaleureuse	12	57.14
prison	11	52.38	bœuf	5	23.8
ministre	3	14.29	il meurt	8	38.1
	60			81	

续 表

[i]	[y]		[e]	[ɛ]	
pile	pull	0	tes	tes	14
la vie	la vue	0	mes	mais	6
sur	cire	0	père	père	4
plu	pli	0	payer	payait	2
relis	relu	0	**buvez**	**buvez**	9
début	débit	0	paix	paix	6
ville	ville	0	taie	thé	5
mur	mur	0	né	nez	7
écrit	écrit	0	chercher	cherchait	6
rusé	*risée*	2	lait	les	8
		2			67
[u]	[y]		[œ]	[ø]	
bu	bout	0	chanter	chanteuse	3
moule	mule	1	amoureux	amoureux	2
dessous	dessus	0	coiffeur	coiffeuse	1
réussir	*réussir*	2	les œufs	un œuf	0
jour	jure	0	menteuse	menteur	2
boule	bule	1	cœur	cœur	2
sourd	*sur*	2	chaleur	chaleureux	6
mur	*mûre*	2	il pleut	il pleure	2
pur	pour	1	bleu	bleu	1

续 表

[u]	[y]		[œ]	[ø]	
vu	vous	1	**seul**	**seuil**	9
		10			28
[e]	[ə]		[o]	[ɔ]	
mes	me	1	beau	bord	0
le	les	1	mort	mauve	5
demi	démis	1	faux	fort	4
repas	repérer	3	port	pot	1
ces	ce	1	nos	nos	3
l'écrit	le cri	3	or	eau	2
des	de	1	mort	mot	0
nez	né	1	dos	dort	1
mener	menait	6	mode	mode	1
premier	première	4	corps	corps	0
		22			17
[œ]	[ɔ]		[ã]	[ɔ̃]	
sœur	sort	9	banc	bon	1
danseur	danseur	4	son	sang	0
nord	neuf	4	marchons	marchant	5
mineur	mineur	2	ambre	ombre	0
corps	cœur	7	savon	savant	2
mort	meurt	1	cancer	concert	3

续 表

[œ]	[ɔ]		[ã]	[ɔ̃]	
mode	mode	4	grande	gronde	0
peur	peur	2	trempé	trempé	0
bonheur	bologne	1	marrant	marron	3
mort	mort	3	blanc	blond	0
		37			14

类比在法语词汇教学中的应用
Enseigner le vocabulaire du français par analogie

浙江大学　张　芳

ZHANG Fang　Institut des études internationales de l'Université du Zhejiang

中文摘要：长久以来，词汇教学被认为是语言教学中最被忽视的一个环节。当人们谈论到词汇，就会不可避免地提到另一个概念：词汇学。词汇学是语言中一个没有边界的领域，它与语言符号的涵义以及语言的发展紧密相关，我们很难对一个语言中的所有单词进行具有逻辑性的分析和组织。但是英语词汇和法语词汇之间的相似之处显而易见，如果我们观察这两种语言中的词汇，就会发现很多单词的拼写几乎是一样的，这种相似性是进行类比的先天条件。类比是将附属于某一事物上的信息转移到另一事物上的认知过程，它可以作为一种教学方法进行词汇教学，从而提高学习者的语言能力。

关键词：类比；法语词汇；英语词汇；相似性；"假朋友"

Résumé : L'enseignement du vocabulaire est depuis longtemps considéré comme une partie inconnue de la didactique des langues. Quand on parle de vocabulaire, on mentionne inéluctablement une autre notion : le lexique. Domaine illimité du langage, le lexique est lié aux rapports de signification et à l'histoire de la langue, il est difficile d'analyser et de structurer les mots d'une langue de manière logique. Il est évident qu'il y a une ressemblance entre le lexique de l'anglais et celui du français, et si on examine un peu le vocabulaire dans ces deux langues, on peut constater qu'un grand nombre de mots ont presque la même orthographe.

L'analogie, étant un processus cognitif par lequel l'information attachée à un élément est transférée à un autre, peut être utilisé comme une méthode d'enseignement pour améliorer la compétence lexicale des apprenants.

Mots-clés: analogie, lexique du français, lexique de l'anglais, ressemblance, faux-amis

Une bonne compétence lexicale est quelque chose de très important dans l'apprentissage d'une langue étrangère, mais l'enseignant consacre beaucoup moins de temps à l'apprentissage des mots qu'à l'apprentissage de la grammaire, et demande aux apprenants de mémoriser par eux-mêmes les nouveaux mots. La pauvreté lexicale des apprenants est le résultat de cette méthode d'enseignement. Pour changer cette situation, on doit mettre l'accent sur l'apprentissage et l'enseignement du vocabulaire.

Le lexique constitue l'ensemble des mots d'une langue, et le vocabulaire est une portion du lexique qui correspond à l'ensemble des mots qu'on utilise dans un énoncé oral ou écrit. Mais dans le langage courant, on considère ces deux termes comme synonymes. Par conséquent, dans notre recherche sur l'enseignement du français, on utilise le mot « vocabulaire » parce qu'on ne peut pas enseigner la totalité du lexique, mais pour l'analyse analogique entre les langues concernées, c'est le lexique qui est au centre de notre recherche.

Pour ceux qui ont une bonne connaissance lexicale de l'anglais, dans l'apprentissage du français, ils trouvent une ressemblance évidente entre les deux lexiques. Nous citons ici le résultat des recherches de M. Caure. Dans ses recherches sur la détermination de l'interlexique anglais/français, on trouve des statistiques sur le corpus des 1000 mots les plus fréquents dans la langue anglaise, comprenant 131 adjectifs, 115 adverbes, 496 noms et 259 verbes. En comparant les mots anglais et leurs équivalents du français, on a obtenu les résultats suivants:

Tableau 1 – 1　Statistiques sur le corpus des 1000 mots les plus fréquents dans la langue anglaise (Caure M. , 2009)

	Absolu	Relatif à l'interlexique	Relatif au corpus
Total	528	100%	53%
Adjectifs	77	15%	8%
Adverbes	25	5%	3%
Noms	310	59%	31%
Verbes	116	22%	12%

En comparant les mots anglais et leurs équivalents du français, on constate que le pourcentage des mots transparents directement en anglais est de 53%, autrement dit, plus de la moitié des mots du corpus anglais correspondent aux règles de la transparence directe.

Nous avons aussi réalisé des statistiques en fonction des catégories des mots:

Tableau 1 – 2　Statistiques en fonctions des catégories des mots (Caure M. , 2009)

	Absolu	Relatif à la catégorie
Adjectifs	77	59%
Adverbes	25	22%
Noms	310	62%
Verbes	116	45%

Dans ce tableau, on constate que les noms sont les plus susceptibles d'être directement transparents, la compréhension et l'apprentissage des noms du français sont donc relativement simples quand on fait l'analogie avec l'anglais. On constate assez aisément la ressemblance entre l'anglais et le français. Mais d'où vient cette ressemblance? On peut tout d'abord étudier l'histoire du développement du lexique de ces deux langues.

1. L'histoire de développement du lexique.

Il existe beaucoup d'éléments qui influencent sur le lexique des langues, parmi lesquels, l'histoire en est sûrement un des très important.

1.1 Développement du lexique du français.

Le français procède du latin, par conséquent le latin est la base de développement du français. Mais le développement de son lexique, le français a été influencé par les langues de ses pays voisins: l'allemand, l'italien, l'anglais ont offert un grand nombre de mot au français. De plus, les dialectes régionaux de la France ont aussi eu une influence sur le lexique du français. Le plus important reste que la formation du lexique du français repose sur des méthodes, comme la dérivation, la transposition, etc., qui en expliquent la richesse.

Après la conquête de l'Empire Romain, le latin vulgaire est devenu une langue très parlée en France. Par conséquent, les chercheurs en l'histoire du français pensent que l'origine du français n'est pas le latin classique mais la langue orale du peuple: le latin vulgaire. Le latin classique n'a proposé au français que peu de mots et des morphèmes pour la formation du lexique.

Après la chute de l'Empire Romain et la disparition de la couche d'intellectuel, le latin a commencé à décliner, et à ce moment-là, la Grèce antique, un pays civilisé, a apporté des changements au lexique roman et à ses éléments formants. Les noms concrets constituent la majorité des noms du latin vulgaire, mais le lexique proposé par le grec ancien et le latin classique a changé cette situation: le nombre des noms abstraits du roman a considérablement augmenté. En même temps, les mots du sens figuré ont fait leur entrée en langue. Par exemple, le mot «tête» signifiait «une canette en terre cuite» à cette époque, maintenant, dans le français moderne, ce mot veut dire «la partie supérieure du corps humain située au-dessus du cou».

Au 5ème siècle, les tribus germaniques ont envahi la Gaule, les Francs ont occupé une grande partie du territoire qui est devenue le Royaume des Francs, et par conséquent, le roman a accepté les mots des langues germaniques dont la plupart sont des termes militaires, comme «la guerre», «l'orgueil», «le maréchal», «la bannière», etc. Mais le degré de civilisation des tribus germaniques était moins important que celui de la Gaule, et c'est finalement la civilisation gauloise qui a influencé le développement de la civilisation germanique. Par conséquent, les langues germaniques n'ont pas remplacé le roman, et aujourd'hui, on ne retrouve l'influence des langues germaniques sur le lexique du français qu'à travers des recherches diachronique.

La chute de l'Empire Romain a causé la sécession de la Gaule, le Royaume des Francs n'est pas parvenu à unifier le pays, d'où la confrontation entre le Nord et le Sud, et la coexistence des langues d'oïl et d'oc durant des centaines d'années. Cette situation a changé au moment de la Croisade des Albigeois: la langue et la civilisation du Sud ont été incorporées dans la civilisation du Nord, et on trouve encore en français contemporain des expressions spécifiques de la langue du Sud (langue d'oc).

En analysant l'histoire de ce développement, un système de formation du roman a été constitué. Les Serments de Strasbourg, déclarés par Charles II le Chauve en 842, sont souvent considérés comme l'acte de naissance de la langue française.

Après la naissance du français, on a continué à utiliser le lexique du roman et à le reconstruire, mais en même temps, on a emprunté des mots du latin classique et du grec ancien. Par conséquent, on constate que dans la langue française, il existe des mots issus d'un même étymon mais de signifiant et de signifié différents, comme c'est le cas pour les mots «hôtel» et «hôpital», tous deux issus du mot latin «hospitalem», les mots «forge» et «fabrique» sont issus du mot latin «fabrica». On les nomme, en linguistique, des «doublets».

Les Croisades ont permis le contact et la communication entre la civilisation française et la civilisation arabe, et le lexique de l'arabe s'est infiltré dans la langue française. Les mots comme «calife», «tambour», «alchimie», «mufti», «caravane», «goudron», «sultan», «marcassite», «minbar», «azimut», «safran», etc. sont tous emprunté à la langue arabe.

La Guerre de cent ans et la Guerre Sainte du Moyen Âge ont aussi eu une grande influence sur le développement du lexique du français. Au 16ème siècle, une portion des mots apportés par la noblesse des Francs a été éliminée, et la Renaissance a intégré une part du lexique de l'italien à la langue française. En même temps, on a emprunté des affixes du latin classique: c'est le cas des deux affixes les plus utilisés en français contemporain «anti-» et «-ateur».

Aux 17ème et 18ème siècles, la réunification de la France a été accomplie, le développement de la langue française a atteint à une période de grande prospérité, et le renouvellement du lexique fut plus rapide qu'auparavant. L'apparition du «Salon» a apporté à la langue française un grand nombre des mots scientifiques et techniques. À cette époque, les emprunts français touchaient généralement le lexique musical de l'italien et la terminologie scientifique et technique allemande. Le lexique de l'anglais a aussi commencé à pénétrer dans la langue française, notamment le langage maritime, les termes commerciaux et la terminologie politique, comme «yachet», «flanelle», «club», «jury», etc.

L'Académie française, fondée en 1635 sous le règne de Louis XIII par le cardinal de Richelieu, a publié en 1694 le *Dictionnaire de l'Académie française* qui est un dictionnaire de langue normatif dans le but *«d'établir des règles certaines de la langue française, de la rendre la plus parfaite des modernes, et non seulement élégante, mais capable de traiter tous les arts et toutes les* sciences». Les compilateurs du dictionnaire ont éliminé des mots référant au féodalisme et des termes vulgaires. Ce dictionnaire, se voulant prescriptif, exigeait — notamment des écrivains — d'utiliser les mots et expressions avec exactitude. L'effort des puristes a obtenu de bons résultats: la langue française de la période classique est devenue un modèle d'élégance.

Après la Révolution française, la morphologie et la syntaxe du français ont été fixées, mais le lexique ne cesse pour autant de se développer, et sa source principale est l'emprunt au latin et au grec anciens pour la formation d'affixes des mots scientifiques et techniques, à l'allemand pour la formation de mots scientifiques, à l'arabe et à l'italien, ainsi qu'à la terminologie anglaise du chemin de fer et du sport («rail», «wagon», «jockey», «turf», «boxe», etc).

Après la Première Guerre mondiale, en empruntant le lexique des autres langues, on a commencé à faire attention à la francisation des emprunts, pour qu'ils s'accordent avec les règles d'orthographe et la grammaire du français. De plus, on a aussi employé des procédés de formation des mots pour ajouter de nouveaux mots au lexique du français:

1) La dérivation ou l'affixation: avec cette méthode, on peut construire de nouveaux mots en ajoutant des affixes à un radical;

2) La composition: par la juxtaposition de deux lexèmes libres, il est possible de former un nouveau mot dont le sens n'est pas réductible à ses deux constituants;

3) L'abréviation: en employant cette méthode, on arrive à remplacer les mots ou les expressions compliqués par des mots abrégés;

4) La conversion: c'est une méthode de formation des mots par laquelle un mot change de nature sans modification morphologique (substantivation, adjectivation et adverbialisation).

Avec le développement et l'amélioration des méthodes de formation des mots, le lexique du français n'arrête pas de s'enrichir.

1.2 Développement du lexique de l'anglais.

Le développement du lexique de l'anglais a une histoire de 1500 ans. Les premiers habitants de la Grande-Bretagne étaient des Ibères venus d'Europe, et puis des Celtes du sud de l'Allemagne, qui ont commencé à utiliser leur propre langue dans les îles. Depuis l'an 55 avant Jésus-Christ, les Romains se sont mis à envahir les îles Britanniques, et jusqu'en 450, trois tribus germaniques provenant d'Allemagne, les Angles, les Saxons et les Jutes, ont tenus la Grande Bretagne et s'y sont installés. Sous le règne d'Alfred le Grand, est apparue une langue commune: *Englisc*, le vieil anglais ou l'anglais médiéval. Le lexique du vieil anglais est le lexique maternel qui est différent des mots empruntés au latin, au grec, au français, etc. À cette époque, le lexique maternel comprenait des mots qu'on utilisait dans la vie quotidienne, par exemple:

Les aliments: *bread*, *food*, *meat*, *meal*;

Les animaux: *dog*, *sheep*, *bird*, *fish*, *hen*, *snake*;

Les plants: *tree*, *grass*, *rose*, *plant*, *pine*, *leaf*;

Les gens: *man*, *mother*, *child*, *wife*, *sister*;

Les parties du corps: *head*, *foot*, *face*, *eye*, *tooth*, *finger*, *ear*;

Les phénomènes naturels: *rain*, *wind*, *snow*, *sun*, *earth*, *sea*, *hill*, *days*;

Les couleurs: *red*, *black*, *white*, *green*;

Les nombres: *one*, *ten*, *twelve*, *hundred*, *thousand*;

Les instruments: *pot*, *cup*, *glass*, *knife*, *box*, *bed*;

Les objets: *door*, *road*, *house*, *floor*, *wall*, *smoke*, *bone*, *life*;

Les caractéristiques des choses: *fast*, *slow*, *strong*, *small*, *long*, *wise*, *good*, *cool*, *deep*;

Les actions: *come*, *speak*, *take*, *run*, *hold*, *hope*, *sing*; etc.

Le Royaume uni a connu l'expansion du christianisme, l'envahissement des Romains, des Germains et des Scandinaves, la conquête des Normands, la

Renaissance du 14ème siècle, ce qui ont enrichi le lexique de l'anglais. Par exemple, pendant la période de la Conquête normande, dix mille des mots français ont été intégré au lexique anglais. À l'époque de la Renaissance, des mots sur la religion, l'art, la science et la politique provenant pour la plupart du latin et du grec anciens sont devenus une partie du lexique anglais. De plus, avec l'expansion coloniale, environ 26 millions de km^2 de territoires et environ 400 millions de personnes ont été intégrés dans l'Empire britannique: la civilisation et les langues des colonies ont aussi influencé le développement du lexique anglais. Selon certaines statistiques, les emprunts, dans la langue anglais, proviennent de plus de 120 langues, et la proportion des emprunts est de plus de 70%. Comme Robert MacNeil a écrit au début de son article *The Glorious Messiness of English*: «*The story of our English language is typically one of massive stealing from other languages. That is why English today has an estimated vocabulary of over one million words, while other major languages have far fewer.*»

Ayant étudié le développement du lexique du français et de l'anglais, on constate que la Conquête normande constitue la raison historique de la similarité entre le français et l'anglais: après la conquête de l'Angleterre en 1066 par Guillaume le Conquérant, la langue parlée par les classes dirigeantes et à la cour reste le français, et ce pour plusieurs centaines d'années. L'anglais est la langue parlée par les classes inférieures et les ruraux. C'est en raison du succès du français parmi les classes dirigeantes anglaises qu'un grand nombre de mots français ont été incorporés au lexique de l'anglais, et que, quand on compare ces deux langues, on trouve un certain nombre de points communs, notamment sur le plan lexical.

Aujourd'hui, l'anglais est considéré comme la langue internationale, un grand nombre d'anglicismes se sont donc implanté dans de nombreuses langues, y compris le français. «*Les mots que le français a empruntés à l'anglais sont entrés dans la langue à des époques très diverses. (…) certains* "anglicismes" semblent exister depuis toujours en français et ne sont plus du tout repérés, sauf par les étymologistes, comme des éléments d'origine étrangère. C'est le cas de mots comme bateau, choquer, bagage et toupie, qui ont tous une origine entièrement ou partiellement anglaise mais qui existent en français depuis la prime jeunesse de cette langue. » (BOGAARDS P., 2008)

Pour les apprenants de niveau débutant, la raison de la similarité entre l'anglais et le français importe peu; ils veulent simplement profiter de cette similarité entre les deux langues dans l'apprentissage du français. La tâche de l'enseignant est alors de faire l'analogie entre ces deux langues dans le processus de l'enseignement pour aider les apprenants à mémoriser le vocabulaire. Selon Degache, membre de l'équipe Galatea, les analogies entre les langues peuvent être classées en quatre catégories (Degache C., 2006):

1) Une analogie totale ou quasi-totale qui représente une correspondance morphosémantique totale;

2) Une analogie partielle qui représente une correspondance morphosémantique partielle;

3) Une analogie marginale qui représente une correspondance morphologique totale ou partielle entre items sémantiquement éloignés et difficilement assimilables;

4) Une analogie trompeuse qui représente une correspondance morphologique totale ou partielle entre items sémantiquement divergents mais facilement assimilables.

Dans l'apprentissage et l'enseignement du vocabulaire, on peut profiter entièrement de l'analogie totale ou quasi-totale qui a une influence positive sur l'intercompréhension, quant à l'analogie partielle et marginale, il faut que les apprenants aient une bonne connaissance du vocabulaire anglais pour comprendre la signification des mots français, et l'enseignant doit aussi souligner des différences entre les mots anglais et leurs équivalents français. Enfin, il faut éviter l'analogie trompeuse qui dérange sans doute la compréhension et qui est à l'origine de nombreuses erreurs.

2. Analyse analogique entre le vocabulaire anglais et le vocabulaire français.

Dans le processus de l'apprentissage du français, la plupart des apprenants chinois qui ont une connaissance de la langue anglaise peuvent trouver une ressemblance entre le vocabulaire anglais et le vocabulaire français, mais pour eux, cette ressemblance est bien limitée, ils n'ont pas la conscience linguistique pour profiter de cette ressemblance dans l'apprentissage, c'est alors l'enseignant qui doit diriger les apprenants pour faire l'analogie entre ces deux sortes de vocabulaires et favoriser le transfert positif dans l'apprentissage. Nous proposons donc une analyse analogique selon les classes de mots de ces deux langues.

2.1 Le nom.

Nous commençons tout d'abord par comparer les noms de ces deux langues, parce que les modifications sont petites, pour les apprenants qui ont une bonne connaissance du lexique anglais, il est assez facile de deviner le sens d'un nom du français qui est orthographiquement semblable à un nom de l'anglais. Ici, nous prenons quelques exemples pour illustrer cette ressemblance entre les deux langues :

Tableau 1 - 3   Ressemblances des noms entre le français et l'anglais

Nom du français	Équivalent en anglais	Nom du français	Équivalent en anglais
animal	animal	notion	notion
banque	banc	organisation	organization
créateur	creator	page	page
docteur	doctor	question	question

续　表

Nom du français	Équivalent en anglais	Nom du français	Équivalent en anglais
effet	effect	raciste	racist
féminisme	feminism	satisfaction	satisfaction
géographie	geography	touriste	tourist
humanité	humanity	université	university
importance	importance	vitamine	vitamin
jade	jade	wagon	wagon
kilogramme	kilogram	xylographie	xylography
latitude	latitude	yaourt（yoghurt）	yoghurt
mimique	mimic	zone	zone

Avec les groupes de mots présents dans ce tableau, on constate qu'il existe peu de différences et beaucoup de points communs entre les noms des deux langues concernées, cette ressemblance orthographique est la base de notre recherche, nous proposons une analyse analogique permettant de trouver les règles de transformation de la morphologie du lexique des deux langues, et surtout les règles de transformation de suffixe qui sont plus régulières. Comme la connaissance sur le lexique de l'anglais est acquise plus tôt par les apprenants, nos recherches mettent l'accent sur la transformation de l'anglais au français:

2.1.1　La terminaison -or et -er.

En anglais, les noms se terminant par -or et -er sont souvent des noms désignant une personne qui exerce une certaine activité, par exemple, dans le tableau ci-dessus, nous avons le nom *doctor*, qui signifie quelqu'un qui est habilité à exercer la médecine et aussi quelqu'un qui possède le diplôme du grade le plus élevé d'une faculté, ainsi que le nom *danser*, qui signifie quelqu'un qui pratique la danse comme un métier. Pour ce genre de nom, il suffit d'éliminer la terminaison *-or* d'un nom anglais et d'ajouter à la fin *-eur* pour avoir son équivalent en français. Alors on peut dire que le suffixe *-er* ou *-or* de l'anglais égale le suffixe *-eur* du français, par une opération analogique, on peut trouver l'équivalent français d'un nom anglais. Mais il existe aussi une situation dans laquelle nous devons tenir compte de l'accent qui se manifeste dans la prononciation. Par exemple, dans le tableau ci-dessus, nous avons le nom *creator*, avec son équivalent en français *créateur*. On peut énumérer des exemples pour prouver cette règle:

Tableau 1 – 4 Processus analogique

Nom de l'anglais	Processus analogique	Équivalent du français
actor	or: actor = eur: X	X = acteur
boxer	er: boxer = eur: X	X = boxeur
conductor	or: conductor = eur: X	X = conducteur
director	or: director = eur: X	X = directeur
danser	er: danser = eur: X	X = danseur
editor	or: editor = eur: X	X = éditeur
operator	or: operator = eur: X	X = opérateur
professor	or: professor = eur: X	X = professeur
sculptor	or: sculptor = eur: X	X = sculpteur

Pour ce genre de nom, il y a une différence entre le français et l'anglais, la plupart des noms de métier en anglais, comme les noms qu'on a pris comme exemples dans le tableau, *conductor*, *director*, *opérator*, *etc.*, peuvent désigner toutes les personnes qui exercent ces activités, sans différenciation entre homme et femme. Il existe bien sûr des exceptions comme le nom *actor*, qui désigne seulement un homme qui interprète des rôles, à la scène ou à l'écran. Pour désigner une femme, on trouve le mot *actress*. En français, au contraire, pour la plupart des métiers, il existe deux mots, l'un désignant l'homme, l'autre une femme. Alors quand il s'agit d'une femme, la terminaison *-or* et *-er* en anglais est transformée en *-euse* ou *-trice* en français au lieu de *-eur*, pour les équivalent français proposés dans le tableau, on a donc aussi les noms: *actrice*, *boxeuse*, *conductrice*, *directrice*, *danseuse*, *éditrice*, *opératrice*. Mais pour les métiers comme le *professeur* ou le *sculpteur*, longtemps considérés comme exclusivement masculins, on désigne les femmes avec le même mot.

2.1.2 La terminaison -ist et -ism.

En anglais, les noms avec la terminaison *-ist* sont souvent des noms désignant une personne qui est experte dans un certain domaine. Pour ce genre de noms, il suffit d'ajouter à la fin un *e* muet pour obtenir l'équivalent français, c'est-à-dire que le suffixe *-ist* de l'anglais équivaut au suffixe *-iste* du français:

Tableau 1-5   Processus analogique

Nom de l'anglais	Processus analogique	Équivalent du français
artist	ist: artist= iste: X	X = artiste
biologist	ist: biologist =iste: X	X = biologiste
communist	ist: communist = iste: X	X = communiste
dentist	ist: dentist = iste: X	X = dentiste
linguist	ist: linguist = iste: X	X = linguiste
mentalist	ist: mentalist = iste: X	X = mentaliste
optimist	ist: optimist = iste: X	X = optimiste

Nom de l'anglais	Processus analogique	Équivalent du français
pessimist	ist: pessimist = iste: X	X = pessimiste
tourist	ist: tourist = iste: X	X = touriste

En anglais, la consonne finale des mots se prononce, mais en français, elle ne se prononce pas. Si on ajoute un *e* muet à la fin, c'est parce qu'il fait sonner la consonne qui le précède, ce qui peut faciliter la prononciation.

On peut aussi appliquer cette règle aux noms anglais qui se terminent en *-ism* : le suffixe *-isme* est donc l'équivalent français du suffixe *-ism*. Dans ce cas, il faut aussi faire attention à l'accent.

Tableau 1 - 6 Processus analogique

Nom de l'anglais	Processus analogique	Équivalent du français
communism	ism: communism = isme: X	X = communisme
idealism	ism: idealism = isme: X	X = idéalisme
materialism	ism: materialism = isme: X	X = matérialisme
naturalism	ism: naturalism = isme: X	X = naturalisme
optimism	ism: optimism = isme: X	X = optimisme
realism	ism: realism = isme: X	X = réalisme
sophism	ism: sophism = isme: X	X = sophisme
tourism	ism: tourism = isme: X	X = tourisme

2.1.3 La terminaison -tion, -ssion, -ation, -sion.

Quand il s'agit des noms de l'anglais qui se terminent en *-tion*, *-ssion*, *-ation*, *-sion*, les étudiants les comprennent avec précision, parce qu'il n'y a presque aucune différence entre l'anglais et le français. Les mots de ce type sont nombreux dans les deux langues.

Tableau 1 - 7   Ressemblance des noms avec la terminaison -ion

Nom de l'anglais	Équivalent en français	Nom de l'anglais	Équivalent en français
attention	attention	notion	notion
benediction	bénédiction	observation	observation
composition	composition	occasion	occasion
coordination	coordination	operation	opération
direction	direction	profession	profession
expression	expression	qualification	qualification
fiction	fiction	question	question
gestion	gestion	radiation	radiation
interrogation	interrogation	station	station
invitation	invitation	tradition	tradition

Les noms de ce type sont morphologiquement identiques en anglais et en français, les apprenants n'ont donc aucune difficulté à les comprendre, mais lorsqu'ils les prononcent, il arrive souvent qu'ils fassent des fautes. En français, le groupe des lettres -ion se prononce /jɔ̃/:

-tion /sjɔ̃/, -ation /asjɔ̃/, -ssion /sjɔ̃/, -sion /sjɔ̃/ ou /zjɔ̃/ selon la lettre qui le précède.

Mais en anglais, la terminaison -tion se prononce /ʃən/, la terminaison -sion se prononce /ʃən/ ou /ʒən/ selon la lettre qui la précède. Il arrive souvent que les apprenants prononcent les noms français de ce type à l'anglaise. On voit ici que la connaissance du lexique anglais peut faciliter la compréhension du sens des mots du français, mais ne favorise pas l'apprentissage de la prononciation.

2.1.4　La terminaison -y.

La transformation des noms anglais se terminant par -y n'est pas toujours régulière. Lorsqu'elle l'est, on peut distinguer trois types:

1) les mots qui indiquent une discipline comme *analogy*, *biology*, *geology*, *astronomy*, *economy*, *philosophy*, dans ce cas, la terminaison -y se transforme en -*ie*, c'est-à-dire les suffixes -*gy*, -*my*, -*phy* de l'anglais sont équivalents aux suffixes -*gie*, -*mie*, -*phie* du français:

Tableau 1-8　Processus analogique

Nom de l'anglais	Processus analogique	Équivalent du français
analogy	gy: analogy = gie: X	X = analogie
antropology	gy: antropology = gie: X	X = antropologie
biology	gy: biology = gie: X	X = biologie
geography	gy: geography = gie: X	X = géographie
geology	gy: geology = gie: X	X = géologie
neurology	gy: neurology = gie: X	X = neurologie
astronomy	my: astronomy = mie: X	X = astronomie
economy	my: economy = mie: X	X = économie
gastronomy	my: gastronomy = mie: X	X = gastronomie
philosophy	phy: philosophy = phie: X	X = philosophie

2) Avec les mots se terminant par le suffixe -*ty* comme *humanity*, *finality*, *nudity*, *quality*, le -y se transforme en -*é*, c'est-à-dire le suffixe -*ty* de l'anglais équivaut au suffixe -*té* du français:

Tableau 1 – 9 Processus analogique

Nom de l'anglais	Processus analogique	Équivalent du français
finality	ty: finality = té: X	X = finalité
humanity	ty: humanity = té: X	X = humanité
humidity	ty: humidity = té: X	X = humidité
identity	ty: identity = té: X	X = identité
mentality	ty: mentality = té: X	X = mentalité
nudity	ty: nudity = té: X	X = nudité
priority	ty: priority = té: X	X = priorité
quality	ty: quality = té: X	X = qualité
reality	ty: reality = té: X	X = réalité
sensibility	ty: sensibility = té: X	X = sensibilité
totality	ty: totality = té: X	X = totalité
university	ty: university = té: X	X = université

3) Avec les noms qui se terminent par *-ary* comme *missionary*, *anniversary*, *dictionary*, le *-y* se transforme en *-ire*, c'est-à-dire le suffixe *-ary* de l'anglais équivaut au suffixe *-aire* du français:

Tableau 1 – 10 Processus analogique

Nom de l'anglais	Processus analogique	Équivalent du français
actuary	ary: actuary = aire: X	X = actuaire
anniversary	ary: anniversary = aire: X	X = anniversaire
dictionary	ary: dictionary = aire: X	X = dictionnaire

Nom de l'anglais	Processus analogique	Équivalent du français
glossary	ary: glossary = aire: X	X = glossaire
missionary	ary: missionary = aire: X	X = missionnaire
notary	ary: notary = aire: X	X = notaire
rosary	ary: rosary = aire: X	X = rosaire
secretary	ary: secretary = aire: X	X = secrétaire

Pour cette règle de transformation, il faut faire attention au redoublement de la lettre *n* dans les mots *missionnaire* et *dictionnaire* qui est en raison de la prononciation.

Il existe aussi des adjetifs anglais se terminant par *-ary*, comme *elementary*, *honorary*, *stationary*, *tributary*, la règle de transformation reste la même, et on obtient les équivalent français: *élémentaire*, *honoraire*, *stationnaire et tributaire*.

2.1.5 La terminaison -k et -c.

Quant au groupe des noms se terminant par *-k* ou *-c*, la règle de transformation est assez simple, les équivalents français se forment en -que: les suffixes *-k* et *-c* correspondent au suffixe *-que* du français:

Tableau 1-11 Processus analogique

Nom de l'anglais	Processus analogique	Équivalent du français
bank	k: bank = que: X	X = banque
cosmetic	c: cosmetic = que: X	X = cosmétique
disk	k: disk = que: X	X = disque
kiosk	k: kiosk = que: X	X = kiosque

续 表

Nom de l'anglais	Processus analogique	Équivalent du français
logic	c : logic = que : X	X = logique
mask	k : mask = que : X	X = masque
plastic	c : plastic = que : X	X = plastique
politic	c : politic = que : X	X = politique
republic	c : republic = que : X	X = république
rhetoric	c : rhetoric = que : X	X = rhétorique

De la même façon qu'avec la terminaison *-ary*, des mots se terminant par *-c* et *-k* peuvent aussi être des adjectifs comme *domestic*, *juridic*, *scientific*, *symbolic*, la règle de transformation reste la même, et on obtient les équivalent français : *domestique*, *juridique*, *scientifique*, *symbolique*.

2.1.6 La terminaison *-ian*.

Le groupe des noms anglais se terminant par *-ian* désignent souvent une personne qui pratique un métier. Pour trouver leurs équivalents en français, on remplace la terminaison *-ian* par *-ien*, c'est-à-dire que le suffixe *-ian* de l'anglais correspond au suffixe *-ien* du français :

Tableau 1 - 12 **Processus analogique**

Nom de l'anglais	Processus analogique	Équivalent du français
electrician	ian : electrician = ien : X	X = électricien
magician	ian : magician = ien : X	X = magicien
mathematician	ian : mathematician = ien : X	X = mathématicien
musician	ian : musician = ien : X	X = musicien
politician	ian : politician = ien : X	X = politicien

续 表

Nom de l'anglais	Processus analogique	Équivalent du français
statistician	ian: statistician = ien: X	X = statisticien
technician	ian: technician = ien: X	X = technicien
vegetarian	ian: vegetarian = ien: X	X = végétarien

Ici, il est aussi question du genre des noms. Pour utiliser ces noms de métier en anglais, il n'y a pas de différence entre l'homme et la femme, mais en français, on doit ajouter à la fin des noms de métier -ne pour désigner une femme qui pratique ce métier. Ainsi, pour les équivalents français du tableau ci-dessus, on a aussi les noms: *électricienne*, *magicienne*, *mathématicienne*, *musicienne*, *politicienne*, *statisticienne*, *technicienne*, *végétarienne*.

En plus des noms qu'on a présentés, on trouve aussi des noms anglais dont les équivalents français ne subissent aucune transformation morphologique, ce sont souvent des cas d'emprunt. Par exemple, nous avons les noms français qui sont empruntés de l'anglais: *justice*, *latitude*, *marketing*, *studio*, *wagon*, *warrant*, *week-end*, *yard*, *zigzag*; mais aussi les noms anglais qui sont empruntés du français: *entrée*, *fiancé*, *déjà-vu*, *rendez-vous*.

Ce genre de noms peut facilement être compris et mémorisés dans l'apprentissage, mais concernant cette catégorie de mots, il faut prendre garde aux «faux amis», dont la forme est semblable ou identique, mais dont le sens diverge. Nous en parlerons plus loin.

2.2 L'adjectif et l'adverbe.

Dans la partie précédente, nous avons comparé les noms de la langue française et ceux de la langue anglaise, et nous constatons qu'ils partagent une certaine ressemblance, et parmi ces ressemblances, on trouve certaines règles suffixales. Ici, nous proposons une recherche unique pour les adverbes et adjectifs dans ces deux langues. Si nous étudions l'adjectif et l'adverbe ensemble, c'est parce qu'en examinant le suffixe, nous constatons que les adjectifs et les adverbes de ces deux langues sont extrêmement semblables :

Tableau 1 - 13 Ressemblance des adjectifs du français et de l'anglais

Adjectif de l'anglais	Équivalent du français	Adjectif de l'anglais	Équivalent du français
abstract	abstrait	noble	noble
baroque	baroque	opposed	opposé
confortable	confortable	popular	populaire
different	différent	qualified	qualifié
efficient	efficace	romantic	romantique
famous	fameux	similar	similaire
grand	grand	tentacular	tentaculaire
habitual	habituel	unique	unique
important	important	visible	visible
joyful	joyeux	warranted	warranté
kaleidoscopic	kaléidoscopique	xenophobic	xénophobe
labial	labial	zoologic	zoologique
matinal	matinal		

Les adjectifs présentés dans ce tableau nous montrent la ressemblance entre l'anglais et le français, nous trouvons tout de suite une règle bien évidente de la transformation morphologique : le suffixe -ed de l'anglais se transforme en -é en français, dans ce tableau, nous avons «*opposed*» dont l'équivalent français est «*opposé*», «*qualified*» dont l'équivalent français est «*qualifié*» et «*warranted*» dont l'équivalent français est «*warranté*». Comme le suffixe -ed de l'anglais et le suffixe -é du français constituent aussi la terminaison du participe passé des verbes réguliers, on peut aussi employer cette règle dans l'apprentissage du verbe dont nous allons parler plus loin. Mais nous proposons tout d'abord une analyse analogique des adjectifs de ces deux langues pour en trouver les règles de transformation.

2.2.1 La terminaison -ble.

Les adjectifs avec le suffixe -ble sont assez nombreux, et nous constatons que les adjectifs de ce type sont presque morphologiquement identiques en anglais et en français, même s'il existe de petites modifications, qui ne donnent cependant pas de grandes difficultés aux apprenants pour comprendre les adjectifs français dont ils ont déjà acquis les équivalents de l'anglais. On peut énumérer de nombreux mots de ce type:

Tableau 1 - 14   Adjectifs morphologiquement identiques et quasi-identique

Adjectif de l'anglais	Équivalent du français	Adjectif de l'anglais	Équivalent du français
acceptable	acceptable	portable	portable
accessible	accessible	possible	possible
capable	capable	potable	potable
considerable	considérable	sensible	sensible
formidable	formidable	susceptible	susceptible
horrible	horrible	valable	valable
imitable	imitable	veritable	véritable
noble	noble	visible	visible

Avec ce tableau, on constate aussi qu'il est nécessaire d'ajouter à l'équivalent du français l'accent présent dans la prononciation, qui, parce qu'il est fréquent, devient assez facile à assimiler pour les apprenants.

Mais dans ce type d'adjectifs, il faut bien distinguer ceux qui ont une origine verbale. Par exemple, en anglais, on a l'adjectif «*eatable*» dont l'équivalent du français est «*mangeable*»: ce changement vient de la différence des verbes qui expriment l'idée de manger dans les deux langues (en anglais «*eat*» et en français «*manger*»). Mais comme ces deux adjectifs sont tous composés d'un radical verbal et du suffixe -*able*, si un apprenant qui a déjà appris le verbe «*manger*» rencontre le mot «*mangeable*», il peut tout de suite en deviner le sens.

La même chose a lieu avec les adjectifs d'origine substantivale. Par exemple, en anglais, on a l'adjectif «reasonable» dont l'équivalent du français est « *raisonnable* », ce changement vient de la différence des noms qui expriment le motif et la cause: en anglais «*reason*» et en français «*raison*». Les apprenants n'ont aucune difficulté à comprendre l'adjectif « *raisonnable* » s'ils ont des connaissances fondamentales de l'anglais, mais comme la différence entre ces deux noms n'est pas grande, il arrive souvent que les apprenants fassent des erreurs dans l'écrit.

2.2.2 La terminaison -al.

En anglais, il y a un grand nombre d'adjectifs qui se terminent par -*al*. Ici, nous allons les classer en deux groupes en fonction de la règle de transformation qui permet de trouver leurs équivalents français.

Pour le premier groupe des adjectifs, la terminaison -*al* ne change pas, c'est-à-dire les adjectifs de ces deux langes sont morphologiquement identiques, on a des exemples:

Tableau 1-15 **Adjectifs morphologiquement identiques**

Adjectif de l'anglais	Équivalent du français	Adjectif de l'anglais	Équivalent du français
causal	causal	royal	royal
fatal	fatal	total	total

续　表

Adjectif de l'anglais	Équivalent du français	Adjectif de l'anglais	Équivalent du français
general	général	tropical	tropical
mental	mental	zodiacal	zodiacal
normal	normal		

Pour la plupart de ces adjectifs, comme *causal*, *fatal*, *mental*, *normal*, *royal*, *total*, *tropical et zodiacal*, il n'y a aucune modification d'une langue à l'autre (si ce n'est accentuelle).

Pour ce groupe d'adjectifs, la règle de transformation est que le suffixe *-al* ne change pas, mais que quelquefois, un changement du radical a lieu. Par exemple, en anglais, on a l'adjectif «*fundamental*», son équivalent du français est «*fondamental*», le radical français est *fond-* et non *fund-*. Ce changement vient toujours de la différence entre les verbes de ces deux langues («*fonder*», en français; «*fund*», en anglais).

Pour le deuxième groupe d'adjectifs, la terminaison *-al* se transforme en *-el*:

Tableau 1 - 16　Processus analogique

Adjectif de l'anglais	Processus analogique	Équivalent du français
actual	al: actual = el: X	X = actuel
factual	al: factual = el: X	X = factuel
intellectual	al: intellectual = el: X	X = intellectuel
natural	al: natural = el: X	X = naturel
real	al: real = el: X	X = réel
spiritual	al: spiritual = el: X	X = spirituel
virtual	al: virtual = el: X	X = virtuel

En plus de ces deux groupes, on trouve une petite quantité d'exceptions. Par exemple, l'adjectif anglais «*bilingual*» se termine aussi par la terminaison -*al*, mais son équivalent du français est «*bilingue*», l'enseignant doit souligner les exceptions dans le cours pour éviter l'analogie fautive.

2.2.3 La terminaison -ous.

Pour les adjectifs anglais terminés en -*ous*, la règle générale de transformation est de remplacer le suffixe anglais -*ous* par le suffixe français -*eux* :

Tableau 1 - 17   Processus analogique

Adjectif de l'anglais	Processus analogique	Équivalent du français
cancerous	ous : cancerous = eux : X	X = cancéreux
dangerous	ous : dangerous = eux : X	X = dangereux
delicious	ous : delicious = eux : X	X = délicieux
fabulous	ous : fabulous = eux : X	X = fabuleux
luminous	ous : luminous = eux : X	X = lumineux
minutious	ous : minutious = eux : X	X = minutieux

À cette règle, on trouve aussi des exceptions. Par exemple, si on cherche l'équivalent français de l'adjectif anglais «*marvelous*», le suffixe -*ous* se transforme en -*eux*, mais le radical subit aussi un petit changement, son équivalent français est «*merveilleux*». Pour l'adjectif anglais «*sumptuous*» aussi, l'équivalent français est «*somptueux*», le suffixe -*ous* se transforme en -*eux*, mais la radical se modifie aussi. On ne peut pas expliquer la cause de ce changement, mais il faut souligner ces exceptions dans l'enseignement.

2.2.4 La terminaison -ly.

Enfin, le cas des adverbes est plus rassurant. En anglais, presque tous les adverbes se terminent en -*ly*, et leurs équivalents du français se terminent en

-*ment*. Mais avec cette règle, on doit faire attention à la lettre «*e*» muette qui peut apparaître devant le suffixe -*ment* et qui est très importante pour la prononciation des adverbes français.

Tableau 1 - 18 Processus analogique

Adverbe de l'anglais	Processus analogique	Équivalent du français
admirably	ly: admirably = ment: X	X = admirablement
brusquely	ly: brusquely = ment: X	X = brusquement
effectively	ly: effectively = ment: X	X = effectivement
exactly	ly: exactly = ment: X	X = exactement
finally	ly: finally = ment: X	X = finalement
normally	ly: normally = ment: X	X = normalement
obscurely	ly: obscurely = ment: X	X = obscurément
relatively	ly: relatively = ment: X	X = relativement

Avec ces exemples, on peut dire que le suffixe -*ly* et le suffixe -*ment* sont les symboles des adverbes de ces deux langues. Mais dans la transformation, on trouve toujours des différences.

Tout d'abord, en anglais, le suffixe -*ly* suit un adjectif qui se termine soit par une voyelle soit par une consonne, mais en français, le suffixe -*ment* doit suivre un adjectif qui se termine par une voyelle.

Et puis, dans l'adverbe français «*obscurément*», il y a un accent qui est souvent oublié par les apprenants, et qu'il faut donc souligner dans l'enseignement.

Ayant analysé des adjectifs et des adverbes de ces deux langues, on constate que leur transformation est assez régulière. Par l'analyse analogique, on a obtenu des règles de transformation de l'anglais au français, qu'on peut utiliser pour aider les apprenants à mémoriser les mots. Mais il faut aussi souligner des exceptions à chaque règle pour éviter l'analogie fautive et les erreurs.

2.3 Le verbe.

L'apprentissage des verbes reste la plus grande difficulté pour les apprenants de niveau débutant. En comparaison de celle de l'anglais, la conjugaison des verbes du français est plus compliquée, mais la terminaison des verbes à l'infinitif présent est beaucoup plus régulière. Et à partir de l'infinitif présent, on classe les verbes du français en trois groupes:

(1) Le premier groupe contient les verbes qui se terminent en *-er* à l'infinitif présent, sauf le verbe *aller* dont la conjugaison n'est pas régulière, et qu'on classe dans le troisième groupe.

Ex: *aimer, baser, causer, dater, fabriquer, garer, jeter, limiter, mêler, noter, opposer, penser, quitter, ramasser, saler, trancher*, etc.

(2) Le deuxième groupe contient les verbes qui se terminent en *-ir* à l'infinitif présent et en *-issant* au participe présent.

Ex: *aboutir, bénir, compatir, déguerpir, fleurir, grandir, guérir, haïr, investir, polir, rougir, salir*, etc.

(3) Le troisième groupe contient tous les autres verbes dont la conjugaison est irrégulière, les terminaisons *-oir, -ir, -re* sont fréquentes parmi les verbes de ce groupe.

Ex: *avoir, boire, conduire, dormir, exclure, faire, fuir, mettre, mourir, offrir, prendre, rendre, savoir, tenir*, etc.

En français, on a deux auxiliaires: *être* et *avoir*, qui sont utilisés pour construire certains temps du passé.

En anglais, on ne peut pas classer les verbes selon leur terminaison, mais on peut tout de même distinguer deux catégories:

(1) Les auxiliaires: *be, have, do*, et les auxiliaires de modalité: *can*

(*could*), *may* (*might*), *must*, *shall* (*should*), *will* (*would*), *need*, *etc*.

(2) Les verbes ordinaires (tous les autres).

Si l'apprentissage des verbes français présente une grande difficulté pour les apprenants de niveau débutant, c'est parce que la conjugaison des verbes français est extrêmement complexe. Chaque verbe est conjugué en fonction du sujet du verbe, du temps et du mode. Quand on apprend les verbes dans un cours de français, on commence généralement par l'infinitif des verbes, après avoir compris et mémorisé les verbes à l'infinitif, on s'occupe de leur conjugaison. Nous proposons donc une analyse analogique des verbes à l'infinitif de ces deux langues pour faciliter la première étape de l'apprentissage.

Quand on observe la classification des verbes de ces deux langues, on constate qu'ils n'ont pas de points communs. On peut comparer tout d'abord des verbes très usités de ces deux langues.

Tableau 1-19 Différences des verbes du français et de l'anglais

Verbe de l'anglais	Équivalent du français	Verbe de l'anglais	Équivalent du français
be	être	listen	écouter
catche	attraper	miss	manquer
draw	dessiner	open	ouvrir
enjoy	bénéficier	play	jouer
find	trouver	run	courir
get	obtenir	sing	chanter
have	avoir	talk	parler
jump	sauter	walk	promener
keep	garder	want	vouloir

En comparant les verbes les plus utilisés dans ces deux langues, on ne trouve aucun point commun, on peut alors penser que les connaissances sur les verbes anglais ne peuvent pas aider les apprenants dans l'apprentissage des verbes français. En fait, les verbes anglais qu'on a énumérés dans le tableau sont trop simples, et les élèves qui apprennent l'anglais depuis longtemps, surtout les étudiants qui doivent passer un examen d'anglais pour obtenir leur diplôme, possèdent une bonne connaissance de la langue anglaise; ils maîtrisent aussi des verbes anglais beaucoup plus complexes, qu'on peut comparer avec leur équivalent français.

Tableau 1 - 20   Ressemblance des verbes du français et de l'anglais

Verbe de l'anglais	Équivalent du français	Verbe de l'anglais	Équivalent du français
abandon	abandonner	notify	notifier
copy	copier	ossify	ossifier
dance	danser	punish	punir
form	former	qualify	qualifier
grave	graver	refuse	refuser
harmonize	harmoniser	symbolize	symboliser
irritate	irriter	test	tester
lave	laver	unify	unifier
motivate	motiver	vitrify	vitrifier

En observant les verbes relevés dans ce tableau, on trouve une ressemblance entre les deux langues, et à travers cette ressemblance, on peut toujours conclure des règles concernant la transformation de la terminaison. Nous proposons donc une analyse analogique comme on l'a fait pour les noms, les adjectifs et les adverbes de ces deux langues.

2.3.1 La terminaison -e.

La terminaison -e des verbes anglais se transforme en -er en français. Le suffixe -e des verbes anglais est équivalent au suffixe -er des verbes français, comme on le voit dans le tableau ci-dessous :

Tableau 1 - 21   Processus analogique

Verbe de l'anglais	Processus analogique	Verbe du français
compare	e : compare = er : X	X = comparer
expose	e : expose = er : X	X = exposer
grave	e : grave = er : X	X = graver
impulse	e : impulse = er : X	X = impulser
lave	e : lave = er : X	X = laver
observe	e : observe = er : X	X = observer

Selon les exemples qu'on a cités dans le tableau, la transformation de -e en -er peut être considérée comme une règle, ces équivalents français étant tous des verbe du premier groupe.

2.3.2   La terminaison -ize.

Les équivalents français des verbes anglais en -ize ont une terminaison en -iser : le suffixe -ize de l'anglais est l'équivalent du suffixe -iser du français.

Tableau 1 - 22   Processus analogique

Verbe de l'anglais	Processus analogique	Équivalent du français
harmonize	ize : harmonize = iser : X	X = harmoniser
immunize	ize : immunize = iser : X	X = immuniser
modernize	ize : modernize = iser : X	X = moderniser

续　表

Verbe de l'anglais	Processus analogique	Équivalent du français
particulize	ize：particulize ＝ iser：X	X ＝ particuliser
polarize	ize：polarize ＝ iser：X	X ＝ polariser
specialize	ize：specialize ＝ iser：X	X ＝ spécialiser
symbolize	ize：symbolize ＝ iser：X	X ＝ symboliser
vaporize	ize：vaporize ＝ iser：X	X ＝ vaporiser
characterize	ize：characterize ＝ iser：X	X ＝ caractériser

Dans ce tableau, on a des exemples à partir desquels on a conclu cette règle：le suffixe *-ize* de l'anglais se transforme en *-iser* en français. Au dernier rang du tableau, nous avons ajouté le verbe «*characterize*» et son équivalent du français «*caractériser*», mais en fait, cette transformation ne suit pas strictement cette règle, parce qu'on a aussi éliminé la lettre «h». Cet exemple permet donc aux apprenants de retenir qu'en anglais, la lettre «h» ne se prononce pas toujours.

Pout cette règle, on trouve aussi des exceptions. Par exemple, le verbe anglais «*patronize*» a pour équivalent français «*patronner*», le verbe anglais «*aggrandize*» a pour équivalent français «*agrandir*», le verbe anglais «*homogenize*» a pour équivalent français «*homogénéiser*», etc. L'enseignant doit souligner ces exceptions dans l'enseignement pour éviter toute analogie fautive.

2.3.3　La terminaison -ate.

En faisant l'analyse analogique entre les verbes anglais qui se terminent en *-ate* et leur équivalent français, on peut conclure une règle de transformation：le suffixe *-ate* de l'anglais est l'équivalent du suffixe *-er* du français, comme le montre le tableau suivant.

Tableau 1 - 23　Processus analogique

Verbe de l'anglais	Processus analogique	Équivalent du français
animate	ate: animate = er: X	X = animer
cultivate	ate: cultivate = er: X	X = cultiver
dictate	ate: dictate = er: X	X = dicter
dominate	ate: dominate = er: X	X = dominer
elaborate	ate: elaborate = er: X	X = élaborer
facilitate	ate: facilitate = er: X	X = faciliter
irritate	ate: irritate = er: X	X = irriter
motivate	ate: motivate = er: X	X = motiver
terminate	ate: terminate = er: X	X = terminer
tolerate	ate: tolerate = er: X	X = tolérer
violate	ate: violate = er: X	X = violer

Avec cette règle, il sera plus facile pour les apprenants de comprendre et de mémoriser les verbes français. En consultant le dictionnaire, on trouve d'autre verbes anglais qui se terminent en *-ate*, qui en français subissent une autre modification: par exemple, le verbe anglais «*educate*» a pour équivalent français «*éduquer*». Dans cette transformation, un accent apparaît et le groupe «*qu*» remplace le «*c*», ce changement découle d'une règle de prononciation du français. Alors pour parfaire cette règle, on ajoute une règle supplémentaire: le suffixe *-cate* de l'anglais égale le suffixe *-quer* du français:

Tableau 1 - 24　Processus analogique

Verbe de l'anglais	Processus analogique	Équivalent du français
abdicate	cate: abdicate = quer: X	X = abdiquer
indicate	cate: indicate = quer: X	X = indiquer

续 表

Verbe de l'anglais	Processus analogique	Équivalent du français
intricate	cate: intricate = quer: X	X = intriquer
sophisticate	cate: sophisticate = quer: X	X = sophistiquer

2.3.4　La terminaison -ish.

Les équivalents français des verbes anglais en -ish ont toujours une terminaison en -ir. Le suffixe -ish de l'anglais équivaut au suffixe -ir du français, comme le montrent les exemples suivants:

Tableau 1-25　Processus analogique

Verbe de l'anglais	Processus analogique	Équivalent du français
abolish	ish: abolish = ir: X	X = abolir
accomplish	ish: accomplish = ir: X	X = accomplir
demolish	ish: demolish = ir: X	X = démolir
embellish	ish: embellish = ir: X	X = embellir
polish	ish: polish = ir: X	X = polir
punish	ish: punish = ir: X	X = punir

Pour ce groupe de verbes, la transformation est plutôt régulière, les équivalent du français des verbes anglais terminés en -ish appartiennent au deuxième groupe des verbes français dont la conjugaison est régulière.

2.3.5　La terminaison -y.

Les équivalents français des verbes anglais en -y ont une terminaison en -ier. Le suffixe -y de l'anglais est l'équivalent du suffixe -ier du français, d'où les exemples suivants:

Tableau 1-26 Processus analogique

Verbe de l'anglais	Processus analogique	Équivalent du français
classify	y: classify = ier: X	X = classifier
copy	y: copy = ier: X	X = copier
edify	y: edify = ier: X	X = édifier
notify	y: notify = ier: X	X = notifier
ossify	y: ossify = ier: X	X = ossifier
pacify	y: pacify = ier: X	X = pacifier
putrify	y: putrify = ier: X	X = putrifier
qualify	y: qualify = ier: X	X = qualifier
unify	y: unify = ier: X	X = unifier

Les règles de transformation de l'anglais au français sont nombreuses, et nous ne les citerons pas toutes ici. Dans l'enseignement du vocabulaire du français, on peut expliquer ces règles qu'on a tirées aux apprenants pour les aider à mieux comprendre et mémoriser les mots, avec les connaissances du vocabulaire de l'anglais qu'ils ont déjà acquises, l'apprentissage du français peut devenir plus simple.

Comme nous l'avons déjà dit plus haut, pour chaque règle, il y a des exceptions, que l'enseignant doit souligner les exceptions pour éviter une analogie fautive. En fait, dans le processus de l'enseignement, il faut faire attention non seulement aux exceptions de chaque règle, mais aussi aux pièges des faux-amis franco-anglais qui provoquent le plus souvent une analogie fautive.

3. Analogie fautive et faux-amis.

Si on fait l'analogie entre le vocabulaire français et le vocabulaire anglais, c'est parce qu'on trouve des mots qui se ressemblent et qui sont même parfois identiques, mais il en existe aussi quelques uns qui ont des sens tout à fait différents. Alors, il arrive souvent que les apprenants produisent des analogies fautives à cause des pièges des faux-amis franco-anglais.

Mais qu'est-ce qu'un faux-ami? Pourquoi y a-t-il des faux-amis? Qu'est-ce qu'on fait avec des faux-amis? Quelle est leur influence sur l'apprentissage du français? Toutes ces questions méritent d'être traitées.

Tout d'abord, il faut savoir d'où vient le terme «faux-ami». «*Le vocable «faux ami» a été introduit par Maxime Koessler et Jules Derocquigny, en 1928, dans leur ouvrage: Les faux amis ou les pièges du vocabulaire anglais. Auparavant, en 1923, dans Les traquenards de la version anglaise, Veslot et Banchet avaient utilisé le terme de «mots-sosies». ... Le terme faux ami est une métaphore animiste qui entretient une fausse perception du problème. Koessler et Derocquigny en donnent en fait une description fine dans leur préface. Mais cette appellation fait maintenant partie des terminologies de la didactique et du comparatisme; elle a de plus le mérite de mettre en garde.*» (BALLARD M., 2005)

On peut alors en donner la définition suivante: «*Deux termes, même identiques en apparence, appartenant à deux systèmes linguistiques différents, ne peuvent avoir la même valeur.*» (BALLARD M., 1987) En bref, les faux amis sont des mots qui ont une grande similitude de forme, mais dont le sens diffère. On rencontre souvent le problème des faux-amis dans des études qui concernent le couple anglais-français.

Dans l'apprentissage du français, les élèves rencontrent souvent des mots anglais qui ressemblent beaucoup à certains mots français, et qu'ils trouvent alors très faciles à comprendre. Mais en fait, ces mots anglais n'ont pas le même sens que les mots français, c'est une ressemblance trompeuse, et la compréhension devient même plus difficile. Par exemple, certains étudiants ne comprennent pas la phrase suivante:

Il a passé cinq ans au collège et à l'Université.

Un étudiant a demandé s'il y a une différence entre le système éducatif français et celui du Royaume Uni et si oui, quelle est la différence entre *le collège* et *l'université*.

Le mot anglais «*college*» et le mot français «*collège*» sont des faux-amis, ils entretiennent une ressemblance trompeuse. En anglais, le «*college*» renvoie à l'université, à un établissement d'enseignement supérieur et de recherche, mais en français, le «*collège*» désigne un établissement d'enseignement de premier cycle du second degré, c'est-à-dire le «*secondary school*» en anglais ou le «*high school*» en américain. «*L'existence de ces ressemblances trompeuses entre signes d'une même langue ou de deux langues différentes peut générer des interférences chez un individu non averti, fatigué ou inattentif.*» (BALLARD M., 2005)

En comparant le vocabulaire de ces deux langues, on trouve beaucoup de faux-amis entre l'anglais et le français, mais pourquoi existent-ils?

Parfois, il ne s'agit que d'un hasard, d'une coïncidence, par exemple, la ressemblance entre le mot anglais «*axe*» qui veut dire une hache et le mot français «*axe*» signifiant la ligne imaginaire qui passe par le centre de la plus grande dimension d'une chose n'ont aucune origine commune.

Mais dans un grand nombre d'autres cas, les faux-amis sont bien reliés. Comme nous l'avons dit, l'anglais a subit une grande influence du français, à la suite de l'invasion normande. Mais depuis près de mille ans, les mots communs de ces deux langues ont eu une évolution différente des lexèmes, ce qui a donné aux mots d'origine commune une occasion d'acquérir des sens nouveaux. Ici, on cite un exemple donné par M. Ballard dans son livre *Les faux amis*:

«*Par exemple, le mot anglais "viands" et le mot français "viande" ont pour origine commune le mot latin "vivenda" qui devint "vivanda" en latin médiéval et qui signifiait "ce qui sert à la vie", c'est-à-dire la nourriture. Le* terme "viands" (aujourd'hui vieille) a conservé ce sens en anglais, son homonyme français a conservé ce sens jusqu'au XVIIe siècle, tandis qu'à partir du XVIe siècle se greffait le sens actuel de "chair de mammifères et d'oiseaux dont on se nourrit". Parallèlement le terme d'origine saxonne "meat" suivait une évolution analogue à "viande" en français, servant à désigner à la fois "les aliments" et "la chair animale" puis exclusivement "la viande"»

Considérons un autre exemple. Le mot anglais «*chance*» signifie «ce qui arrive, le hasard», mais en français, ce mot a acquis un nouveau sens: «ce qui arrive et qui a un caractère favorable», on peut donc souhaiter «*Bonne chance*» à quelqu'un, mais en anglais on dira «*Good luck*» et non «*Good chance*».

Quand on parle des faux-amis, il s'agit ici des signes de l'anglais et du français dont les signifiants sont semblables ou même identiques et dont les signifiés diffèrent. Mais cette différence des signifiés peut être partielle ou complète, alors, il s'agit des faux-amis partiels et des faux-amis complets.

Les faux-amis complets sont des mots dont les significations sont complètement différentes, comme le mot «*axe*» de l'anglais et le mot «*axe*» du français. Les faux-amis de cette catégorie sont moins nombreux, mais les étudiants font quand même des erreurs du type:

La case est fermée.

Cette phrase est construite à partir de l'anglais: «*The case is closed.*», c'est-à-dire on a finalement un résultat pour cette affaire. Mais en français, le mot «*case*» désigne une habitation traditionnelle construite avec des matériaux naturels.

Les faux-amis partiels sont plus nombreux et cette catégorie est plus difficile à maîtriser pour les apprenants, parce que les mots ont à la fois des sens équivalents et des sens différents. Par exemple, l'équivalent français du mot anglais «*figure*», dans le syntagme «*figure of speech*», est bien «*figure*», et on peut dire «*figure de discours*». Les deux expressions ont le même sens: une manière d'écrire ou de parler qui suit un modèle rhétorique répertorié. Mais dans le syntagme « *the figures of unemployment* », l'équivalent français est «*chiffre*».

Avec ces exemples, on constate que par manque d'attention, on peut facilement confondre un mot anglais avec un mot français qui lui ressemble.

Il arrive que les apprenants, du fait même des règles dégagées plus haut, relient le mot anglais «*eventual*» et le mot français «*éventuel*», selon le modèle qui dit que le suffixe -*al* de l'anglais équivaut au suffixe -*el* du français. Ils réalisent donc l'analogie suivante:

al: eventual ＝ el: X   X＝ éventuel

Mais en fait, «*eventual*» est utilisé pour décrire quelque chose qui est final ou définitif, alors qu'«*éventuel*» exprime une possibilité. Ces deux mots n'ont pas le même sens, l'analogie est donc fautive.

On peut donner un autre exemple de l'analogie fautive, construit conformément à la règle selon laquelle le suffixe verbal -*e* de l'anglais est l'équivalent du suffixe -*er* du français:

e: propose ＝ er: X   X ＝ proposer

Ces deux verbes sont des faux-amis partiels, ils signifient tous deux «demander» ou «suggérer à quelqu'un de faire quelque chose», mais le verbe anglais «*propose*» peut vouloir dire, plus spécifiquement, «demander en mariage», ce qui n'est pas le cas du verbe français «*proposer*». D'où cette phrase trouvée dans le devoir d'un étudiant:

Paul a proposé à Marie, elle a dit oui.

On ne comprend pas tout de suite cette phrase, parce qu'on ne sait pas ce que Paul a proposé, la phrase paraît incomplète. Mais on comprend rapidement l'erreur commise: l'étudiant a fait une analogie fautive entre «*propose*» et «*proposer*».

La ressemblance trompeuse est l'origine des erreurs et de l'incompréhension. Il faut donc éviter de tomber dans les pièges des faux amis franco-anglais qui gênent sans doute l'apprentissage.

Pour mieux utiliser l'analogie dans l'enseignement du français, il faut que les apprenants possèdent une bonne connaissance de la langue anglaise avant d'apprendre le français, parce que la meilleure est leur connaissance linguistique, moins il est probable qu'ils se trouvent perdus dans les pièges des faux-amis. Si leurs connaissances sur le vocabulaire anglais sont suffisantes, ils reconnaissent plus facilement les faux-amis.

D'autre part, c'est l'enseignant qui doit souligner la différence des sens des faux-amis partiels dans l'enseignement. Selon nos expériences, il arrive plus souvent que les élèves de niveau débutant tombent dans les pièges des faux-amis. L'enseignant doit donc comprendre tout d'abord pourquoi les élèves font des erreurs pour leur exposer ensuite la différence entre les faux-amis.

4. Conclusion

Comme une bonne compétence lexicale est très importante dans l'apprentissage des langues étrangères, on doit trouver une bonne méthode pour former les apprenants à cette compétence. Dans nos recherches, nous avons constaté qu'on peut effectivement appliquer l'analogie dans l'enseignement du vocabulaire français, parce que la ressemblance entre la langue anglaise et la langue française est bien évidente dans le lexique; si on examine un peu le vocabulaire de ces deux langues, on peut constater qu'un grand nombre de mots ont presque la même orthographe. Alors on peut se servir de cette ressemblance entre le français et l'anglais afin de rendre l'enseignement efficace et faciliter l'apprentissage, en appliquant la méthode analogique.

Nous avons tout d'abord analysé l'origine de cette ressemblance. Pour des raisons historique, le développement des ces deux langues s'est enchevêtré. La conquête normande, l'influence de l'anglicisme provoquent une ressemblance lexicale entre ces deux langues. La façon dont on peut profiter de cette ressemblance est donc au centre de notre recherche.

　　Dans nos recherches, nous avons essayé de relier le vocabulaire de l'anglais et le vocabulaire du français par quelques règles de transformation. On a mis l'accent sur la transformation des suffixes des noms, des adjectifs, des adverbes et des verbes, puisqu'on peut trouver les équivalents français de certains mots anglais sans modification du radical. Malgré le fait qu'il existe des exceptions à chaque règle, les règles qu'on a établies peuvent aider les apprenants à mieux comprendre et mémoriser le vocabulaire du français.

　　Avant tout, il faut savoir que la bonne connaissance de la langue anglaise joue un rôle important dans l'analyse analogique, et tout ce dont nous parlons ici est basé sur cette bonne connaissance. Les apprenants doivent utiliser les connaissances qu'ils ont déjà acquises dans la résolution de nouveaux problèmes ou dans l'apprentissage de nouvelles connaissances.

　　Si on veut appliquer l'analogie à l'enseignement du vocabulaire français, il faut que les apprenants possèdent une bonne connaissance du lexique anglais. Ils doivent connaître tous les sens d'un mot anglais, sinon, l'analogie ne peut pas être faite correctement et on risque de tomber dans les pièges des faux-amis, qui ne doivent pas être négligés, puisqu'ils gênent l'application de l'analogie dans l'apprentissage et qui posent beaucoup de problèmes aux apprenants.

　　Le rôle de l'enseignant est alors important, puisque c'est lui qui doit diriger l'apprentissage. Quand l'enseignant trouve une erreur, il doit comprendre pourquoi cette erreur est commise, savoir comment l'expliquer aux apprenants et comment l'éviter. Cela exige avant tout une bonne connaissance de la langue anglaise et un bon niveau linguistique de la part de l'enseignant.

参考文献

[1] Caure M., *Caractérisation de la transparence lexicale, extension de la notion par ajustements graphophonologiques et microsémantiques, et application aux lexiques de l'anglais, de l'allemend et du néerlandais*, Reims, Université de Reims Champagne-

Ardenne, U. F. R. des Lettres et Sciences humaines, École doctorale «Sciences de l'Homme et de la Société», 2009.
[2] BOGAARDS P., *On ne parle pas franglais*, Bruxelles, De Boeck Duculot, 2008.
[3] Degache C., *Didactique du plurilinguisme: Travaux sur l'intercompréhension et l'utilisation des technologies pour l'apprentissage des langues*, Grenoble, Université Stendhal-Grenoble III, U. F. R. des Sciences du langage, 2006.
[4] BALLARD M., WECKSTEEN C., *Les faux amis en anglais*, Paris, Ellipses, 2005.
[5] BALLARD M., *La traduction de l'anglais au français*, Paris, Nathan, 1987.

认知心理学理论在法语专业历史课程实践中的运用
——以法国中世纪历史教学为例

Les théories de la psychologie cognitive et la mise en œuvre des méthodes pédagogiques dans les cours d'Histoire de la France au Moyen Âge du département de français

南京大学　张　璐
ZHANG Lu　Université de Nanjing
zhanglu83@hotmail.com

中文摘要：美国的认知心理学理论作为教育心理学的重要组成部分，可以为法语专业历史课程教学实践提供指导。本文在明确教学目标的前提下，以法国中世纪历史教学实践为基础，分析探讨认知心理学中的重要教育理念，即认知结构与学习迁移、发现学习与情境认知，以及理论对实践的指导，从学生认知的角度对教学进行思考与探索。

关键词：认知心理学；法国历史教学；法语专业

Résumé: Les théories de la psychologie cognitive des psychologues américains composent une partie essentielle de celles de la psychopédagogie. A la lumière de cette approche, nous menons une réflexion sur l'enseignement de l'Histoire dans le département de français. En élucidant l'objectif de l'enseignement, nous tentons d'analyser les théories importantes de la psychologie cognitive — surtout de Jérôme Bruner — et la mise en œuvre des méthodes pédagogiques dans les cours d'Histoire de la France au Moyen Âge: structure cognitive et transmission du savoir, apprentissage par déccuverte guidée et mise en situation d'apprentissage.

Mots-clés: psychologie cognitive, enseignement de l'Histoire de France, département de français

引言

国内各高校法语专业在纯语言课程之外大多设有法国历史课程。作为语言课程的补充，法国历史教学起到普及法国历史知识、深入理解文化、检验并提升语言水平的重要作用。但相关历史课程教学研究相对较少。暂且不谈法语专业历史教学，知网上与历史教学相关的多为讨论中学历史，或简单介绍国外历史教学法；法语专业的法国历史课程教学方法更是无人提及，实属小众。法国历史课程各校教学主体自成一派、各有方法，有些借用历史系老师用中文授课，有些由法语系老师、外教用法语授课。美国的认知心理学理论在当代教育心理学中具有举足轻重的地位，在课程设计改良中具有指导意义，且易于实践。因此，笔者想在此抛砖引玉，一方面对建立在认知心理学之上的历史课程教学理念进行一番整理，另一方面求得同行的指导。

作为法语专业的历史课程，首先要确定教学目标，与中学历史、大学历史专业教学相区别。国家历史课程标准要求中学历史教育主要有知识目标和能力目标两方面[1]，同时，中学历史教学研究者也提出了求真、培养历史意识、民族认同感、树立正确的三观等教学目标[2]，但是中学教学实践中依然要求学生记忆大量史实与年代，背诵大量历史成因分析，并以此为考察对象。大学历史专业在着重

---

[1] 中国的国家历史科课程标准："掌握基本的历史知识；在掌握基本历史知识的过程中，逐步形成正确的历史时空概念、掌握正确计算历史年代、识别和使用历史图表等基本技能，出版具备阅读、理解和通过多种途径获取并处理历史信息的能力，形成用口头和书面语言，以及图表等形式陈述历史问题的表达能力。形成丰富的历史想象力和知识迁移能力，逐步了解一定的归纳、分析和判断的逻辑方法，初步形成在独立思考的基础上得出结论的能力。在'过程与方法目标'中，还包括了解释能力和理解能力。"参见赵亚夫：《历史教学目标刍议一：怎样理解知识目标》，《历史教学（中学版）》2007年第5期；"进一步认识历史发展进程中的重大历史问题；在掌握基本历史知识的过程中，进一步提高阅读和通过多种途径获取历史信息的能力；通过对历史事实的分析、综合、比较、归纳、概括等认知活动，培养历史思维和解决问题的能力等。"参见《历史教学目标刍议二：怎样理解能力目标》，《历史教学（中学版）》2007年第6期。

[2] 李稚勇的《历史课唯有求真》、夏辉辉的《追求历史教学价值，探寻课堂教学本质》、朱煜的《历史课要重视培养学生的历史意识》等，参见黄牧航：《中学历史课堂教学的好课标准研究评述》，《历史教学》2015年第1期。

认知目标、情感目标(与中学相同)的同时,也强调个性发展目标、现代教学能力的训练和创造思维能力的培养几个方面(徐玲,2015)。那么,法语专业的历史课程应确立怎样的目标呢?笔者认为,借用美国学者布卢姆的认知领域六层次排序(了解、理解、运用、分析、综合、评价)(赵亚夫,2013),可以分为高低两个层次的目标,低层次目标为了解法国历史及文化知识、掌握相关词汇,低层次并非课程真正目标所在,而是为高层次目标做准备,即培养学生的想象力、观察力、思辨能力(分析、综合、对比等)。另外,语言文学专业教学必然会倾向于文学艺术等方面,而法语语言文学专业又会倾向于法国人文主义精神和民主意识。下文将首先介绍法国中世纪历史课程授课内容及方法,再利用认知心理学理论对其进行分析探讨,从学生认知的角度思考如何教学。

一、南京大学历史与文化课程实践(三年级)

(一) 课程基本状况

课程主题:法国中世纪历史。

课程时长:4课共8课时。

课程准备:PPT 和 Word 文档。

对学生的要求:提前背单词。

教学手段:全法语,传统板书、口头叙述史实典故、多媒体手段相结合。

(二) 教学过程

第一课时以 5—10 世纪的中世纪前期为教学内容,口述中世纪开端、大致的三个朝代、宗教与王权关系简单介绍、重要国王及王朝更替的原因、《凡尔登条约》三分帝国。第一次呈现简易封建制度阶层金字塔。

第二课时以 11—13 世纪的中世纪中期为主要教学内容,简述加佩王朝重要国王,插入相关文学艺术要素:行吟诗人与风雅文学、十字军东征、巴黎城墙的建设与哥特艺术诞生。

第三课时以中世纪艺术作品 *Les Très Riches Heures du duc de Berry* 中的 12 个月份的展现为材料,让学生观察图片中人物的生活场景,抓住细节,进行思考,然后详细介绍中世纪封建社会的构成方式,即第一次课程金字塔的细化,以及各层次关系,也就是人与人的关系(封臣关系)。以板书形式带领学生共同手绘金字塔构成:

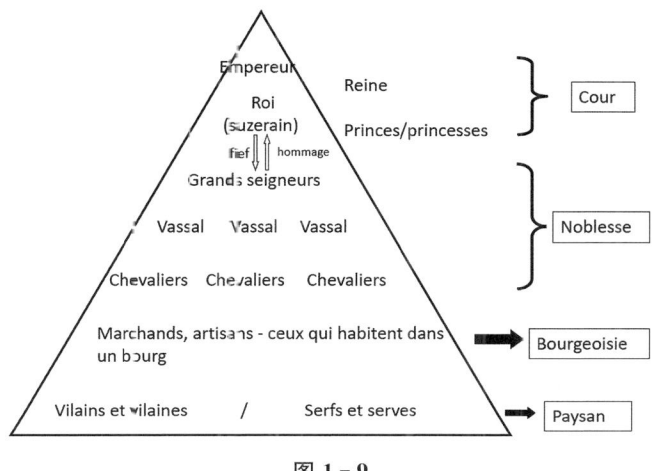

图 1-9

厘清社会阶层之后，在左侧从高到低大致列出教会等级、对应的文学流派、技术进步、法语语言的演变、中世纪艺术等，学生课后也可自行添加内容，比如中世纪法兰克王国国王列表、西罗马帝国大帝列表：

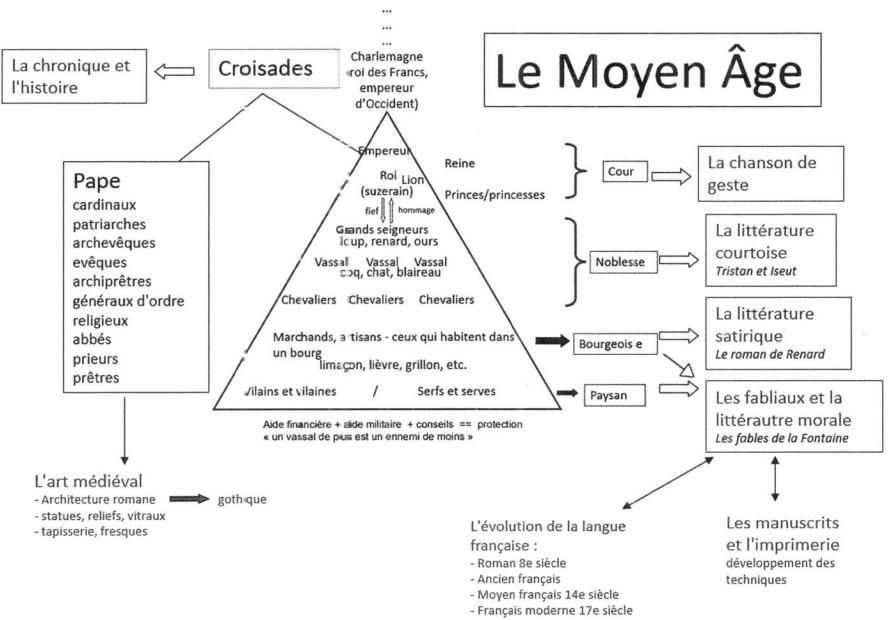

图 1-10

以中世纪艺术结尾,其中以起装饰作用的挂毯作为结尾的最后一部分,与学生共同欣赏中世纪挂毯艺术经典 La dame à licorne 并作讨论。

第四课时主讲中世纪后期的百年战争。以简化的加佩王朝图谱解释战争成因,简述战争的九个阶段,以贞德结尾。让学生以"谁害死了贞德"为主题进行分组专题讨论,并赋予学生侦探或探长的身份,找出"贞德谋杀案"的真相,并由一名学生作最后的总结(提前两周让学生做准备)。学生共分三组:第一组认为法国或英国王室是凶手,第二组认为教会或军队将领是凶手,第三组认为贞德是自掘坟墓或贞德的死是假死。最后一名学生总结各种因素所占比例。

课后作业:验证本课知识点理解程度,下一节课相关知识点的查找能力。例:

Pourquoi le pouvoir du roi de France est-il si limité à la fin du 10ᵉ siècle?

Qu'est-ce que le sacre des rois de France?

L'esclavage,existe-il dans l'Histoire de France?

(三)课程总结

我校三年级的历史与文化课程设置时,考虑到学生两年的法语语言学习已打下良好的语言基础,因此课程直接用法语授课,以法语逻辑思维接受新知识。小班授课,人数较少,无论是课程讲授还是小组活动都能兼顾所有学生。总结教学设置,笔者始终遵循几个要点:史实方面有所取舍,注重知识结构,增加趣味性与直观性,加强学生的参与,并且注重法语词语辨析及词源。这些教学方法均可在认知心理学理论中找到支撑。

二、认知心理学理论与实践

(一)认知结构的建立与学习迁移

认知心理学家布鲁纳认为世界是大量可辨别物体、事件和人组成的,是可以进行编码加工的感觉材料,能够通过表征系统去感知认识世界,而相关类别可以构成编码系统。因此,布鲁纳强调在学习活动中有三个过程:新知识获得(acquisition),转换(transformation),评价(evaluation)(布鲁纳,1982)。他认为学生不是在被动地接受知识,而是在主动对信息进行加工。在《教育过程》一书中,他强调了知识结构的重要性:"掌握事物的结构,就是以允许许多别的东西与它有意义地联系起来的方式去理解它。简单地说,学习结构就是学习事物是怎样相互关联的。"(布鲁纳,1982)把握结构、懂得基本原理不仅可以使学科更易理解,而且更易于记忆,"详细的资料是靠简化的表达方式存在记忆里的"(布鲁纳,1982)。因此,如果法语专业的历史课程能够帮助学生构建好历史的认知结构,就可以与之前之后所学的旧知识、新知识发生关联,一一放入构建好的结构之中,从短暂记忆成长为长期记忆。此次教学实践中先按历时顺序简述朝代国王,带入的文学、艺术材料并非只具有活跃课堂气氛、转换思维的目的,因为最后要从表象到深层结构:绘制中世纪历史基础的社会阶层图表尤为重要,它的本质是展现中世纪人与人的关系,更是将所有与中世纪历史相关史实、文学、艺术、技术等各方面系统化整合起来的核心,避免学习材料过于琐碎分散,学生难以组织综合,从而无法记忆和理解内部关系。应该说是符合"学科中具有最大包容性、概括性和最有说服力的概念和原理"(祁小梅,2004)的标准的。在操作中以传统板书的形式而非继续使用PPT,正体现了这一传统教学方法的优势,学生与老师共同思考、共同构建结构,板书给了这一思维活动以足够充分的时间,也留给学生理解与记忆的时间。

从社会阶层图表中发散出来的文学、艺术、技术、语言等也具有相似结构。以已有的认知结构为基础去学习另一个结构,则牵扯到"迁移"概念。美国心理学家将中国所说的"举一反三""触类旁通"定义为"迁移"(transfer),认为迁移是可以训练的,并将迁移进行多种分类(正迁移、负迁移、横向迁移、纵向迁移、一般迁移、特殊迁移,同化性、顺应性、重组性)。桑代克等心理学家提出了相同要素说,认为只有当两个情境具有相同要素时,才能产生迁移,而贾德、鲁宾斯坦则认为对原理掌握即可促进迁移。因此,法国历史中社会关系较为简单的中世纪很适合作为认知结构构建的素材,中世纪社会阶层图表可以作为基本原理或基本结构,之后法国现代社会、当代社会基本结构不过是这一基本结构的复杂化,学生也可就此将图表复杂化,以完成主动的迁移,自行绘制现当代社会阶层图表。

事实上,奥苏贝尔对迁移的概念给出了更新的解释,认为"无论在接受学习或解决问题中,凡有已形成的认知结构影响新的认知功能的地方就存在着迁移"

(祁小梅,2004)。以图表中文学史发展结构为例,明显可以看出武功歌对应国王和贵族阶层,风雅文学对应贵族阶层,讽刺文学对应市民阶层,寓言与道德文学对应市民阶层与农民阶层,编年史作品与历史作品对应宗教活动十字军东征。从图表便可看出,中世纪文学发展不仅是几个文学流派首尾相接的历时关系,而且与社会阶层紧密相连,明显是不同阶层发展与法语语言发展中带来的文学演变,从高阶层到低阶层的演变过程,即大众化的过程,其中有历史内部力量的推动。可见,文学史也有相同结构,所有要素都与其他要素之间有着可见或不可见的因果关联。社会阶层图表能够引出其他领域的类似结构,其实正实现了多种可能的迁移的一部分,还可以无限发散下去。历史学科的特殊性在于,历史包罗万象,可以将所有方面笼络其中,因此,其他学科与门类的新知旧识也可一一放入历史认知结构中。若能做到成功构建学生的历史认知结构,那么法语专业历史课程的重要性不言而喻。学生在随后大学四年级、硕士甚至博士阶段的学习中,无论是遇到人文社会科学领域还是科学或艺术领域的新知,都可以认知结构这一手段来将其同化。在此,教学的目标可以定位为促进学生的"迁移"。比如实践中,尤其可以结合三年级同时学习的法国文学史课程,加强两门课程的互动,促进相互迁移,比如在讲述列那狐的故事时将作品人物(动物)重新带入中世纪社会阶层表中,相互参照。长此以往,新知体系可以不断完善旧知识认知体系,循环往复可实现布鲁纳所说的"螺旋式课程"(spiralcurriculum)。

(二)发现学习与情境认知

布鲁纳在《教育过程》中用一个章节讨论了学习动机问题。他强调,学习动机并非名利成就或奖励,而在于激起学生对学习的兴趣。教学活动也应该遵循这一目标。布鲁纳说:"增加教材本身的趣味,使学生有新发现的感觉,把我们必须要说的东西转化成为儿童思想的形式。"(布鲁纳,1982)与儿童教育不同,法语专业历史教学并不需要将所说东西转化为大学生的思维形式,因为教学目的是提升其思维形式,但可以通过上文提到的现有知识迁移达到与大学生思维形式部分相连。布鲁纳的观点中,增加教学趣味性,让学生有新发现的感觉尤为重要。具体来说就是让学习者主动参与到学习中,其个体必须主动体验外部世界、获取知识,并把新知与已有认知结构联系起来。他认为发现学习是最好的例证。发现学习法要求教师提出令学生感兴趣的问题,使学生体验到困惑、矛盾及探究欲望，提供解决问题的各种假设，帮助收集资料，最后引导其思考得出结论并指导分析问题得到反馈。中世纪历史教学中，最明显的两个例子，一个是课后作业"法国历史上是否存在奴隶制？"，一个是第四课时里学生对贞德死因的讨论。前者提出矛盾的问题，学生实际回答多种多样：有人认为法国历史上没有奴隶制，因为农民是有人身自由的，有人认为有奴隶制，理由是农民不可离开领主土地，也有人没有注意到农奴制问题，但是认为法国在其殖民地实行奴隶制。这时，教师可以指导学生搜索资料，明确奴隶制和农奴制的定义，明确中世纪历史中的农民分两类，一类为自由农民，一类为农奴，两者在哪些特定情况下是可以转换的，并最终让学生比较奴隶制与农奴制的异同，自主评判农奴制是否是奴隶制的一种形式。后者，即贞德死因的讨论分小组进行，提供三种可能的死因，让学生自主搜索资料，总结分析。课上实际操作时，学生用到PPT图表标明人物关系、摆出各种证据证明论点，也有人截取电影片段，直观地给出总结。

让一个现代人去空想中世纪战争的场景是不可能的。而图片、视频可以立刻解决这一问题，直观展示英法两国王室的标志、军队的构成、战争肉搏的场景。认知心理学中的情境认知认为学习只有在置于一定的情境（situation）中才有意义。陈柏华总结认为，"与传统认知心理学把学习看做单纯心理表征不同的是，情境认知把学习看做是认知与环境相互协调和适应的过程，它需要调动学习者的一切感官来进行学习体验与意义构建，同时通过对工具的积极使用来理解、构建和产生有意义的知识"（陈柏华，2011）。尽管情境主义学习框架要求学生参与各种社会实践，但是课堂教学也同样受到启发，可以模拟各种情境与实践，这对教师和学生的想象力有一定要求和促进。刘义、高芳总结了集中典型的情境认知教学模式，其中之一就是抛锚式教学模式，即利用多媒体技术用真实有趣的故事情境吸引学习者，将其带入复杂的问题情境中（刘义、高芳，2010）。教学辅助工具在此起到很大作用。现代的多媒体工具提供了最大化的支持。过去的历史教学只有文字描述和毫无关联的简单的黑白图片，无法直观展示历史人物或场景。即使以讲故事的方式来讲述历史，也需要学生充分的想象力参与，而且有太多想象力无法触及的领域。课程中需要加入大量的图片，内容包括人物、风景、场景等，现存艺术作品为最佳载体，需标明出处。这些图片必须经过精心挑选，不能造成学生的注意力分散，而要求每张都有展示的多重目的。另外，在法语语言学习中图像直观的优势在于可以将能指与所指直接相连，无须中文意义作为中介，从而减少一个步骤，不仅节省时间，更能培养学生直接用法语思考的能力。对音频的运用则可以刺激学生不同的感官，引起兴趣与记忆，比如风雅文学中的吟游诗人的乐曲。对视频的运用同时具有图像和音频的优势，更易调动多重感官将学生带入情境中去。观察 *Les Très Riches Heures du duc de Berry* 分析社会阶层的实践结果发现，学生饶有兴趣地参与课程讨论，表现出突出的观察力、想象力，会自主提出问题并给出可能的解答，随后查阅资料得出正确结论。例如，多位学生提出人物相关问题，并根据衣着颜色和人物位置等区分了不同阶层：公爵本人、公爵属地的小领主、主教、侍从、仆人、骑士等。事实上，在对贞德死因讨论中，教师强调将学生的身份转换为查案者，将贞德视为谋杀案的死者，即以角色扮演的方式将学生带入情境，"玩"侦探游戏，找出人证物证，并让最后一名总结的同学扮演法官的角色给几方面犯人定罪。布鲁纳其实也提到过戏剧式的科教影片、引人注目的人物表演的实验例证等，他将其称为"戏剧式装置"（dramalizing devices），利于"引导学生更密切地辨认现象或观念，都有戏剧般的效果"（布鲁纳，1982）。

结论

认知心理学的发展为教育教学目标、方法提供了大量可借鉴的理论，法国历史与文化课程中所实践的只是其中的部分精华。传统历史教学罗列史实朝代特征，信息量大而难以记忆。认知结构与学习迁移打破历史学习中堆砌史实的现实，以深层结构理解法国历史，促进学习迁移，使法国历史学习成为学习与法语相关的其他学科的基础，从历史学习的低层次目标直接提升至高层次目标，结合发现学习与情境认知为目标的教学方法，打破学习历史是一件严肃的事情的思维定式，触发学生兴趣，给予学生丰富的情境，引导学生同化知识、构建知识，最终达到真正的融会贯通，培养学生观察力、想象力、思辨能力的目的。这种教学方法实践效果很好，但是对教师的要求较高，不仅要熟悉教学内容、在教学前明确教学目标，而且要对教学过程和方法有充分的意识，具有充分的想象力，充分接触实际，了解学生的兴趣，能预测学生的反应，教师的任务从一味地给出知识转变为创设情境，培养学生解决问题的能力。法国历史与文化课程的最终目的是培养学生的批判精神、多元文化的世界观，帮助学生了解当下现实，理解自我（民族性），实现个性与未来的自我选择。因此必须向学生强调，历史的解读并非唯一,只要有理有据,均可以给出自己的阐释和判断。

参考文献

[1] Britt-Mari Barth: "Jérôme Bruner et l'innovation pédagogique", *Communication et langages*, volume 66, numéro 1, 1985, pp. 46 - 58.

[2] Jerome Seymour Bruner, The Process of Education, Cambridge Harvard University Press, 1961. ([美]布鲁纳:《教育过程》,邵瑞珍译,文化教育出版社 1982 年版。)

[3] 陈柏华:《从认知到情境认知:课程教学馆的重要转向》,《教育发展研究》2011 年第 20 期。

[4] 黄牧航:《中学历史课堂教学的好课标准研究评述》,《历史教学》2015 年第 1 期。

[5] 刘义、高芳:《情境认知学习理论与情境认知教学模式简析》,《教育探索》2010 年第 6 期。

[6] 祁小梅:《奥苏贝尔认知结构与迁移理论及教学》,《黑龙江高教研究》2004 年第 5 期。

[7] 徐玲:《浅议高师历史教学目标改革》,《中国成人教育》2008 年第 2 期。

[8] 赵亚夫:《历史教学目标刍议一:怎样理解知识目标》,《历史教学(中学版)》2007 年第 5 期。

[9] 赵亚夫:《历史教学目标刍议二:怎样理解能力目标》,《历史教学(中学版)》2007 年第 6 期。

[10] 赵亚夫:《历史教学目标的意义与编制》,《教育学报》2013 年第 3 期。

[11] 朱文彬、赵淑文编:《高等教育心理学》,首都师范大学出版社 2007 年版。

法语专业学生听力策略研究①

Étude de la mise en application des stratégies d'écoute par des étudiants de spécialité française

山东大学　张艳茹
ZHANG Yanru　Université du Shandong
zhangyanru@seu.edu.cn

中文摘要：本文以法语专业学生为对象进行听力策略实证研究，在回顾相关文献的基础上，通过问卷调查的方式，分析听力课程上学习者三大类听力策略的使用情况。研究结果显示，学习者听力策略的使用能力仍然有待提升。学习者使用情况相对较好的是认知策略，其次是情感策略，最后是元认知策略。本研究认为积极探索策略训练模式，提升教师本身的策略修养，是提升学习者听力水平的有效途径。

关键词：听力教学；听力策略；策略培训

Résumé：La présente étude porte sur l'utilisation de stratégies d'écoute par des étudiants de spécialité française au milieu universitaire chinois. Après un rappel des recherches dans le domaine, nous analyserons, à partir des données quantitatives d'une enquête par questionnaire, l'application de trois types de stratégies par les étudiants dans le cours de compréhension orale. Selon le résultat interprété, les étudiants n'ont pas une bonne maîtrise des stratégies. Cependant, les stratégies privilégiées sont les stratégies d'écoute de type cognitif, les stratégies

---

① 基金项目：山东大学 2021 年度教育教学改革研究项目"基于产出导向法的法语视听说课程教学模式探索与改革"（项目编号：2021Y064）。

métacognitives sont placées après, les stratégies socio-affectives à la dernière place. Notre étude met en évidence l'importance de l'enseignement des stratégies. Nous terminerons donc avec les suggestions d'une approche possible et d'une formation des enseignants, afin que les stratégies d'écoute puissent être mieux intégrées dans les entraînements de la compréhension orale en FLE.

Mots-clés：enseignement de la compréhension orale, stratégies d'écoute, enseignement des stratégies

引言

听力理解在语言交际中占有重要地位。听力策略的使用影响听力活动的过程与结果，是提高学习者听力能力的有效途径（王艳，2012）。但在听力教学过程中，学习者对听力策略的了解十分有限。因此，研究学习者听力策略的使用情况有助于明晰所存在的问题，采取针对性措施，进行策略培训，以提高学习者的策略使用意识和使用能力，进而对促进其听力理解能力的提高有着重要的意义。此外，值得注意的是，虽然国内外研究者针对听力策略的研究已取得长足进展，研究层面和方法不尽相同，但其研究对象主要集中于英语学习者。随着法语学科的迅速发展，视听教学的重要性日益引起关注。为了深入了解法语学习者的听力策略的使用情况，并探索促进其策略能力发展的方法，本文在文献综述的基础上，试图采用定量研究的方法，针对中国高校法语专业高年级学习者的听力策略使用情况展开研究，并探讨相应的策略教学方法。

一、听力策略研究

听力策略的研究是以学习策略为理论框架的，因此，多数研究者把听力策略认同为学习策略。外语学习策略研究包括不同范畴，各研究者对策略的分类并未达成共识，但其中 O'Malley & Chamot（1990）的研究对教学界影响较大，他们将学习策略分为三类：元认知策略、认知策略、社会/情感策略。元认知策略是学习者为了让学习活动顺利完成而采取的自我管理措施，包括计划、监察、评估等行动；认知策略与学习者的学习任务直接相关，涉及对输入信息的储存、检索等处理过程；社交/情感策略体现为学习者为更好地完成学习任务而与别人进行合作，或自己控制情绪，消除紧张和不安等行为。后继的众多研究者对各类策略的项目数量问题皆有不同的表述，相对完善的是朱湘华的研究（朱湘华，2010）。该研究则以上述分类框架为蓝本，并结合 Oxford（1990）和文秋芳（1995）的部分策略，总结了 30 项听力策略，其中包括 6 项元认知策略，分别为语言意识、选择性注意、预先练习、自我管理、自我监控、自我评价，18 项认知策略，包括记笔记、预测、推理、利用关键词、新旧知识联系、总结概括、建立听觉形象、听真实语料、利用资源、重复、归纳、演绎推理、分析、想象、迁移、重组、翻译、识别和运用固定搭配，6 项社交/情感策略，包含培养兴趣、减轻焦虑、自我鼓励、互换立场、澄清问题、合作学习。

基于不同类型的听力策略研究，为数众多的研究者试图证明听力策略的可教性，就听力策略方面的教学而言，Nunan（1996）、苏远连（2003）等研究者肯定了策略培训的效益；Oxford（1990）、杨坚定（2003）等研究者推出了不同的听力策略训练方法。策略教学与培训从形式上主要分为两种：① 讲座或短期集中训练；② 将策略培训融入课堂。O'Malley & Chamot（1990）、Oxford（1990）等研究者认为，有效的策略教学必须和正常的课堂教学相融合，任课教师进行明确、清晰的策略应用示范，且保证几个月以上的培训时间。

二、研究设计

（一）研究对象

研究的对象为高校的法语专业大三年级学生，共 60 人。除了法语教学大纲所规定的各类法语专业课程外，他们在大一和大二阶段每周有 6 个小时的视听说课程，大三阶段每周有 4 小时的视听说课程。视听说类课程所采用的教材为 *Reflets* 等多种法文原版教材，以及新闻、访谈等真实法语视听材料。

（二）调查问卷

听力策略调查问卷的目的是为了了解学习者的听力策略使用情况。问卷设计以 O'Malley & Chamot（1990）的研究框架为基础，并结合 Oxford（1990）、苏远连（2003）、文秋芳（1995）、朱湘华（2010）的部分策略，制定五级量表调查问卷。上述理论部分所阐述的 30 项策略中，属于元认知策略的预先练习策略并不适用于实际的高年级视听理解课程流程，这是因为对高年级学习者的视听理解训练的方式为直接接触真实法文视听材料,虽然教学活动中也才采用预先练习关键生僻词汇的方式促进后续的听力材料的理解,但预先练习策略很少直接用于听力材料本身。此外,属于社交/情感策略的互换立场、澄清问题、合作学习三项社交策略适用度相对较低,这可以解释为,因多媒体等新科技措施的使用和高层次教学目标的要求,高年级学习者很少使用互相听写的训练方式,且因其本身对听力策略的了解有限,对自身听力困难的澄清往往需要教师的帮助。因此,本研究所采取的调查问卷中排除了上述4项策略项目。剩余的26项问题中,5项问题属于元认知策略,3项归于情感策略,18项问题针对学习者的各种认知策略使用情况。调查问卷在大三第二学期的视听说课程上发放,要求学习者选出最切合自己策略使用情况的描述数值。

(三) 调查结果与讨论

根据调查结果,在三大类听力策略中,认知策略的平均值最高(3.56),其次是社交/情感策略(3.15),元认知策略的平均值最低(3.11)。各类策略使用情况的整体平均值为3.38,其中得分平均值高于4的项目有三项,都属于认知策略,包括新旧知识联系(4.03)、预测(4.39)、迁移(4.04)。得分平均值低于3的项目有五项,分别为属于元认知策略的语言意识(2.86)、自我管理(2.86)、自我监控(2.86)和属于认知策略的演绎推理(2.71)、建立听觉形象(2.92)。

调查结果说明,学习者元认知策略的整体使用情况最差,五项元认知策略中使用频率相对较高的策略有自我评价(3.61)和选择性注意(3.39),这反映了在听力教学活动中,各类测验和课堂练习使学习者对自己的听力水平能有较为客观的评估和正确的认识,在听力活动中会将注意力有针对性地集中于相关内容。但其他三项平均数值低于3的元认知策略项目说明多数学习者并没有制定明确的听力学习目标,较少有意识地通过听力理解训练提高自身的语言能力,且对听力学习活动的自我监控能力较弱。此现象可以归结为受"以教师为中心"的传统教学方法的影响,学习者的学习活动依赖教师的指导与安排,自主学习能力较弱。

学习者使用认知策略的整体情况优于其他两类策略,但十八项策略中,仅有三项得分值高于4,平均得分值普遍不高的现象反映了学习者的认知策略使用意识仍然有待提高。得分值高于4的三项认知策略说明:学习者能较好地利用自己已经掌握的词汇、语法等知识理解听力材料；并且常采用浏览问题的方式对所听的内容作出预测，推测需要关注的信息；此外，学习者也较常利用母语中所获取的相关主题知识来理解听力材料中的内容。得分值低于3的两项认知策略表明：学习者在听力活动中，虽然能理解句子的表层含义，但根据上下文语境判断隐含意义的能力较弱；而且，学习者也较少采用将所听的内容描绘在脑海中并形成听觉画面的方式帮助理解与存储听力信息。

情感策略的使用情况介于元认知策略与认知策略之间，但培养兴趣(3.07)、自我鼓励(3.17)、减轻焦虑(3.21)三项策略的得分值都低于所有策略的整体平均值(3.38)。情感策略要求学习者在听力活动中减轻自己的焦虑情绪，对于没有听懂的部分会主动放弃，以免影响对随后信息的理解，并能适度地自我激励、增加信心，寻求适合自己水平的听力材料，培养听力学习兴趣。调查结果表明，虽然学习者基本能做到以上要求，但仍有较大的提升空间。

结论和启示

综上所述，法语专业高年级学习者听力策略的使用能力仍然有待发展。三类听力策略中，学习者使用情况相对较好的是认知策略，其次是情感策略，最后是元认知策略。就各项听力策略而言，学习者较多使用的策略包括新旧知识联系、预测、迁移，较少使用的策略为语言意识、自我管理、自我监控、演绎推理、建立听觉形象。

根据研究结果，我们得到以下启示：首先，在法语视听教学中，要提高对学习者听力策略的关注，并开展听力策略的培训，提升学习者的策略使用能力，尤其是元认知策略的使用意识。元认知策略和社交/情感策略适用于讲座或短期集中培训的形式，目的是为了使学习者加强自我管理能力，改变学习者过度依赖教师的现象，增加自主学习的机会，使其学会设定目标、制订计划，并实施自我监察与评估。同时，构建良好的情感氛围，帮助学习者进行自我调节、自我激励，克服对听力活动的焦虑心理，并鼓励学习者之间的交流、沟通，激发其学习动机，提高听力学习效果。认知策略的训练应融入课堂，此过程需要分析学习者的学习水平、存在的困难、已有听力策略等因素，选择合适的策略项目，并制订可操作的训练方案，把各项策略与课堂视听活动紧密结合，通过教师示范，学习者体会并练习展开认知策略训练。其次，策略培训对教师的听力教学模式提出了更高的要求。需要教师加强策略方面的自身修养,对学习者、听力学习和教师自身的角色给予准确的定位,更好地担任学习过程的指导者这一角色,不仅帮助学习者提高听力水平,而且使其掌握学习策略,学会自主学习、独立地剖析和解决问题、客观地评估自己的表现和进步。

参考文献

[1] 苏远连:《论听力学习策略的可教性——一项基于中国外语初学者的试验研究》,《现代外语》2003 年第 1 期。
[2] 王艳:《英语听力教学与研究》,外语教学与研究出版社 2012 年版。
[3] 文秋芳:《英语学习策略论》,上海外语教育出版社 1995 年版。
[4] 杨坚定:《听力理解策略训练与教师的作用》,《外语研究》2003 年第 3 期。
[5] 朱湘华:《大学英语听力策略训练模式与效果分析》,《外语研究》2010 年第 2 期。
[6] Nunan, David:"Learner strategy training in the classroom: an action research study", *TESOL Journal*, 1996.
[7] O'Malley, J. M. & A. U. Chamot: *Language Learning Strategies in Second Language Acquisition*. Cambridge: Cambridge University, 1990.
[8] Oxford, R. L.: *Language Learning Strategies: What Every Teacher Should Know*. Boston, MA: Heinle & Heinle Publishers, 1990.

第二部分

语言、文学与文化研究
Langue, Littérature et Culture

面对包容性书写之风,法国和魁北克政府的态度截然不同

France et Québec : deux attitudes distinctes envers le langage épicène

上海外国语大学 李婵娟

LI Chanjuan, Université des Études internationales de Shanghai

lichanjuan2018@163.com

中文摘要:随着女性社会地位的提升,有法语学者认为应当对法语进行包容性书写改革,以此来保障女性权利。此言论在法国及其他法语地区引起了激烈的争论。法国教育部长让-米歇尔·布朗克(Jean-Michel Blanquer)在 2017 年 10 月份直接公开表示拒绝这一书写改革提议,然而魁北克法语办公室却在 2018 年 1 月直接出版了一份关于包容性书写规则的官方文件。对于法国和魁北克政府就包容性书写这一法语改革产生的分歧,本文从法语以及女权主义两方面着手分析后发现,这一现象的出现与法语在法、魁的发展历程及女权运动在两地的活跃程度有关。

关键词:包容性书写;法语的发展历程;女权运动;法国;魁北克

Résumé : À partir d'une comparaison des attitudes respectives de la France ainsi que du Québec envers le langage épicène, cet article examine le contenu de cette réforme linguistique qui est en voie de déroulement ou d'émergence dans les deux territoires francophones. À travers l'examen des principes essentiels des deux genres de langage épicène, l'auteur démontre une similitude entre l'objectif de la réforme déroulée en France et celle adoptée au Québec en indiquant les deux attitudes distinctes de leur gouvernement sur le langage épicène. De manière à en trouver une explication raisonnable, l'auteur tente de mettre en lumière la divergence existant dans les deux francophonies et confirme alors que le refus officiel de la France et la recommandation gouvernementale du Québec envers le langage épicène s'attachent à l'évolution du français ainsi qu'à l'activité du féminisme.

Mots-clés: langage épicène, évolution du français, activité du féminisme, France, Québec

Introduction

Quand on parle de langage épicène, il faut distinguer la notion française et les notions québécoises. Au Québec, le langage épicène se compose de deux parties: la féminisation lexicale et la rédaction épicène. Selon *Formation sur la rédaction épicène*, publié récemment le 12 janvier 2018 par l'Office québécois de la langue française, la rédaction épicène consiste à appliquer des appellations au féminin à côté des appellations au masculin, afin d'abandonner progressivement « le masculin générique (c'est-à-dire quand le masculin englobe les deux genres)» et de rendre plus égale la représentation des femmes et des hommes dans le texte lui-même, en jouant sur «les structures, les pronoms, le style utilisé, les accords, etc» (ARBOUR Marie-Ève, DE NAYVES Hélène, 2018). Quant à la féminisation lexicale, elle touche souvent les mots tels que des appellations anciennes au féminin (comme pâtissière) ou celles qui ont été créées plus récemment (comme professeure). En France, on a l'habitude d'appeler le langage épicène l'écriture inclusive. Faute de reconnaissance officielle, cette écriture ne se dispose pas d'un classement aussi détaillé que celui du Québec. En général, elle repose sur trois principes (JANDAU Cécile, 2017) en France:

(1) Il faudra accorder les grades/fonctions/métiers/titres en fonction du genre. On écrira alors *une pompière*;

(2) Au pluriel, le masculin ne l'emporterait plus sur le féminin mais inclut les deux sexes grâce à l'utilisation du point médian. On écrira ainsi *les citoyen·*

ne · s.

(3) Il faudra éviter d'employer les mots *homme* et *femme* en préférant les termes universels tels que *les droits humains* au lieu des *droits de l'homme*.

De toute évidence, malgré les dispositions faiblement distinctes, la France et le Québec devraient avoir pour même objet de déclencher la réforme linguistique autour du langage épicène: mettre les deux sexes sur le même pied d'égalité et mettre un terme à la hiérarchisation des sexes.

Pourtant, le changement de la morphologie du français n'est pas toujours acceptable pour les territoires francophones. En fait, cette nouvelle approche heurte en France de nombreux défenseurs de la langue française «traditionnelle». De l'Académie française au ministre de l'Éducation nationale, il existe un nombre de détracteurs qui restent très conservateurs par rapport à toute forme de réforme du français. Par contre, concernant les Québécois, ils font la preuve d'une attitude plus ouverte à la réforme de l'orthographe ainsi qu'au langage épicène, ce qui se prouve bien par la recommandation de l'Office québécois de la langue française dès 1979. Mais pour quelles raisons les Québécois acceptent-ils cette féminisation linguistique plus facilement que les Français? Comment expliquer ces deux attitudes distinctes envers le langage épicène? Pour trouver une réponse à ces questions, il faut remonter à l'évolution du français et l'activité du féminisme dans les deux territoires francophones.

1. Évolution du français en France et au Québec

À condition qu'on prenne comme borne *les Serments de Strasbourg* en 892, le premier texte écrit dans un idiome qui n'est plus vraiment du latin, le français date de plus de mille ans dans l'Hexagone. Si on choisit comme borne le moment de «l'ordonnance de Villers-Cotterêts» (REY Alain, DUVAL Frédéric, SIOUFFI Gilles, 2011), le français est devenu pour ainsi dire «langue officielle» du royaume il y a plus de cinq cents ans. En ce qui concerne un français dans lequel on baigne encore actuellement et avec lequel on n'a aucun problème majeur de compréhension, il faut attendre la fondation de l'Académie française et la parution des dictionnaires et des grammaires français, qui se réalisent dans la première moitié du XVIIe siècle, seulement après l'italien en Europe. De ce fait, il conviendra ainsi de dire que le français est «la première langue moderne européenne à s'être dotée de règles strictes» (PENNEL Frédéric, 2016), excepté l'italien. La langue française se caractérise alors par sa rigueur et acquiert graduellement un rôle social particulier — le rôle d'un signe social marquant l'appartenance à la noblesse. Au XVIIIe siècle, en tant que langue de la société laïque, la langue hexagonale oriente la culture aristocratique métropolitaine de l'Occident. Une telle longue histoire prestigieuse embellit la langue française. Elle est considérée comme l'équivalent de l'élégance, de la rigueur ainsi que de la figure romantique. Les Français la vénèrent et s'attachent à sa pureté jusqu'à notre époque. Il s'ensuit que le jugement porté est sévère en cas d'altération ou de faute : selon un sondage publié dans *Le Parisien* (CORSAN Olivier, 2014), près de 9 personnes sur 10, soit 88% des interrogés, se disent choqués en cas de faute dans un document administratif ou professionnel. Les Français n'apprécient pas que leur langue soit maltraitée. C'est la raison pour laquelle les esprits des Français peuvent s'échauffer dès lors qu'on tente de «manipuler» les règles qui la régissent telles que la morphologie des mots masculins.

Cependant, bien que le français possède également une longue histoire au Québec, dont l'implantation date de la période de la Nouvelle-France (1534—1760), les Québécois n'insistent pas autant sur la pureté de la langue que les Français puisque le français n'y est officiellement déclaré «langue prioritaire» (OAKES Leigh, WARREN Jane; 2009) que depuis les années 1972. De plus, le français parlé au Québec subit depuis longtemps la présence massive du voisinage anglophone et des différents patois, ce qui augmente ainsi le degré de tolérance des Québécois sur les petites modifications de la langue. D'ailleurs, il est remarquable qu'aujourd'hui la langue française n'a plus le même prestige et le même pouvoir de référence dont elle dispose il y a quelques décennies du fait de l'amplification de l'anglais aux quatre coins du monde, certainement y compris le Québec. En effet, il faut admettre que le français au Québec est parlé seulement par «2% de la population nord-américaine» (OAKES Leigh, WARREN Jane; 2014) et compte dans le monde beaucoup moins de locuteurs, qui ont envie d'immigrer au Québec, que l'anglais. Dans un article intitulé «Québec peine à franciser ses immigrants», *Radio-Canada* démontre que plus de 200000 immigrants ne maîtrisaient toujours pas «la langue de Molière» (MESSIER François, 2016) en 2014, dont 111000 sont arrivés dans le pays il y a déjà une vingtaine d'années à cause de raisons multiples parmi lesquelles compte la difficulté de la langue. Par conséquent, le gouvernement québécois n'hésiterait pas à innover et à adopter des réformes de manière à simplifier l'apprentissage de la langue ainsi qu'à motiver les néo-Québécois.

2. Activité du féminisme dans les deux territoires francophones

Après avoir passé en revue l'histoire de la langue, procédons alors à l'analyse sous un autre angle: l'activité du féminisme dans ces deux territoires francophones.

L'évolution du féminisme français se caractérise par les deux vagues qui se sont réalisées respectivement dans la première et la seconde moitié du XXe siècle. Pendant ces périodes les droits essentiels tels que l'accès au vote ainsi qu'à l'avortement sont remportés. Néanmoins, après l'explosion spectaculaire dans les années 1970, le mouvement féministe a connu un reflux prolongé en France depuis les années 1980. Les militantes, ayant tendance à être de plus en plus isolées, «en étaient réduites à défendre leurs acquis et leur image, à maintenir des organisations décharnées, à s'affronter en débats stériles» (PICQ Françoise, 2002). De ce fait, Michelle Perrot, historienne et militante féministe française, avait exprimé dans une interview son inquiétude sur la situation présente du féminisme en France: «Aujourd'hui, il n'y a pas de mouvement féministe populaire, avec un côté un peu massif qui toucherait un plus grand nombre de femmes» (FISCHER Sofia, 2015). C'est également pourquoi le langage épicène a moins de partisans dans l'Hexagone qu'au Québec.

Au contraire, le féminisme s'ancre toujours d'une manière solidaire à la culture québécoise. «Depuis la fin des années 1960, le Québec a été le théâtre d'un déploiement sans précédent de discours, de revendications et de pratiques féministes» (DESCARRIES Francine, 2005). Profitant de sa situation très particulière à l'intersection de trois cultures féministes (canadienne, française et américaine), le Québec se distingue bien par sa revendication très forte de «l'égalité de fait pour les femmes et de leur insertion pleine et entière dans la société» (Francine Descarries, 2005), ce qui se confirme par des mouvements et des faits accomplis en la matière tels que l'obtention du droit de vote des femmes en 1940, la commercialisation de la pilule contraceptive dès les années 1960, la légalisation du divorce en 1969, l'adoption de la Charte des droits et libertés du Québec en 1975, la modification du Code civil qui assure le droit de garder son nom et de le transmettre à ses enfants pour les femmes mariées, etc. Jusqu'à aujourd'hui, inspirés par différentes conceptions du féminisme, maints militants, chercheurs, syndicalistes ainsi qu'intervenantes continuent de formuler activement diverses approches et stratégies pour lutter contre les effets discriminants de la division sociale des sexes, parmi lesquelles la recommandation du langage épicène est récemment typique.

Conclusion

En définitive, le refus officiel de la France et la recommandation gouvernementale du Québec envers le langage épicène résultent de leur différence en matière non seulement de l'évolution linguistique, mais aussi du dynamisme féministe. Grâce à la tendance féministe très forte ainsi que l'attachement moins fort à la pureté de la langue française, les Québécois acceptent les réformes linguistiques plus facilement que les Hexagonaux. Cependant, il est à remarquer que les Français ne sont pas tous contre le langage épicène. Malgré le fait que le gouvernement français reste conservateur face à la réforme du français, plusieurs linguistes français la supportent, à titre d'exemple Anne-Marie Houdebine. Par conséquent, l'avenir du langage épicène reste encore incertain en France.

Bibliographie

［1］ ARBOUR Marie-Ève, DE NAYVES Hélène, *Formation sur la rédaction épicène*. Office québécois de la langue française ［en ligne］, le 12 janvier 2018. Disponible sur：＜https：//www. oqlf. gouv. qc. ca/redaction-epicene/20180122_formation-redaction-epicene. pdf＞（consulté le 14 avril 2018）

［2］ CORSAN Olivier, «Orthographe：zéro faute, s'il vous plaît!», *Le Parisien* ［en ligne］, le 30 août 2014. Disponible sur：＜http：//www. leparisien. fr/societe/orthographe-zero-faut-s-il-vous-plait-30-08-2014-409＞（consulté le 14 avril 2018）

［3］ DECROSSE Anne, ACHARD Pierre, «Discussion avec Anne-Marie Houdebine — "La différence sexuelle et la langue"», *Langage et société*, n° 9, Marseille, septembre 1979, pp. 85-87.

［4］ DESCARRIES Francine, «Le mouvement des femmes québécoise：état des lieux», *Cités*, vol. 2, n° 23, Paris, 3e semestre 2005, pp. 143-154.

［5］ FISCHER Sofia, «Aujourd'hui, il n'y a pas de mouvement féministe populaire», *Libération* ［en ligne］, le 29 avril 2015. Disponible sur：＜http://www. liberation. fr/france/2015/04/29/aujourd-hui-il-n-y-a-pas-de-mouvement-feministe-populaire_1276467＞（consulté le 14 avril 2018）

［6］ MESSIER François, «Québec peine à franciser ses immigrants», *ICI. Radio-Canada* ［en ligne］, le 27 janvier 2016. Disponible sur：＜https://ici. radio-canada. ca/nouvelle/761904/quebec-immigrants-francisation-loi-10＞（consulté le 14 avril 2018）

［7］ OAKES Leigh, WARREN Jane, *Langue, citoyenneté et identité au Québec*, Québec, Les Presses de l'Université Laval, 2009.

［8］ PENNEL Frédéric, «Comment les Français sont devenus des puristes de la langue», *Slate* ［en ligne］, le 26 février 2016. Disponible sur：＜http://www. slate. fr/story/

114609/francais-puriste-langue> (consulté le 14 avril 2018)

[9] PICQ Françoise, «Le féminisme entre passé recomposé et futur incertain», *Cités*, vol. 1, n° 9, Paris, 1er semestre 2002, pp. 25 – 38.

[10] REY Alain, DUVAL Frédéric, SIOUFFI Gilles, *Mille ans de langue française, histoire d'une passion II. Nouveaux destins*, Paris, Perrin, 2011.

戏剧改编电影在法国文学教学中的应用
Les films adaptés des pièces de théâtre clans le cours de la littérature française

浙江大学　史烨婷
SHI Yeting　Université du Zhejiang

中文摘要：不得不承认，大学生对于文学的兴趣正在日益减退。如何把文学课上得生动有趣，并让学生有所收获，成为老师们不断思索的问题。在如今这个"读图时代"，电影作为文学的新载体，承担起一定的保存和发扬文学的任务，它走进课堂，为我们的教学带来了种种新的可能。

关键词：电影；文学；教学

Résumé: Nous devons avouer le fait que les étudiants s'intéressent de moins en moins à la littérature. «Comment donner le cours de la littérature française avec succès?» est une question qu'on se pose très souvent en tant que professeur. Nous entrons dans une époque de la «lecture de l'image», le cinéma, comme un nouveau véhicule de la littérature, assure la mission de la sauvegarde et de la vulgarisation de la littérature. Il entre dans nos cours et nous propose de nouvelles possibilités.

Mots-clés: cinéma, littérature, enseignement

　　提起文学作品的改编，大家首先想到的是从小说到电影的改编。事实上，戏剧作为一种具有舞台呈现形式的特殊文学类型，也经常被搬上荧幕。戏剧改编电影可以说是一种自电影诞生以来就存在的文化传统。全世界范围内，大量戏剧，尤其是经典剧目，被翻拍成电影。莎士比亚、莫里哀、易卜生的作品都曾在不同时期被不同国家的导演翻拍成电影。

法国作为一个有戏剧传统又是电影诞生地的国家,在戏剧改编电影方面有着悠久的历史和丰富的经验。许多著名的戏剧作品,被当做文学名著改编,比如莫里哀的《吝啬鬼》、雨果的《吕依·布拉斯》、马里沃的《假随从》、罗斯坦的《大鼻子情圣的故事》……还有许多戏剧作品,因为在戏剧舞台上取得了意想不到的成功而迅速被改编成了电影,比如 2008 年的《博物馆喜剧》、2012 年的《起名风波》等。

在法国文学的教学中,戏剧改编电影作为一种难能可贵的视听资源,可以发挥它视觉效果好、容易抓住学生注意力的优势,为我们的教学提供更多的可能性,改变课堂气氛和教学模式,从而改善教学效果。但在使用戏剧改编电影作为教学材料时,需要注意以下两点:

(1)版本的选择。一部戏剧作品,尤其是经典戏剧作品通常会有多个翻拍版本。比如马塞尔·帕尼奥尔的剧作《多巴兹》(*Topaze*,1928)就有 7 个版本。帕尼奥尔,作为剧作家和电影导演,曾说他最喜欢的是 1951 年自己执导、法国著名喜剧演员费尔南德尔主演的版本,他认为费尔南德尔饰演的多巴兹最符合他笔下的人物,最能体现原著精神。

(2)使用节选。这是课堂教学的必然选择。在有限的时间里,把最能体现作品精髓的节选拿出来深入分析,再配合以电影画面则能达到更好的讲解效果。比如莫里哀的名剧《吝啬鬼》中有一段吝啬鬼阿巴贡和厨师雅克师傅讨论请客菜单的节选,就很适合作重点分析。阿巴贡的言语十足展现了他的吝啬,还出现了金句:"人应该为活着而吃饭,而非为吃饭而活着。"

在注意了以上两点的前提下,本文想要运用一些实例,具体探讨改编电影作为一种文学课的视听材料,能够从哪几个方面进行挖掘,如何利用,能够达到怎样的教学目的和效果。

一、语言的提升

在法语专业的法国文学史或法国文学欣赏等课上,戏剧改编电影可以拿来作为一种语言训练的视听材料,用以提升学生的语言能力,具体可以从以下几个方面入手:

(一)关闭画面,只留声音,做有专题性的听写练习

众所周知,法语向来以词汇丰富、描述精确为特点。丰富词汇量是法语学习中永恒的追求。文学改编电影常常保留大段原文,值得深入学习。专题听写可以用文章填空的形式来出。既让学生抓住篇章大意又可有的放矢地注意关键词。

雨果的经典戏剧《吕伊·布拉斯》有一个几乎完全使用原文的电影改编版本。影片由雅克·韦伯(Jacques Weber)导演,拍摄于 2002 年。在雨果的这部作品中,第三幕第二场有一段主要人物吕伊·布拉斯的经典独白,极具文采,气势磅礴。很适合作为节选进行课堂精读,以体会雨果的文风特点。这段独白是主人公吕伊·布拉斯对贪腐的大臣们的控诉,他们只顾个人利益,出卖国家,在欧洲各国觊觎瓜分西班牙的时候还在开会商讨怎样填满自己的钱袋。

在谈到大臣们的卖国行为和西班牙这个国家江河日下的现状时,文中出现了一系列动词,比如谈到大臣们的行为时,有"掠夺"(piller)、"装满"(remplir)、"逃跑"(enfuir)、"偷窃"(voler)等词,在表达相近意思时,绝不重复用词;在描述西班牙的现状时,有"死去"(se mourir)、"熄灭"(s'éteindre)、"沉睡"(dormir)等,用拟人化的手法刻画西班牙现状。这些词完全可以拿来做填空式听写。在获得其他句子提示的文章大意的前提下,听出这些词并不困难,同时还能使学生们注意这些词。

在完成听写以后,对当天的课程其实已经进行了很好的引入。学生通过听写练习了解了节选大意,学到了一系列关键词汇,为教师接下来的讲解扫清了语言上的障碍。

(二) 关闭声音,只留画面,让学生做口语描述

戏剧在一开头一定有地点和场景的描述。根据戏剧的种类不同和剧作家的习惯不同,对场景的描述有很大的差异。贝克特的荒诞剧场景布置极为简单,而一些较为传统的剧作家会有大段细致入微的场景布置描述。乔治·费多就习惯把各类陈设一一描述,摆放的方位、朝向,甚至花瓶这类装饰性的物品都会被提及。在阅读这类场景布置的描述时,读者要充分动员自己的空间想象力,在头脑中为自己具体绘出接下来故事要发生的地点。但这一描述在作品的舞台中呈现或者在改编的电影中由画面展现,很适合给学生做口语描述练习。在材料选择时尽量选择描述详细、场景布置相对复杂、物品多的剧作。乔治·费多的作品就很适合做此类练习。

另外,电影呈现和剧本描述的不同点的对比可以进一步深化这一口语描述的教学步骤,由此引入戏剧作为一种特殊的文学门类,在"地点"这一元素上的特殊性,从而讲解三一律中"地点统一"这一要求、戏剧舞台的"三面墙"对布景的影响,以及对观众观看、观察视角的影响。

(三) 看文本,对照演员表演

朗读是语言专业学生的基本功,需要时刻注意培养学生的语音、语调、语感。观看戏剧演出是很好的学习机会,因为戏剧演员接受过专业的发声、朗诵训练,台词功底好的戏剧演员是学生模仿的很好的对象。但是学生观看戏剧演出的机会较少,且舞台艺术是瞬间的艺术,不便于反复观看模仿。电影因而是更好的媒介,它把演员的表演固定下来,可以在课堂上反复播放特定段落,供学生学习模仿。

菲奈斯是法国著名喜剧演员,他主演的《虎口脱险》深受中国观众的喜爱,成为一大银幕经典。1980 年,他主演并参与导演电影版《吝啬鬼》,把阿巴贡这一莫里哀笔下的经典文学形象活灵活现地呈现在大银幕上。影片几乎全部使用了戏剧原著的台词。片中有一桥段,阿巴贡与儿子谈及婚事,他提到的年轻姑娘正是儿子的心上人,儿子很高兴,谁知阿巴贡说要娶她的人是他自己。儿子不敢相信自己的耳朵,追问:"谁?是您?"阿巴贡回答:"我,我,我!"莫里哀用三个重复的"我"作强调。在说这一段的时候,三个"我"显然不适合机械重复,而应该作一些变化。通过对戏剧《吝啬鬼》的学习,学生们已经对故事背景、人物性格以及莫里哀的写作手法有了一定的了解,因此可以要求他们自己进行揣摩,根据自己的理解试着对这一段落进行朗读,然后再播放电影片段,看菲奈斯的处理。他以夸张的表情和动作,把三个"我"字说得一个比一个响亮,这一处理,不但很好地强化了意思,更是增加了喜剧效果,用夸张的方法令观众对这一细节印象深刻,在事后回忆起来还忍不住想笑。经过思考—尝试—对比,学生们一般都能更好地掌握原文,很好地朗读节选内容,甚至是表演出来。

二、文学概念讲解

借助戏剧改编电影,我们可以用更加多元化的手段训练学生的语言能力。但文学课的一大重点更应该是带领学生深入文学领域,了解基本的文学概念、流派特点。体会文学的美,学会欣赏,有基本的文学鉴赏能力。

对于一些基本的文学概念,电影依然是一个比较容易的切入点,避免枯燥的知识讲授,更加生动地把某些文学概念介绍给学生,便于他们掌握。以下三种戏剧概念很容易通过戏剧改编电影来讲解:

(一) 亚历山大诗体

亚历山大诗体简单地说就是包含 12 个音节的诗句。起源于 12 世纪中期由亚历山大·德·贝尔内写的一部名为《亚历山大的故事》(Roman d'Alexandre)的诗作,该故事诗中的诗句每行均是 12 个音节,"亚历山大诗体"就是从这部作品演变而来。但直到 15 世纪,"亚历山大诗体"才作为文学领域的专业词汇进行使用。古典的亚历山大诗体在朗读的时候在诗句的中间作停顿,整句诗因而被分为两组六个音节。16 世纪时文学界普遍认为亚历山大诗体应该用于描写一些宏大主题。托马·赛比耶(Thomas Sébillet)在他的《法文诗的艺术》(Art poétique français, 1548)中明确提到亚历山大诗体只适合运用在叙述非常严肃的事情上,让人听起来觉得很有分量[①]。之后,亚历山大诗体经历演变,在划分朗读节奏时也有不同的停顿方法。比如将 12 个音节划分为三组四个音节来进行停顿。

亚历山大诗体虽说首先出现在诗歌中,但在 17 世纪时被大量运用于戏剧中。拉辛、高乃依、莫里哀、拉封丹等 17 世纪古典主义文学家都运用亚历山大诗体进行创作。

因此,在法国文学的课堂上,谈到法国戏剧不可能绕过亚历山大诗体,可朗读这种节奏感、韵律感很强的诗句,让学生们亲耳听到它的节奏效果是很重要的。直观的感受和体验一定好过单纯的背景知识了解。因此在课堂上由谁来读、怎样朗读,成了操作层面的一个实际问题。

而戏剧改编电影正好为这种需求提供了一个解决方案。《大鼻子情圣的故事》是法国导演让-皮埃尔·拉皮诺(Jean-Pierre Rappeneau)1990 年改编自法国 19 世纪作家埃德蒙·罗斯坦的经典名著《西哈诺·德·贝日拉克》的一部影片。这部经典戏剧从 20 世纪初开始就不断被搬上银幕,曾经有过不下五个电影改编

[①] 托马·赛比耶(1512—1589),《法文诗的艺术》(1548)。材料来源于 Gallica 网站书的内容截图。

版本。拉普诺的版本获得很大成功,一举获得1991年的凯撒奖最佳影片、最佳导演、最佳男主角、最佳男配角等奖项,同时获得最佳改编剧本奖提名。这部影片的一大成功之处就在于它对原作剧本的处理。导演既没有全盘保留原著剧本,因为原著中有大量晦涩难懂的词句,也没有把原著改得面目全非,而是采取了一种比较特殊的做法。拉普诺把原著中大量亚历山大诗体的段落作了一定的删减,让它们穿插出现在影片中。人物在日常交流的过程中,说着普通的法语,有一些特定情景下的大段独白还是用亚历山大诗体说出。导演在一次采访中谈到,他的理念是要把影片做成"朗诵的歌剧"。也就是说让观众把亚历山大诗体的段落当做歌舞片中的歌曲来听。因此,这些朗诵亚历山大诗体的段落很适合作为课堂教学材料。这样做主要有两方面的好处:一是演员们经过专业训练,朗诵的亚历山大诗体正确而精彩,可以当做范例来模仿;二是电影的视觉效果佳,可以吸引学生们的注意力,不知不觉中留下更深刻的印象。

(二) 喜剧性的类型

喜剧性也是一个比较重要的文学概念。它不但在戏剧中,当然尤其是喜剧中,有重要的地位,而且在其他类型的文学作品中也是一个与修辞手法相关的重要概念。法国哲学家柏格森曾经写过一本小书《笑》[①],对"喜剧性"这一概念进行了分类讲解,其中主要的分类有行为喜剧、性格喜剧、语言喜剧、情景喜剧等许多种。

在文学课上谈及喜剧、喜剧性、喜剧性的分类这些概念的时候,当然还是应该以文本为本,在阅读原著节选并进行分析的基础上为学生们理清这一文学概念。但是文学改编电影的运用完全可以作为一种辅助手段,让学生们有一种直观感受,帮助他们加深记忆。

语言喜剧有很多种,其中的文字游戏很容易从文本理解,电影画面并没有为之增添效果。然而语言喜剧中的另外一种形式——方言的喜剧性,就更容易从电影中感知。法国著名作家、法兰西学术院院士、电影导演马塞尔·帕尼奥尔是一位深深植根于南法而进行创作的艺术家。他的经典剧作《马赛三部曲》就是以

---

① Bergson Henri, *Le Rire* (*essai sur la signification du comique*), Paris: Quadrige/PUF, 1940 (1ère édition), 2007.

马赛为背景进行创作的成功典范。这三部剧的一大特点就是以马赛口音的法语来进行演出,而马赛口音在文本中是无法看出来的。如果是法国读者,对南法口音有一定的概念,有助于他们用想象来补充剧本效果,而作为中国读者,学生们本身对法语不同的口音没有具体的概念,关于人物口音的这一联想无法实现,多少就会影响剧本效果。帕尼奥尔的《马赛三部曲》中的《马利尤斯》(Marius,1929)和《法妮》(Fanny,1931)分别于1931年和1932年被改编成电影,而最后一部《凯撒》(César,1936)直接以电影形式创作,之后才被改编成剧本。影片中,人物们全部带有南法口音,这在听觉效果上带来很大的不同,对第一次接触不同法语口音的人来说,是一个不小的震撼。从一下子听不懂到慢慢适应有一个过程,而后就能体会到南法口音与众不同的歌唱性和与生俱来的幽默感。

(三) 独白、旁白和私语(l'aparté)

戏剧作为一种带有舞台呈现的特殊的文学形式,拥有一些其他类型文学作品所没有的概念。根据说话时面对的听众不同,以及语言功效的不同,会产生不同概念性质的台词,比如独白、旁白和私语三个概念。这些概念如果直接用灌输式的方法讲解,很难让学生有直观感受。读剧本的时候也不过是看到了标在括号里的"旁白""私语"。因此,舞台呈现对于这些概念的理解和掌握有重要作用。但戏剧演出的观看在课堂上很难实现,只好再次求助戏剧改编电影。影片往往很好地保留了旁白、独白、私语这些桥段,更好的是,电影可以通过不同技术手段强化这些概念。

三个概念中,私语理解起来难度最大,因此以私语为例。18世纪著名剧作家马里沃(Marivaux)经常使用"私语"这种表达方法,他的剧本故事总是比较复杂,人物往往有欺骗、兜圈子等行为。私语让观众立刻了解情况,让欺骗的行为显得更加可笑。法国导演布努瓦·雅科(Benoît Jacquot)于2000年把一部马里沃创作于1724年的经典名剧《假随从》搬上银幕。对于私语,雅科用了比较特殊的画面语言:每次演员道出私语的时候,都会转头面向摄像机,导演用面部特写镜头拍摄这句私语。演员的眉眼、嘴唇,哪怕最细微的面部表情在镜头的逼视下都逃不过观众的眼睛。画面在面部特写和描写人物对话的近景镜头间切换,这些面部特写像一个明显的信号,告诉观众哪些是私语,哪些是正常行进中的对话。

结论

"为谁改编,为什么改编?"这个问题值得思考,安德烈·嘉尔迪(André Gardies)给出了一个与学校教育相关的答案。首先,改编可以把电影引入课堂;其次,它让电影变成了一座连接文学的桥梁。他认为"处理改编电影的时候,不应该突兀地将其引入课堂,而是要从一个观点出发,选择从文学的角度或者电影的角度切入"(Gardies André,1999)。我们可以把改编电影当作一种教学方法来使用,因为改编电影本身就是把文学当做"数据库"来对待的。

从戏剧到电影的改编体现的正是与文学的关系。改编是向文学的致敬。改编将同样的内容呈现在两种不同的媒介中,从而用了两种不同的表达体系,符合不同的艺术规范。这极大地丰富了艺术的审美。文学因此存在于另一种形式之中。

戏剧改编电影既是一种娱乐又有丰富的教育和文化功效。观众重新发现经典戏剧。电影这种新媒体,从某种程度上来说保护了人类的文化遗产。

通过戏剧改编电影在文学教学中的运用,学生对所学篇目有了更深刻的印象。在学习的同时也培养了法语的基本语言能力,拓展了知识面,加强了自己的艺术素养和欣赏能力。戏剧改编电影这种一举多得的方法值得用于教学中。

参考文献

[1] Bergson Henri,*Le Rire*(*essai sur la signification du comique*),Paris:Quadrige/PUF,1940 (1ère édition),2007.

[2] Gardies André:《La littérature comme banque de données》,*Littérature et cinéma Écrire l'image*,sous la responsabilité de Jean-Bernard VRAY,centre interdisciplinaire d'Études et de Recherches sur l'expression contemporaine travaux XCVII,publications de l'Université de Saint-Etienne,1999.

法语文字改革评述

Que comprendre de la réforme de l'orthographe du français

上海大学　王文新

WANG Wenxin　Université de Shanghai

valeryw@163.com

中文摘要：2016 年 2 月初，法国电视一台（TF1）披露法国教育部将从 2016 年 9 月新学期开始施行以简化与规范拼写为主的文字改革，其他各大媒体也广泛报道。此消息传至国内，迅速引发中国法语教学界师生和研究人员的关注和热议，成为其社交网络上的热门话题。有些出人意料的是，大部分的师生并未因为此方案能减轻教学和学习负担而表示欢迎，而是感到担忧、困惑甚至失望。他们的问题主要集中在以下两个方面：以前的相关语法知识是不是白教、白学、白编了；法国人改了，我们怎么办。为此，本文力求澄清法语文字改革方案的来龙去脉、主要内容、法国教育部的真正要求和目的，并就今后国内的法语教学、教材和工具书的编写提出一些建议，同时冀冀对我匡将来可能重启的汉字改革起到某种参考作用。

关键词：法语教学；法语拼写；文字改革；语言政策

Résumé: Début février 2016, TF1 révéla que le ministère français de l'Éducation nationale allait mettre en place une réforme des textes portant sur la simplification et la normalisation de l'orthographe à partir de la rentrée en septembre suivant, et d'autres grands médias l'ont également largement rapporté. La nouvelle s'est répandue en Chine, et elle a immédiatement suscité une grande attention et de vives discussions parmi les enseignants, étudiants et chercheurs de la langue française, pour devenir un sujet brûlant dans des réseaux sociaux. De manière quelque peu inattendue, la plupart des enseignants et des étudiants n'ont pas bien accueilli ce programme bien qu'il puisse réduire les tâches de l'enseignement et de l'apprentissage, mais se sont sentis inquiets, confus et même déçus. Quant aux auteurs et éditeurs de manuels, ces sentiments sont encore plus forts chez eux. Leurs questions se résument en deux : Est-ce qu'on a enseigné, appris ou édité en vain les connaissances grammaticales jusqu'ici? Que faire si les Français les ont modifiées? Pour y répondre, nous tentons dans cet article d'éclairer les tenants et les aboutissants, les principaux contenus de ce programme, ainsi que les véritables exigences et finalités de l'Education nationale française, afin de donner quelques suggestions pour le développement de l'enseignement du français, de la rédaction des matériels didactiques et des ouvrages de référence en Chine, espérant qu'elles deviendront une sorte de référence pour une nouvelle réforme des caractères chinois qu'on lancerait éventuellement dans le futur.

Mots-clés : enseignement du français, orthographe française, réforme de l'écriture, politique linguistique

一、法语文字改革方案的制订和法律地位

20世纪80年代末，时任法国政府总理、社会党人士米歇尔·罗卡尔（Michel Rocard）力推以简化和规范拼写为主的文字改革，法兰西学术院（Académie française）的院士们随后研制了一份17页的方案，在获得全体通过后，于1990年12月6日在政府公报上向社会公布。但在随后二十多年的时间里，这项方案并未真正获得立法或以政府法令的形式颁行，也就是说，它对学校法语教学和公众使用法语不具有强制性，一直停留在我们常说的"专家建议"层面。然而，正因为它的存在以及法兰西学术院的权威性，它又不断被人提起、参考和引用，尤其当涉及教育主管部门时，每次都会引发公众广泛关注和争议，并经常被后者尤其是国外人士误解为是强制要求。本次事件也不例外，是在媒体和网络推波助澜下公共舆论的又一次集体发酵，但并未改变这份方案的法律地位和实质。

二、法语文字改革方案的主要内容

法语属于印欧语系罗曼语族西罗曼语支（famille indo-européenne, groupe

roman，branche romane occidentale)，文字使用与英语相同的 26 个拉丁字母，其语音和表音方式在世界诸语言中有着显著特点。总体而言，法语字母之间的拼读存在比较系统化的规律和规则，语音与文字对应度比较高。但因为语音的演变和文字变化的相对迟缓，两者存在一定差别，即通常所说的"不规则"现象：同一音素可用不同字母或字母组合表示，而同一字母或字母组合可以表示不同的音素。另外，除字母之外，法语还拥有一套加注于字母上面或下面的音符(accent)，用以表示相关字母的发音方法，包括闭音符(accent aigu [´]，例如 é)、开音符(accent grave [`]，è)、长音符(accent circonflexe [ˆ]，â, ê, î, ô, û)、分音符(tréma [¨]，ë, ï, ü)、变音符(cédille [¸]，ç)等。然而很多单词的音符，尤其长音符仅是语言历史演变的遗留痕迹，与不加音符字母的发音没有区别，甚至在书面上也无区分词义的作用。

鉴于上述问题以及其他语音与文字关系中的"不规则"现象，1990 年的这份文字改革方案主要提出了以下建议：

(1) 原来仅 100 以下的部分数词用连字号，今后所有的复合数词均使用连字号，例如 vingt-quatre(24)、cent-deux(102)、deux-cent-soixante-et-onze(271)。

(2) 原来使用连字号的动名结构或介名结构的复合名词的单复数形式不统一，今后这些名词指人还是指物，均统一为单数，两个成分均不加-s，复数仅在第二个成分结尾添加-s，例如，"牙签"cure-dent(单数)→ cure-dents(复数)，"家居保管"或"家具仓库"garde-meuble(单数)→garde-meubles(复数)，"下午"après-midi(单数)→après-midis(复数)。如果第二个成分首字母大写(即为专业名词)或者前面有单数冠词，单数变复数时形式不变："跪凳"prie-Dieu(单数或复数)，"假象"trompe-l'oeil(单数或复数)。

(3) 原来 semer(播种)和 céder(让步)两种形式的动词简单将来时和条件式变位形式有异，今后统一采用前者的形式：je cèderai(我将让步)，je cèderais(我或将让步)。在单数第一人称为主语的主谓倒装疑问句中，如果动词词尾是不发音的 e，则变为 è：j'aime(我爱)→aimè-je(疑问形式)，je puisse(我能)→puissè-je(疑问形式)。

(4) 关于长音符[ˆ](这是涉及单词最多、也是引起公众争议最大的变动)：â, ê, ô 中的长音符通常有区分音义的作用，均保留，但取消 î, û 中的长音符，例如，traitre(叛徒)、s'il vous plait(请)、piqure(针刺)、assidument(勤奋地)。

以下情况保留长音符：

① 复数第一和第二人称的简单过去时，例如，suivre（追随）：nous suivîmes（我们追随），vous suivîtes（你们/您追随）；vouloir（愿意）：nous voulûmes（我们愿意），vous voulûtes（你们/您愿意）。

复数第三人称的虚拟式未完成过去时及愈过去时：qu'il suivît（他追随），qu'il eût suivi（他已追随）；qu'il voulût（他愿意），il eût voulu（他已愿意）。

② 起辨义作用的长音符均保留，例如，dû（欠付的）—du（缩合冠词），jeûne（空腹）—jeune（年轻的），sûr（肯定的）—sur（在…上面），croître（生长）—croire（相信，与前者部分变位发音相同，书面上仅靠î-i进行区分）。但这些单词的阴性形式、派生词或复合词仍取消长音符：dû（阳性）—due（阴性），sûr（阳性）—sure（阴性）—sureté（派生名词），croître—accroître（增加，前者的派生动词）。

③ 专业名词及其派生词中的长音符均保留，例如，Nîmes（尼姆）—nîmois,e（尼姆的）。

（5）以前-eler和-eter结尾的动词原来存在使用è和双写l或t的两套变位系统，今后统一采用前者，例如，il ruissèle（它流淌），il ruissèlera（它将流淌），j'époussète（我除尘），j'époussèterai（我将除尘）。这些动词的派生名词亦采用新的拼写方法：ruissèlement（流淌，阳性名词）。然而，appeler（呼叫）与jeter（丢弃）以及它们的派生词因拥有"最为约定俗成的形式"，(Druon, 1990)①故维持其原来的变位形式：j'appelle（我呼叫），je jette（我丢弃）。

（6）原来复合时态中表示使动的动词laisser过去分词与前置的宾语代词性数配合十分复杂且存在争议，今后统一采用faire的用法，即在任何情况下均不发生变化：

Elle s'est laissé mourir.（她听凭自己死去。）

Elle s'est laissé séduire.（她任由自己被诱惑。）

Je les ai laissé partir.（我让他们走了。）

la maison qu'elle a laissé saccager（她任人洗劫的房屋）

（7）借词的复数形式：原来借词复数形式相互之间差别很大，今后统一采用最有关单词最常用的形式作单数（无论该形式在来源语中是单数还是复数），在

---

① 方案第12页：... dont les formes sont les mieux stabilisées dans l'usage.

词尾加-s作复数（以-s、-z或-x结尾的词不变），例如，ravioli—raviolis（意式饺子），jazzman—jazzmans（爵士乐演奏者），match—matchs（比赛），maximum—maximum（最大值），média—médias（媒体），boss（老板，单数或复数），kibboutz（基布兹农场，单数或复数），box（包厢，单数或复数）。具有引言性质的词除外，例如，mea culpa（{拉丁语}认罪，单复数同形）。

除此以外，法兰西学术院的方案还以列表的形式，对其他一些存在特殊拼写问题的单词拼写形式提出了建议：

（1）动名结构的复合词：取消34个复合词中原来使用或可以使用的连字符。其中包括：词根在当代法语中不再独立成词或不符合现代法语句法的复合词，例如，chassetrappe（陷阱）；由象声类或表情类词根构成的复合词，例如，piquenique（野餐）；有派生词的复合词，例如，tirebouchon（开瓶器）、tirebouchonner（绞，拧）；由tout构成的复合词，例如，brisetout（笨手笨脚的人）；由动词词根porte-构成的词（因一些由该词根构成的词已经不用连字符），例如，portefeuille（钱包）、porteclé（钥匙圈）、portemonnaie（零钱包）。

（2）由名词和形容词词根构成的复合词：取消33个复合词中原来使用或可以使用的连字符，例如，autostop（搭便车），chauvesouris（蝙蝠），millefeuille（千层糕），téléfilm（电视剧）。

（3）取消15个象声或表情类复合词中原来使用或可以使用的连字符，例如，blabla（啰唆），pêlemêle（乱七八糟），pingpong（乒乓球）。

（4）分音符问题：将原来aiguë（尖锐的）、ambiguë（模棱两可的）、exiguë（狭窄的）、contiguë（毗邻的）四个形容词上述阴性形式中存在错位问题的分音符移动到u上，以符合其实际分音需要：aigüe，ambigüe，exigüe，contigüe；它们的派生词亦作同样调整。

（5）在arguer（推论）、gageure（打赌）、mangeure（虫蛀处）、rongeure（啃噬处）、vergeure（{印刷}铜线）五个单词中u上面添加分音符，以符合其实际分音需要（arguer的各变位形式均亦作此调整）：argüer，gageüre，mangeüre，rongeüre，vergeüre。

（6）在15个单词中实际发[e]或[ɛ]的字母e上面添加闭音符或开音符（变为é或è），其中包括asséner（给予打击）、québécois,e（魁北克的）、sèneçon（千里光属植物)等。

(7) 把 24 个单词中的 é 变为 è, 以符合实际发音情况, 包括 abrègement(省略)、évènement(事件)、cèleri(芹菜)等。

(8) 取消 5 个拉丁文借词、23 个其他语源的借词中原来的空格或连字符, 其中包括 apriori(先验地, 成见)、covergirl(封面女郎)、bluejean(牛仔裤)、weekend(周末)、hotdog(热狗)等, 复数均在词尾加-s。

(9) 在 16 个拉丁文借词、25 个其他语源借词中发[e]音的 e 上面添加闭音符, 以符合其实际发音: média(媒体)、mémento(备忘录)、véto(否决权)、diésel(柴油机)、péséta({货币}比塞塔)等。

(10) 规范 40 个单词和词根的异常拼写, 例如, absoudre(宽恕)原来的过去分词是 absous(阳性)、absoute(阴性), 把前者变为 absout, asseoir(使坐下)变为 assoir, nénuphar(睡莲)变为 nénufar, oignon 变为 ognon(洋葱), vantail 变为 ventail 等。这些单词的派生词或变位形式亦作相应调整。

(11) 取消 5 个名词词尾-illier 或-illière 中第二个不发音的 i: joailler, ère(珠宝商)、marguiller(教堂执事)、ouillère(葡萄园的行间)、quincailler, ère(五金制品商)、serpillère(拖把)。

(12) 把 13 个名词中重复的 l(-ll-)取消一个, 例如, barcarole(威尼斯船歌)、corole(花冠), 但 folle(大眼渔网)、molle(柳箧)、colle(胶水)及其复合词保持不变。

(13) 把 interpeller(传讯)、dentellière(花边女工)、lunettier, ère(眼镜商)和 prunellier(黑刺李树)中重复的辅音字母取消一个, 分别变为 interpeler、dentelière、lunetier 和 prunelier。

以上方案共涉及约 2 400 个单词, 约占法语全部词汇量的 4%, 成为自 1694 年《法兰西学术院词典》(Dictionnaire de l'Académie française)[①]出版以来最大规模、最为系统化的一次文字调整。

---

① 这部词典梳理了法语词汇, 对单词的形态、读音、意义和用法作出了规定, 在法语完成文字统一、成为一门表达准确、语句优美的典范语言的历史过程中起着代表性作用, 迄今已发行八版, 第九版正在编印中。

三、法国教育部的要求和目的[①]

从上述方案的具体内容可以看出,法兰西学术院院士们的建议是科学的和理性的,所涉范围有一定限度,属于外科手术式的精准修订,符合法语的实际情况和发展规律,有利于法语的进一步规范化和纯洁化,有利于法语教学、学习和在世界上的推广。方案中调整的不少地方,在法国和中国出版的主要工具书中,均已有反映或者后来被编者和使用者认可,例如,在上海外国语学院(现上海外国语大学)主编的首版《法汉词典》(1982年)中,已经并列给出 assener/asséner 等单词的两种形式;虽然在这一版中,abrégement、événement 等仍是唯一的词形,但 2001 年《新法汉词典》则提供了这两个单词的第二种、也是最符合实际发音情况的拼写形式 abrègement 和 evènement。

尽管如此,这份文字改革方案自 1990 年公布后就一直饱受批评和争议。与院士们全体投赞成票相反,批评声主要来自教师和其他中级知识分子,他们的代表性意见是认为院士们不是去治病(解决学生学习困难),而是砸碎温度计(拼写标准),迎合低俗水平的法语,使这门典雅的语言变得贫乏。(Deborde, 2016)这种批评不无其道理,但其中也与墨守成规、不愿改变自己既有知识和习惯的保守思想有关(比如教师将需要重新编写教案、改变教学方法)。另外,很多民众自己从未认真阅读方案和思考,却盲目评论或转发一些不负责任的言论(比如很多网友说法语要取消所有单词的长音符和连字符),从而扩大了批评和反对文字改革的声音。

在这种情况下,并鉴于方案的实际法律地位,法国教育部乃至整个政府的立场十分谨慎,在 26 年中保持了极大的耐心,一直在观察和收集公众的反应,并适时采取有限的措施试探着向前推进,引导公众逐步改变态度,接受改革。例如,2008 年在新版初中教学大纲中引入了对新拼写形式的要求;支持举办相关研讨会,通过下属及相关机构组织专家对文字改革方案进行解读并为教

[①] 现届政府教育部的正式名称为"法国国民教育、高等教育和科研部"(ministère de l'Éducation nationale, de l'Enseignement supérieur et de la Recherche),部长为娜佳·瓦罗-贝尔卡塞姆女士(Najat Vallaud-Belkacem)。

师设计新教案、改变教学方法提供帮助[①]；鼓励一些出版社将方案内容引入教材，例如，Hatier、Belin 等出版社在 2016 年新学期出版的新教材中，对所涉单词注明了"新拼写法"（nouvelle orthographe）字样，以便师生能更好地接受。

  几天来被公众舆论重新热炒的"新学期施行新文字"的事件来源，其实是某媒体的年轻记者翻出了教育部于 2015 年 11 月 26 日发表的一份公报。在这份长达 388 页的文件中，与文字改革方案有关的仅有第 28 页的一句话："拼写教学应参考 1990 年 12 月 6 日共和国公报公布的修订。"（Ministère de l'Éducation nationale 2015：28）也就是说，教育部并未改变自身一贯的审慎态度，而是继续以"中立者"的态度提醒并留待教材编写者和出版商、学校、教师和学生逐步主动去接受文字改革方案。

四、对国内法语教学、教材和工具书编写的建议

  根据法国经济学家雅克·阿塔利 2015 年 8 月 26 日向法国总统奥朗德提交的一份法语国家经济发展报告，2014 年全球共有 2.3 亿人使用法语（法国本土约 6 700 万人），约占全球总人口的 4%，是世界第四大语言。讲法语国家和传统亲法国国家的国内生产总值占全球 16%，平均经济增长率 7%。法语同样是中国人非常重视的一门外语，在中国外语教学史上一直占有重要地位，并在中华人民共和国成立后，尤其是改革开放以来取得了空前发展。根据教育部外指委法语分委员会和（中国）法语教学研究会（ACPF）公布的数据，截至 2015 年底，教育部备案的本科专业教学点 137 个，每年招收学生约 5 200 名，四年在校人数约 21 000 人；研究会成员单位共 113 个；法语专业等级考试（TFS）考点共计 132 个；2004—2014 年的 10 年间，专业点数量增加了 106 个（2004 年为 31 个），增幅为 342%，平均年增幅约 16%；每届学生数增加了 4 200 名（2004 年约 1 000 名），增幅为 420%，平均年增幅 18.7%。其他各类法语学生的数量更为庞大，据研究会估计，中国目前有 10 多万人在以各种形式学习法语[②]。

---

  ① 例如,世界法语教师联合会(FIPF)汇编的资料：http://fipf.org/recherche-didactique/reforme-de-l-orthographe。
  ② 数据来源：上海外国语大学法文网,http://fr.shisu.edu.cn/resources/news/content3568。

因此，法国本土任何一项有关法语的改革措施都将在中国和世界范围内引起大范围的影响。虽然法兰西学术院的这份文字改革方案不具有强制性，本次事件也是一种过度的热炒，但鉴于此方案长期积累的作用，加上上述法国出版社的影响力以及这次事件本身造成的影响，这份方案必将进一步被法国公众更广泛地重视和接受。因此，教育部外指委、(中国)法语教学研究会、开展法语教学的高校和其他教学单位、法语教学研究机构、教材编写者和有关出版社等应对其高度重视，密切关注法国教育部和相关主要机构的动态，组织专家进行研讨，尽早制订解读方案和应对方案，并从各个层面帮助广大师生做好接受新拼写形式的准备。旧教材和教学大纲的修订、新编写的教材、学校培养方案和教师今后的教学中，均应引入新的拼写形式，实行"新旧并行、逐步过渡"的基本方针。

五、对中国将来文字改革的启示

法语与汉语属于不同的语系，虽然前者文字改革的具体措施对汉语并不具有直接的借鉴作用，但法国政府部门对待文字改革的态度和做法仍能够给我们一些启发。我国于1964年正式公布第一次汉字简化方案(所涉汉字数量亦是两千多个)，获得了很大成功，使用至今，但1977年底公布的第二次汉字简化方案却很快被放弃了。在笔者看来，操之过急、行政力量的过度介入是第二次方案失败的主要原因。虽然第一次简化方案也是以行政手段进行推广的(首先经过国务院的批准)，但这离不开当时特殊的历史环境，而且这次方案的研制、试用和施行的过程都比第二次方案更加缜密。

我们可以从文字改革方案公布的形式窥见法国政府对此问题的谨慎态度和巧妙的处理方法。这份方案首先由法兰西学术院终身秘书、文字改革工作组莫里斯·德吕翁先生以工作报告的形式向法语最高委员会(Conseil supérieur de la langue française)提交的，前面附有其写给罗卡尔总理的一封信和后者的回信，然后共和国公报再刊载这两分信和这份报告。也就是说，我们所说的"法语文字改革方案"甚至连"方案"都算不上。明显可看出，法国政府既在推动这项工作，又在公众面前极力扮演一种"中立"的角色，并在至今26年时间里一直强调这份方案("报告")的"专家建议"性质。图2-1为受政府支持的一家宣传网站图标，其名称即为"建议的拼写"：

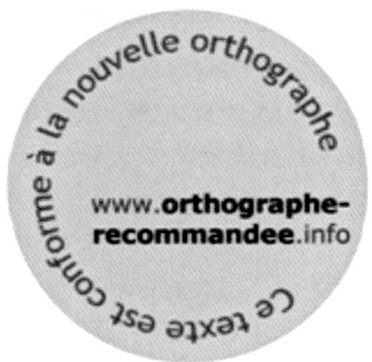

图 2-1 建议的拼写

这种谨慎和"中立"是必要的。归根结底,正如著名语言学家索绪尔(Ferdinand de Saussure)所说,语言是一个约定俗成的符号系统。因此,任何语言文字改革都要充分考虑公众的接受和认可程度并进行科学评估,包括在学界和政府人士看来过于保守,甚至掺杂若干自私成分的思想和态度。中国有数千年的文字文明史,法国人为一个方案可以等待近 30 年,我们在必要时,或许可以等待更长时间。

然而这种谨慎、耐心和等待又是与方案的科学性和与此相连的对方案的自信程度密不可分的。法国的这份方案是 1990 年研制的,至今一字不改,依然被法国教育部和学界人士"原封不动地"向公众"推荐",其严谨程度可见一斑。在此方面,如何推动必要的行政力量使其与专家和学术机构的工作很好地协调,避免来自上层建筑的不同意见发生"冲突",使公众不知所措。例如,今年著名的"林荫道"和"林阴道"之争,1997 年国家语委发布《语言文字规范手册》,根据这份文件,语文出版社次年出版了《现代汉语规范字典》,采用"林阴大道"和"树阴"的写法,江苏教育出版社等出版的小学教材均照此编写。然而,中国社会科学院语言研究所在 2005 年修订的第五版《现代汉语词典》中,根据语言"约定俗成"的本质和汉语实际状况,推荐使用的却是"林荫道",这类矛盾给公众带来了一定困扰。

无论以何种方式推行,新旧衔接是一项不可避免的工作。在这方面依然需要极高的行政智慧。新旧并行,照顾不同年龄和身份的民众感受是合适的做法。在德吕翁院士致罗卡尔总理的信中,他强调的第一条原则是"专家们的建议必须是既坚定又有弹性"。根据其解释,"坚定"就是修订方案应成为一种标准,而且教师应清楚地知道他们应该对下一代学生教什么;"弹性"意思是不能强制上一代人"废学",即抛弃他们原来已经学习和掌握的知识,旧书写方法仍应该有效,与新方法并行不悖,直至自然淘汰、被全体语言使用者放弃。(Druon,1990)[①]这就是中国人俗称的"老人老办法,新人新办法",是本来亦属于中国人的智慧。

参考文献

[1] 曹德明、王文新:《中国高校法语专业发展报告》,外语教学与研究出版社2011年版。

[2] 李志清:《法国文字改革方案综述》,《法语学习》1990年第6期。

[3] 王文新:《法国教育研究》,上海社会科学院出版社2011年版。

[4] 王文新:《法语形态学与词汇教学》,上海社会科学院出版社2015年版。

[5] 上海外国语学院:《法汉词典》,上海译文出版社1982年版。

[6] 花秀林、范晓雷等:《法语综合教程》(1—4),上海外语教育出版社2013年版。

[7] Académie française. *Dictionnaire de l'Académie français*(*tome 1 - 3*). Paris: Imprimerie nationale/Fayard,2005 - 2011.

[8] Deborde, Juliette. Réforme de l'orthographe: ce qui change vraiment. *Libération* 04 février, 2016.

[9] Druon, Maurice (ed). Les rectifications de l'orthographe. *Journal officiel de la république française* n°100, 1990.

[10] Ministère de l'Éducation nationale. Programmes du collège: Programmes de l'enseignement de français. *Bulletin officiel spécial* n°6, 2008.

[11] Ministère de l'Éducation nationale. Programmes d'enseignement du cycle des apprentissages fondamentaux (cycle 2), du cycle de consolidation (cycle 3) et du cycle des approfondissements (cycle 4). *Bulletin officiel spécial* n°10, 2015.

[12] Picoche, Jacqueline. *Dictionnaire étymologique du français*. Paris: Dictionnaires Le Robert, 1994.

[13] Wey, Fr. A. *Histoire des révolutions du langage en France*. Paris: Firmin Didot frères, 1848.

---

① 方案第4页:Il a été entendu que les propositions des experts devraient être à la fois fermes et souples; fermes, afin que les rectifications constituent une nouvelle norme et que les enseignants puissent être informés précisément de ce qu'ils auront à enseigner aux nouvelles générations d'élèves; souples, car il ne peut être évidemment demandé aux générations antérieures de désapprendre ce qu'elles ont appris, et donc l'orthographe actuelle doit rester admise.

法语音节倒置词构词法研究
Les mots des maux
— Étude sur la formation du verlan

上海外国语大学　王圆圆
WANG Yuanyuan Université des Études internationales de Shanghai
02262@shisu.edu.cn

中文摘要：法语中的音节倒置词并非词汇学领域的新生儿。早在16世纪，人们就曾利用音节倒置的隐语方式代替一些城市或人物的名称。进入20世纪80年代，音节倒置词重获新生，并成为法国巴黎郊区年轻人语言的主要构成部分之一。该词汇如同一面镜子，体现出当代法国社会人民，特别是巴黎郊区低收入群体及移民人群的生活状态及精神风貌。本文通过对该词汇构词法进行分析，结合法语说唱音乐中出现的大量语料，试图破解法国巴黎郊区年轻人特有的语言密码及其社会意涵。

关键词：音节倒置词；构词法；说唱音乐；郊区年轻人

Résumé: Le verlan n'est pas un simple code linguistique ni un simple jeu de mots, mais un parler-miroir des franges les moins intégrées de la jeunesse parisienne. En français contemporain des cités ou «langue des jeunes», «langue des cités», nous constatons la présence d'un nombre important de mots en verlan, en combinaison avec d'autres procédés de formation lexicale telles l'aphérèse et l'apocope. Les verlanisations s'intègrent incontestablement dans le français courant. Elles se vulgarisent et font partie du lexique de presque chaque Français. Le verlan devient une véritable source de dynamisme du français contemporain. Le verlan est le représentant par excellence de la transgression de la norme linguistique. Cette transgression de la norme se manifeste dans l'ensemble de la culture des banlieues dont le rap. «Parler-miroir» des jeunes de banlieues, le verlan est leurs mots des maux et semble y trouver sa place. Grâce aux extraits des chansons de rap, nous découvrons les principaux procédés de formation lexicale du verlan, ainsi que le mal vécu par les jeunes de banlieues. Cette étude socio-lexicographique sur le verlan ne serait pas sans valeur en classe de français, et permettrait aux jeunes étudiants chinois de se familiariser avec ce registre de langue et leur ouvrirait les yeux pour une meilleure compréhension des problèmes des banlieues.

Mots-clés: le verlan, la formation, le rap, les jeunes de banlieues

Introduction

Depuis le début des années 1970, une évolution majeure se produit en France métropolitaine, plus spécialement en Ile-de-France: Les enfants, dits «de la deuxième génération», issus notamment de l'immigration maghrébine, arrivent en masse à l'âge de l'adolescence. La plupart sont Français de naissance et résident en France. À la pauvreté et au taux de chômage relativement élevé, s'ajoutent difficultés familiales et échec scolaire, dégradant leur condition de vie.

Dans les années 1980, les enfants d'immigrés acquièrent une meilleure visibilité, en partie grâce aux marches à travers la France pour se faire reconnaître. La «marche des beurs» dont le véritable nom est la «Marche pour l'égalité et contre le racisme» de 1983, est considérée comme une prise de parole des enfants d'immigrés d'origine maghrébine. Lancée le 15 octobre 1983 à Marseille par une dizaine de jeunes, cette marche arrive à Paris en décembre 1983 en ayant concerné près de cent mille personnes. Véritable succès, elle suscita l'enthousiasme médiatique et universitaire. C'est aussi à cette même époque que le verlan devient un exemple d'étude formelle et un phénomène linguistique médiatiquement repéré.

Le verlan est depuis longtemps utilisé par des jeunes au sein des groupes de pairs dans des «quartiers sensibles». Certaines banlieues «chaudes» sont mises au ban de la société avec leurs jeunes et leur «parler». La presse déclare y avoir découvert un monde à part avec une population autre et une «langue» différente («Ils ne parlent pas français. »). Ils parlent un français «pauvre» («Le langage des jeunes, ce n'est pas trente mots. C'est au moins quarante. ») et laid («Ce n'est pas beau du tout. »). À cause de la stigmatisation de la part des médias, les «verlanisateurs» sont présentés comme des délinquants habitant les banlieues sensibles. Méprisé par les uns, applaudi par les autres, le verlan devient un objet polémique.

Depuis plus de trente ans, les banlieues souffrent du regroupement des populations ayant comme points communs pauvreté et enclavement sociogéographique. Nombre de jeunes y vivent une situation linguistique particulière, ce qui renforce la marginalisation et l'exclusion sociales. Ce sociolecte est lié aux conditions économiques et culturelles spécifiques d'une catégorie de la population «qui a perdu contact avec la norme linguistique» (GENIN Catherine, 1995). Selon Christian Bachmann, «ils se sont bricolé une culture à eux parce qu'ils se sentent déconnectés de l'univers culturel des classes moyennes» (BACHMANN, C. et BASIER, L. ; 1984). Pour les jeunes de ces banlieues dites « difficiles », l'urbanisation à la va-vite accompagnée de la ségrégation sociogéographique due à l'excentration des quartiers d'habitation à loyer modéré, la cohabitation de populations linguistiquement et culturellement différentes, favorisent la naissance de nouvelles pratiques langagières tel le verlan. Le verlan se limite à l'usage local quotidien, pour des gens qui vivent comme eux. «Tant que le nombre de choses à dire est réduit, tant que le nombre de gens à qui ils s'adressent est faible» (BENTOLILA Alain, 2007), la pénurie relative du vocabulaire n'empêche pas la communication. Selon Jean-Pierre Goudaillier, cette «interlangue» qui est la manifestation des préoccupations quotidiennes des jeunes de banlieues et de leur recherche d'identité est une façon de «dire des maux». Déphasés par rapport au reste, relégués dans des quartiers où la situation socio-économique est souvent défavorable, les jeunes de banlieues tordent la langue véhiculaire dans tous les sens en la coupant et inversant. D'une «fracture» sociale est née une «fracture» linguistique. «Le verlan est avant tout un parler de banlieue des jeunes issus de l'immigration. C'est un argot de mecs, fait pour parler entre mecs.» (MELA Vivienne, 1997) Les thèmes principaux sont le sexe, la drogue, les insultes et la délinquance. Les activités intellectuelles sont peu mentionnées. Il en est de même pour les expressions de la joie. En revanche, la colère, le sentiment d'être mal traité trouvent souvent leur traduction en verlan. Nous y en trouvons pas mal sur la misère. Le verlan transmet une autre réalité, que le français standard essaye d'éviter. Le verlan devient leurs mots de maux.

Le sentiment d'être dominé et enfermé dehors conduit à la recherche de la différence qui consiste à «rejeter les aspects les plus fortement marqués du parler dominant» (MELA Vivienne, 1997): la prononciation et l'ordre lexical et syntaxique. Le verlan est le représentant par excellence de la transgression de la norme linguistique. Le verlan cherche à se distinguer, il est «le produit d'une recherche de la distinction, mais dominée, et condamnée» (BOURDIEU Pierre, 1983). Le refus de légitimité le plus marqué se manifeste chez les jeunes garçons issus de familles immigrées. Ils transforment la transgression de la norme en culte de la force de l'«aristocratisme de paria». Le verlan a un double positionnement: résistance affichée à la norme et refuge pour la tranquillité. Il est l'affirmation d'une «contre-légitimité» linguistique au travers de la transgression des conventions linguistique et culturelle.

Cette transgression de la norme se manifeste dans l'ensemble de la culture des banlieues. Le verlan, le rap, le tag, etc. constituent une «culture populaire» qui est souvent appelée «sous-culture». Entre les différents usages de langue et les différentes cultures, la fracture n'est pas radicale, mais l'écart est en continuum.

Nouvel argot parisien, le verlan se situe dans un continuum des argots à clefs traditionnels tels le largonji et le leouchébem. Pourtant, il s'avère que le verlan et l'argot à clefs traditionnel n'ont pas la même hiérarchie des fonctions. L'argot traditionnel est fondé sur la fonction cryptique suivie de la fonction ludique; la fonction identitaire vient en dernier. Le verlan, argot sociologique, est fondé sur la fonction identitaire suivie de la fonction cryptique et ludique.

Porte-paroles des jeunes de banlieues, le verlan et le rap font la paire. Leur rencontre témoigne de la multifonction du verlan: les rappeurs emploient souvent les verlans qui sont populaires auprès des jeunes gens à qui ils veulent s'identifier (fonction identitaire); en vue de se distinguer l'un de l'autre, les rappeurs s'amusent avec les signifiants et créent ainsi des variantes graphiques (fonction ludique); les rappeurs réalisent un meilleur débit de parole grâce à la verlanisation (fonction économique); et contrairement à ce que l'on pourrait imaginer, le verlan a une fonction littéraire et stylistique et joue un rôle très important dans la création de rimes en rap et en slam. À travers une étude socio-lexicographique du verlan, et grâce aux extraits de chansons de rap, nous découvrirons les procédés de formation de ces mots et des maux de société dont ils sont le fruit et le reflet.

1. La règle de base

Historique: le mot «verlan» résulte de la métathèse de «à l'envers». Il s'agit d'un procédé de transformation argotique qui consiste à renverser l'ordre des syllabes. Esnault le considérait comme «vers-l'en» (ESNAULT Gaston, 1965) ou «verlen», alors que Le Breton le préférait comme «verlen», ce qui paraît plus logique que le mot «verlan» d'aujourd'hui avec un «a» à la place de «e».

Le verlan n'est pas vraiment un phénomène nouveau. Les premières traces du verlan apparaissent au XVIe siècle dans le langage du peuple qui dénommait les «Bourbons» les «Bonbours» (1585). Au XVIIe siècle, un «sans-souci» passe pour un «sans six sous» (quelqu'un de très pauvre), montre une verlanisation partielle des expressions. Louis XV était rebaptisé comme «Sequinzouil» vers 1760 alors que «Lontou» pour «Toulon» est attesté en 1842. Le grand philosophe Voltaire puise son nom dans le verlan:

«Pour en revenir au jeune Arouet, lorsque, à 22 ans, au sortir d'un séjour à la Bastille, il souhaita mettre de la distance entre son état de poète et le nom de sa lignée aux mœurs sévères, il se souvint que son grand-père François, 'marchand de drap et soie', venait du village de Saint-Loup-sur-le-Thouet en Poitou. La ville la plus voisine de Saint-Loup est Airvault […]. Le jeune homme prit Airvault, le renversa comme un potache […] et adopta Voltaire pour le meilleur et pour la vie» (DUNETON Claude, 1994).

Comme son nom l'indique, le principe fondamental consiste à inverser les syllabes (*métro* devient *tromé*). Pour des raisons de facilité et de rapidité, les mots dissyllabiques sont en priorité. Cette préférence verlane se traduit dans le choix des mots à verlaniser. Par exemple, entre «pantalon» et «futal» (l'argot du «pantalon»), on préférera donc «**futal**» qui se transformera en «talfu» au «talonpan» ou «lonpanta». Il en est de même pour «chaussures» et «**pompes**» dont le verlan a fait son choix: «peupon». «Dans les banlieues, on ne mettra donc pas en verlan:'Anticonstitutionnellement'. Mais on pourra dire:'**La oilbrédeu**'.» (MERLE Pierre, 2006)

Le code consiste à inverser les syllabes de façon fidèle et statique. En général, le verlan évite les trisyllabes et a tendance à transformer en verlan les trisyllabes réductibles en dissyllabes.

1.1 Dissyllabes

Commençons par poser comme codage idéal qu'un mot est composé d'une suite «consonne voyelle consonne voyelle», et que la première syllabe est ouverte. Prenons un exemple:

C1V1C2V2 → C2V2C1V1

[site] → [tesi]

Donc：cité→ téci

Ex. ：«Dealer pour survivre, tel est le chemin suivi par les crapules des **técis.** » (Expression Direkt, «Dealer pour survivre», *La Haine B. O. — 1995*)

Ce qui se trouve en position de C1 et C2 peut très bien être **un groupe consonantique** (composé de deux consonnes différentes), avec la possibilité de terminer le mot de départ par une autre consonne codique C3. Nous avons ainsi les possibilités suivantes：

C1V1CC2V2C3→ CC2V2C3C1V1

[lascar]→[skarla]

lascar→ scarla (Jeune plus ou moins délinquant vivant en banlieue; débrouillard (CARADEC, 2006))

Ex. ：«J'fous d'la forme dans l'fond | Matte c'que mes **scarlas** font» (Arsenik, «Affaires de famille», *Quelques gouttes suffisent — 1998*).

Les lettres consonnes muettes en position finale sont souvent supprimées en verlan.

CC1V1C2V2C3→ C2V2C3CC1V1

[klɔʃar]→[ʃarklo]

Clochard→ charclo

Ex. ：«Plus tard dans le métro, y a un **charclo** qui traîne | il me raconte toute sa vie, il dit qu'il vient de Rennes» (MC Solaar, «Bouge de là », *Qui sème le vent récolte le tempo — 1991*)

1.2　Trisyllabes réductibles

Les trisyllabes sont peu utilisés dans le corpus initial du verlan, parce que «le vocabulaire de base est un vocabulaire souvent argotique où les mots à coder sont plutôt courts ou bien raccourcis» (MELA Vivienne, 1997).

Il arrive que le mot verlanisé et le mot à verlaniser n'ont pas le même nombre de syllabes. Il existe deux séries de différences syllabiques.

D'abord, la loi de dissyllabe étant facile à maîtriser, il est tout naturel de transformer le maximum de mots en dissyllabe. Les mots trisyllabiques sont souvent transformés en dissyllabes en verlan (3 à 2).

C1V1C2V2C3V3→ C2V2C3C1V1 (231)

[defɔ̃se]→[fɔ̃sde]

Défoncé → foncedé (fonsde)

Ex. : «Le prolétaire du PMU **foncedé**① au rouge va te viser. | Halte sur l'asphalte②, tout est si vite arrivé. (Passi, *«Les flammes du mal»*, Ma 6T va craker, 1996)»

Certains dissyllabes et monosyllabes acceptent le hiatus:

V1LC2V2→ C2V2V1L

[arʒɑ̃]→ [ʒɑ̃ar]

Argent → genhar

Ex. : «Respecte les gens! Pas leur **genhar**» (Suprême NTM, «Pose ton gun», Suprême NTM — 1998)

2. L'ajustement formel

Il nous reste les monosyllabes et les trisyllabes non réductibles à des dissyllabes, qui représentent à peu près 30% du verlan. La verlanisation de ce genre de mots subit souvent quelques ajustements, qui changent non seulement la physionomie mais aussi le nombre des syllabes du mot en verlan. Ainsi deviennent-ils souvent moins reconnaissables.

2.1 Monosyllabes fermés

Pour les monosyllabes fermés, la loi des dissyllabes continue à fonctionner. Quand il s'agit d'une lettre «e» muette après la C2, la lettre «e» est prononcée dans le mot en verlan. Quand il s'agit d'une consonne codique

---

① Être sous l'effet de l'alcool ou de drogue.

② Dans la rue.

prononcée, un chva épenthétique est ajouté dans le mot en verlan (ou transformé en /oe/ par la verlanisation). Le nombre de syllabes passe de 1 à 2.

Noir → renoi (1 à 2)

Ex. : «On m'avait prédit que tout serait dur dans ma vie, | que je ne n'avais pas le choix, il était trop tard, j'étais né **renoi**» (Sléo, «J'ouvre le bal», *Ensemble pour une nouvelle aventure* — 1993)

La semi-voyelle en position finale des monosyllabes fermés sert de consonne en verlan.

Fille → yeufi (1 à 2)

Ex. : «Pas que des racistes en France | Même le climat me fait chier | Cette différence n'a pas lieu aux yeux des **yeufis**| Que les hommes changent du Kosovo jusqu'en Serbie…» (Doc Gynéco, «On lâchera pas l'affaire», *Pit Baccardi — Ghetto Ambianceur* — 2000)

Certains monosyllabes fermés perdent automatiquement leur première voyelle (par apocope) et gardent ainsi le même nombre de syllabes.

C1V1C2→C2 chva / oe C1

[fam]→ [moef]

Femme → meuf (1 à 1)

Ex. : «Sa vie n'était faite que de bluff et de **meufs** | Pour lui c'était routine, il n'y avait rien de neuf» (MC Solaar, «Superstar», *Prose combat* — 1994)

L'insertion du chva et la prononciation de la lettre «e» finale après la verlanisation augmentent naturellement la fréquence de la voyelle [oe] dans le lexique français, ce qui fait que le verlan «sonne» différemment du français standard.

2.2 Monosyllabes ouverts

Pour les monosyllabes ouverts, puisqu'il n'existe que la C1 et la V1, elles sont disloquées et verlanisables. La C1 rejetée en position finale en verlan se prononce.

C1V1→ V1C1

[pa]→ [ap]

Donc: pas→ ap

Ex.: «Vous l'connaissez lui? — Qui ça? — Votre p'tit copain! — J'le connais **ap**!» (Mattieu Kassovitz, *La haine*, 1995)

Dans les monosyllabes ouverts contenant une semi-voyelle, la semi-voyelle est mise en tête du mot, jouant le rôle d'une consonne:

C1S1V1→S1V1C1

[ʃjɛ̃]→ [jɛ̃ʃ]

chien→ yenche/ iench

Ex.: «Bienvenue dans le show-biz | fais-moi la bise je ferais de toi un **yenche**» (Fabe, «On lèche, on lâche, on lynche», *Le fond et la forme — 1997*)

La verlanisation des monosyllabes ouverts crée nombre de mots commençant par une voyelle ou une semi-voyelle, ce qui éloigne encore le verlan du français standard au niveau des caractéristiques phonétiques.

Ex.: «Va **ouéj** les Scarface[①] tout seul!» (AGUILLOU, P. et SAIKI, N.; 1996)

«On dirait que pour uil, son **iench**, c'est mieux que sa femme!» (AGUILLOU, P. et SAIKI, N.; 1996)

«Ils sont là, attendant les **yenclis**. / Ils sont devenus dealers de **feuchnou**[②]. / Pourqu'en or deviennent leurs **yeukous**!» (AGUILLOU, P. et SAIKI, N.; 1996)

2.3 Changement de voyelle

Il arrive que le mot en verlan change de voyelle après la verlanisation. Le [ɛ] en position finale du mot de départ se transforme souvent en [e] en verlan.

---

① Un jeu casino.
② Drogue. Verlan de chnouf (Héroïne).

[kɔnɛ]→ [nɛkɔ]→ [nekɔ]

conn**ais**→ naico→ n**é**co

Ex. : «Mais, j'le néco, c'est un gros nanar①!» (AGUILLOU, P. et SAIKI, N. ; 1996)

Il arrive que la voyelle nasale se transforme en voyelle orale en verlan.

[vagɔ̃]→ [gova]

wag**on**→ g**o**va

Ex. : «J'ai besoin d'fric pour m'acheter une belle **gova**, une maison | j'ai besoin d'fric parce que je suis un gars comme toi …» (La Fouine, «Manque d'argent», *100% Rap & RNB* — *2003*)

Il arrive qu'un «shift» libre de la voyelle se produise lors de la verlanisation. Dans l'exemple suivant, la voyelle de la deuxième syllabe est remplacée par celle de la troisième syllabe, alors que la voyelle originelle de la deuxième syllabe est supprimée.

C1V1C2V2C3**V3**→ C2**V3**C3C1V1 (231)

[magazɛ̃]→ [gɛ̃zma]

Magasin → guinzma

Ex. : «Avec toutes les vestes que tu te prends, tu pourrais ouvrir un **guinzma**!» (AGUILLOU, P. et SAIKI, N. ; 1996)

2.4 Expressions courantes

Les mots ne sont pas les seuls privilégiés au royaume du verlan. Certaines locutions et expressions courantes sont aussi verlanisables. C'est le cas des mots comme «gage-dédale!» (dégage de là), «t'es véquère?» (tu es crevé?), «j'suis vénère!» (je suis énervé) […] et beaucoup d'autres encore (MERLE Pierre, 2006).

Beau gosse → gosse beau (ou gossebo / gosbo)

Ex. : «Ce soir on joue les **gosses beaux**, pas d'déboires | Le millésime est

---

① Film très mauvais qui amuse par ses défauts.

sur son 31①| Serrés dans nos froques② et un **leust** de martien» (Pleymo, «Ce soir c'est grand soir», *Épisode 2: Medecine Cake* — 2002)

Les arabes→ les rabzas

Ex. : «Pour être **pésa en réesoi**, c'est ce que les **renois** veulent | Avec de l'or et la foi, c'est ce que les **rabzas** veulent» (Passi, «Ce qu'ils veulent», *Génèse* — 2000)

Certaines expressions en verlan sont encore verlanisables. Elles ne sont ainsi intelligibles que pour les initiés:

Comme ça → comme ass(ə) → ascome→ asmeuk

Ex. : «C'est un phénomène de banlieue | Dur de rester sage quand on fait partie de ce milieu | Pour moi c'est une journée comme tant d'autres | Check ça, c'est **asmeuk** mon lauss③» (Sté Strausz, «C'est la même histoire (C'est asmeuk)», *La Haine B. O.* — 1995)

2.5 Le glissement sémantique et syntaxique

La multiplication verlane n'est pas toujours linéaire. Certains verlans prennent un nouveau sens ou une nouvelle fonction syntaxique et élargissent ainsi le vocabulaire du français parlé, notamment celui de banlieue.

chinois → noich

Ex. : «En ce moment, je suis à fond dans les chinoiseries, mangas, consoles, jeux vidéo. Je traîne plus qu'avec des **noich**s, je mange même mes petits-suisses avec des baguettes.»(SARRÉ A. et al., 2007)

«**Noich**» signifie par extension tout ce qui a trait à la culture asiatique.

Vas-y→ z'y va → ziva (zyva)

Verlan de «vas-y», «z'y va» exprime le dénigrement ou la dérision. Son équivalent «ziva» est un terme péjoratif qui désigne les jeunes de banlieues. Il

---

① Mettre ses plus beaux vêtements.
② Le pantalon.
③ Verlan de «salaud» / «pigeon», une victime, un individu faible.

est ainsi devenu le synonyme de «lascar» et de «zonard».

Ex. : «Je lisais mon journal quand ont débarqué deux jeunes **zivas** dont l'un avait un poste de radio allumé à fond. J'ai préféré changer de wagon!»①

3. Combinaison de plusieurs procédés de création lexicale

«Il y a verlan et verlan. » (MERLE Pierre, 2006) Au tout début des années 1980, on verlanisait tout et n'importe quoi. Depuis 1990, nous constatons deux tendances de verlanisations: l'inversion brutale de syllabes, «un peu bébête»; et le verlan raffiné, «celui qui vit, qui bouge et 'se trouve' en tant que langage» (MERLE Pierre, 2006).

Il existe souvent, pour un même mot de départ, plusieurs variations de verlan, par exemple: «rep, rèp ou reup» pour «père», «reuf ou reufré» pour «frère», «scredi ou scred» pour «discret», et «teuchi ou teushi» pour «shit», «caillera ou kaïra» pour «racaille». Nous avons aussi «ziav» pour «ziva». Tous ces mots en verlan ne sont pas acceptés en même temps par les mêmes membres d'une communauté linguistique. Chaque cité a sa façon de parler et d'écrire. «À Tionch, les lauss du M. A., ils parlent le veul; moi, j'entrave que leud!» (AGUILLOU, P. et SAIKI, N.; 1996) (A Châtillon, les potes du mouvement authentique parlent le veul; moi j'comprends rien!) «Le verlan n'est pas un parler unique, homogène; il y a plusieurs courants, des sous-dialectes selon les villes, les quartiers, selon la composition de la population. » (MELA Vivienne, 1997) En tant que mot de passe, le verlan est indispensable à la compréhension de la culture des cités parisiennes.

Pourtant, la formation néologique ne se contente jamais d'un seul procédé lexical, elle fait feu de tout bois et donne à la langue française un dynamisme incomparable. « Au stricte mécanisme de verlanisation, s'associent régulièrement d'autres phénomènes. » (BACHMANN, C. et BASIER, L.; 1984) C'est à partir de là que le verlan se lexicalise.

---

① TENGOUR Abdelkarim, *le dictionnaire de la zone*, http://www.dictionnairedelazone.fr/.

3.1 Troncation

3.1.1 L'apocope

Beaucoup de mots de départ perdent une syllabe en verlan, la voyelle en position finale du mot verlanisé peut être supprimée selon la loi du moindre effort, rendant en même temps codique la consonne qui la précède.

Flic → keufli → keuf

Ex. : «Nos voix pénètrent des endroits où les **keufs** ne font pas un pas. » (Assassin, «L'entrechoque des antidotes», *L'homicide volontaire* — 1995)

3.1.2 L'aphérèse

Certains mots de départ perdent la première syllabe avant d'être verlanisés:

Américain → ricain → cainri

Ex. : «Des fois j'me crois dans la brousse① au Vietnam, | alors comme les **cainris** j'opère au napalm②» (Doc Gynéco, «Première consultation», *Première consultation* — 1996)

3.2 Modification du suffixe

À la troncation, s'ajoute la reformulation de la terminaison des mots — la resuffixation qui est un vieil usage argotique. Cela complique davantage la formation lexicale du parler jeune des cités. Les mots prennent un nouvel aspect stylistique et une nouvelle fonction ludique. «C'est ainsi que 'beur' peut devenir 'beurron', 'feuj' (juif) 'feujon', et 'haschich' 'chichon', quand ce n'est pas 'chichounet'. » (MERLE Pierre, 2006)

Quartier → tiéquar → tiékar → tieks

Ex. : «Qu'ils pèsent ou non, qu'ils viennent ou pas du **tiéquar**» (Suprême NTM, «Pose ton gun», *Suprême NTM* — 1998)

«Passe au **tieks** mec, on mange ensemble. » (SARRÉ A. et al., 2007)

---

① Lieu éloigné de toute civilisation.
② Essence gélifiée utilisée dans la production des armes incendiaires.

La règle s'applique aussi au verlan des expressions.

Les arabes → les rabzas → les rabzouilles

Ex. : «Choume① la **rabzouille**! C'est une noirliquette ou une camaro?» (AGUILLOU, P. et SAIKI, N. ; 1996)

3.3　Emprunt

Homogène en apparence, la population des banlieues parisiennes est extrêmement hétérogène, au niveau culturel et linguistique.

Shit → teuchi

Ex. : «Alors on enterre on oublie, faux témoignage à l'appui | Pendant ce temps des jeunes béton pour un bloc de teuchi» (Suprême NTM, «Police in 1993...», *J'appuie sur la gâchette — 1993*)

«Shit» signifie en anglais américain «merde». Adopté par les Français, il signifie «haschich» en argot contemporain. Son verlan garde le même sens.

Star → reusta

Ex. : «Elle a voulu se venger | De ma vie de **reusta** | Mais je ne lui en veux pas | Car elle a toujours été là | Dans les mauvais moments | Je l'aime aussi pour ça» (Pierpoljak, «Elle», *Je fais c'que j'veux — 2000*)

3.4　Archaïsme

Le verlan des cités est souvent reproché d'être pauvre, alors que la richesse de l'argot paraît incontestable, apprécié tant par le public amateur que par les linguistes. Cependant, l'argot est souvent noté dans ce parler jeune «pauvre».

Tireur → reurti

En argot ancien, «tireur» signifie «individu pratiquant le vol dit'à la tire'». Son verlan «reurti» signifie non seulement «voleur à la tire» comme «tireur», mais aussi «un individu qui excelle dans son métier».

Ex. : «On rêve tous, on a chacun le sien | C'est comme les vices et les

---

①　Regarder.

défauts | Qu'on soit nouveau ou ancien | Qu'on en soit en début ou en fin | Qu'on soit un héros, ou un **reurti**, gossebeau ou en chien» (Fabe, «Changer le monde», *La rage de dire* — 2000)

Schmitt → teshmi

Selon Esnault, «schmitt» est un vieux patronyme très répandu en alsacien. En langue populaire, «schmitt» signifie «gendarme». Son correspondant en verlan «teshmi» garde le même sens.

Ex. : «Pose ton calibre et ton trou d'cul | **Teshmi** ANTI **TESHMI** si la vie est une pute j'suis né pour être son macro | Mais dans ma zup le stup[①] m'insulte à pas de Sarko.» (Lim, «Anti **teshmi**», *Double violence urbaine* — 2004).

Juif → feuj

Ex. : «J'ai demandé du gâteau à Valérie, elle a refusé, elle a joué les **feujs**, pas possible.»(SEGUIN, B. et TEILLARD, F. ; 1996)

En argot, «juif» signifie «avare».

Ex. : «Sale **feuj**! Tu veux même pas me dépanner pour mettre un peu de spirit dans ma **fonsdé**[②]?» (AGUILLOU, P. et SAIKI, N. ; 1996)

Ce mot doit son emploi péjoratif au fait que les métiers d'argent étaient interdits aux Chrétiens et réservés aux Juifs au Moyen Âge. «Faire quelque chose en juif» signifie donc «faire quelques choses en se cachant» Cette utilisation remonte à 1640 (COLIN Jean-Paul, 2002). Le verlan se rajeunit plus qu'il n'invente.

3.5 Reverlanisation

Grâce aux médias, le verlan s'intègre très vite au vocabulaire du français populaire. Les jeunes des cités ne semblent pas être satisfaits de l'effet cryptique de la simple verlanisation. Les mots verlanisés peuvent subir une

---

① (Argotique) drogue agissant sur le système nerveux et dont l'abus conduit à la toxicomanie.
② Fatigué.

double voire triple verlanisation. En voici quelques exemples:

Arabe → beur → reubeu

Ex. : «Autour toujours nos embrouilles de **rebeux** et négros, | et le B de bleu sonne avec le B de barreaux» (Passi, «Le maton me guette», *Les tentations* — 1997)

Mais comme le verlan a tendance à remplacer d'autres voyelles par [œ] ou [ø], la reverlanisation n'est pas applicable à l'infini. Au bout de la deuxième verlanisation, la prononciation du mot créé risque d'être très proche de celle du mot de départ. Selon Pierre Merle, il est «un peu à la limite […] du n'importe quoi» (MERLE Pierre, 2006).

Chinois → noich → cheunoi

[ʃinwa] → [ʃoenwa]

Femme → meuf → feumeu → feum ……(meuf)

[Fa:m] → [fœm]

Wagon → gova → vago

[vagɔ̃] → [vago]

Il est ainsi qualifié de «verlouche» qui est un jeu de mot de «verlan louche». Il est pourtant toujours nécessaire pour les verlanisants d'inventer une nouvelle règle de codage.

Le désir d'inventer de nouveaux mots est motivé par celui de se distinguer des autres, des non-initiés et des imitateurs maladroits. Ce désir de se différencier des autres contribue à la créativité et au dynamisme du verlan, ce qui passionne ses amateurs.

3.6 Double, triple et quadruple jeu

Le verlan s'est mis à raffiner de plus en plus avec une structure beaucoup plus compliquée. Il s'agit de «la tendance dure du verlan», selon Pierre Merle (MERLE Pierre, 2006)

Or → ro (verlan) → roro (reduplication)

Ex. : «Lui, c'est 100% **roro**, que ce soit bague, montre, gourmette ou chaîne, on a bien compris que l'argent, c'était pas son truc. » (SARRÉ A. et al., 2007)

Herbe → beuhère (verlan) → beuze (apocope)

Encore une fois, les verlanisants ont trouvé un nouveau mot pour dire «l'argent». Le haschich est identifié à l'argent et l'expression «avoir du beuze» signifie bel et bien «avoir de l'argent». Dans la société de consommation, «avoir de l'argent» est aussi le synonyme d'avoir du succès.

Il se peut que la verlanisation se produise au sein d'une syllabe avant de procéder à la troncation.

Vas-y → avsy (verlanisation intérieure) → avse (apocope)

Ex. : «Allez, **avse**, fais-moi une boule Z!» (SARRÉ A. et al., 2007)

Le verlan se lexicalise et devient à son tour le mot d'origine des formes au féminin:

Arabe → beur → beurette

Il arrive aussi que la verlanisation et l'apocope se conjuguent à plusieurs reprises et aboutissent au même résultat que l'aphérèse.

Ex. : Gonzesse → zessegon (verlan) → zesse (apocope)

Gonzesse → zesse (aphérèse)

Conclusion

Le verlan est souvent un des synonymes du mot de départ. Il correspond souvent au même signifié (avec bien sûr des nuances). Le choix du verlan est avant tout un choix du registre. Parler verlan, c'est parler familier, populaire, jeune, anti-norme, voire vulgaire.

Cependant, le verlan n'est pas une simple inversion de l'ordre des syllabes. «Le jeu est une chose sérieuse. » (MELA Vivienne, 1991) Certains verlans, au lieu d'être un signifiant de plus pour le même signifié, correspondent à un nouveau signifié. Le mot en verlan n'est plus un synonyme du mot de départ, bien que celui-ci soit souvent donné en tant qu'explication dans de nombreux dictionnaires du parler jeune. «Vailletra» en tant que verlan de «travailler», signifie «chercher à séduire quelqu'un afin d'en obtenir quelque chose» (SARRÉ A. et al., 2007). «Vailletra» devient en même temps un verbe transitif, par exemple: «Je suis en train de vailletra une de ces meufs, c'est assez technique quand même. » (SARRÉ A. et al., 2007) «Yenche», verlan de «chien», a pris le sens de «personne vil».

Il en est de même pour les mots qui font référence à l'origine ethnique. Par exemple, signifiant «les Maghrébins nés en France», «**beur**» n'est pas non plus le synonyme d'«arabe». «Beur» ou «reubeu» fait référence à une «identité arabe-français» (SARRÉ A. et al., 2007) et désigne souvent «la deuxième génération». Il en est de même pour d'autres termes en verlan. Désignant les Chinois vivant en France, «**Noich**» est différent de «Chinois». Nous entendons beaucoup plus souvent parlé des «**renoi**» ou «**kebla**» que des «noirs» dans les cités parisiennes.

Certains termes en verlan finissent par substituer systématiquement le mot de départ dans le corpus des jeunes des banlieues. Il ne s'agit plus d'un argot, mais un mot comme il faut, un mot à eux, un mot qui leur plaît, non pas parce qu'il est cryptique, mais simplement parce que c'est le mot qui leur convient. Ainsi, les jeunes utilisent systématiquement «meuf» à la place de «fille» ou «femme» et «keum» pour «mec». Ces termes ont acquis leur statut autonome et se sont lexicalisés. Un exemple relevé par Vivienne Méla dans son corpus nous donne l'impression que certains mots en verlan ont tendance à se lexicaliser: «**ça upait là-dedans.** » (MELA Vivienne, 1991) Le même exemple (**yomb → yomber**) a déjà intégré un dictionnaire des cités (SARRÉ A. et al. *Lexik des Cités illustré*, Fleuve Noir, Paris, 2007).

Ces deux catégories de verlan proposent un vocabulaire parallèle aux jeunes de banlieues. Il s'agit d'un choix de vocabulaire et de registre, c'est un choix de plus et non pas un choix de moins ni le seul choix. Ils utilisent le verlan «en alternance à la place du français standard ou de l'argot non codé avec parfois des nuances différentes du sens. » (MELA Vivienne, 1991)

Par rapport aux autres argots à clefs traditionnels, le verlan est beaucoup plus simple, il suffit d'inverser les syllabes de façon spontanée pour ne plus être compris des non-initiés ou pour afficher son appartenance à un groupe de pairs.

Pourtant, cette facilité de création lexicale conduit à l'apparition de nombreux hapax qui ne sont créés et utilisés qu'une seule fois par une personne ou un groupe très limité. C'est une des raisons qui expliquent le dynamisme du verlan et la multiplication des synonymes et des différentes formes d'écritures qui prolifèrent pour un même mot d'origine (rebeu/reubeu/reub; zeillo/zeyo; zarbi/zarbe; yèpe/yèp/iep, etc.).

Ce dynamisme s'explique également par le souci de ne pas être compris par les autres. « Souvent inventés par des jeunes qui cherchent à se fabriquer un lexique incompréhensible à tout étranger à leur groupe (parents, police, bourgeois), ces termes sont remplacés dès qu'ils passent dans l'usage général » (DOUIN Jean-Luc, 1999). Ainsi, « arabe » donne « rebeu » ou « reubeu », qui à son tour donne « beur », puis remplacé par « seconde G » pour « seconde génération » qui ensuite se transforme en « seconde éje » par verlanisation. Le verlan est en perpétuelle mutation.

La langue reflète le monde et véhicule une vision du monde et un mode de pensée de ceux qui la parlent. Elle en est le reflet, le miroir. Après tout, la langue n'est qu'un récipient. Elle ne crée pas, elle exprime; elle n'invente pas, elle reflète. Elle est créée et inventée, d'après le monde et la vie que connaissent ses parlants.

Dans les banlieues difficiles et les cités qui font peur, le verlan n'aborde que des sujets courants du milieu: les flics, la délinquance, la misère, la pauvreté, la drogue, les femmes, les immigrés et les gens de différentes couleurs. Il ne dit pas ce qui n'existe pas. Souvent, il exagère, mais il ne ment pas, et surtout, il ne cherche pas à embellir la vie avec de jolis mots. Le verlan est le véritable mot des maux des jeunes de banlieues. Une étude socio-lexicographique sur le verlan ne serait pas sans valeur en classe de français, et permettrait aux jeunes étudiants chinois de se familiariser avec ce registre de langue et leur ouvrirait les yeux pour une meilleure compréhension des problèmes des banlieues.

Bibliographie

[1] AGUILLOU, P. et SAIKI, N. , *La Téci à Panam*, *parler le langage des banlieues*, Paris, Michel Lafont, 1996.

[2] BACHMANN, C. et BASIER, L. «Le Verlan: argot d'école ou langue des keums?», *Mots*, 8, Paris, 1984.

[3] BENTOLILA Alain, « Contre les ghettos linguistiques », *Le Monde*, le 21 décembre 2007.

[4] BOURDIEU Pierre, «Vous avez dit 'populaire'?», *Actes de la recherche en sciences sociales*, Vol. 46, 1, 1983.

[5] CARADEC. François, *Dictionnaire du français argotique et populaire*, Larousse, Paris, 2006.

[6] COLIN Jean-Paul, *Dictionnaire de l'argot et de ses origines*, Larousse, Paris, 2002.

[7] DOUIN Jean-Luc, «La tchatche décodée», *Le Monde*, le 22 janvier 1999.

[8] GENIN Catherine, «Les jeunes des cités ont inventé leur propre langage», *Le Monde*, le 02 septembre 1995.

[9] DUNETON Claude, «Le plaisir des mots», *Figaro littéraire*, le 18 novembre 1994.

[10] ESNAULT Gaston, *Dictionnaire historique des argots français*, Paris, Larousse, 1965, p. 633.

[11] MELA Vivienne, «Le verlan ou le langage du miroir», *Langages*, Larousse, Vol. 25, 101, Paris, 1991.

[12] MERLE Pierre, *Argot, verlan et tchatches*, Les essentiels Milan, Toulouse, 2006.

[13] SARRÉ A. et al. *Lexik des Cités illustré*, Fleuve Noir, Paris, 2007.

[14] SEGUIN, B. et TEILLARD, F. , *Les Céfrans parlent aux Français. Chronique de la langue des cités*. Paris, Calmann-Levy, 1996.

论诗歌创意翻译对法语专业学士论文写作的积极意义①

La traduction créative: inspiratrice de la rédaction du mémoire en vue de la licence

北京外国语大学　张迎旋
ZHANG Yingxuan　Université des
　　　　　　　　Langues étrangères de Beijing

中文摘要：本文探讨了诗歌翻译除了直译和意译以外的第三条道路：衍译，也就是创意翻译的特点和优势。衍译是诗歌翻译的涅槃，可以让译者的主观能动性得到极致的发挥，这一点正如学士论文写作，如果要调动学生进行科研探究的积极性，就既要让他们充分吸收所研读的前人学术成果，又要给他们自由发挥和锐意创新的空间；既不能食古不化地生搬硬套，也不能亦步亦趋地人云亦云，而是取法"衍译"，无论是语言的转换、思想的传达还是文化的迁移，都要进行"创造性的叛逆"。

关键词：衍译；诗歌翻译；论文写作

Résumé: Cette recherche envisage d'exploiter la troisième voie de traduction à part la traduction littérale et la traduction libre: la traduction générative, c'est-à-dire la traduction créative, et ses caractères et avantages. En tant que le nirvâna de la traduction, la traduction créative pourrait rendre le traducteur plus motivé, juste comme la rédaction du mémoire en vue de la licence: on devrait non seulement

---

① 本文依托北京外国语大学2015年基本科研业务费自主项目"零起点法语专业学士论文写作教育研究"而作。

permettre aux étudiants d'épuiser des recherches précédentes, mais aussi leur laisser un grand espace de création libre. Il ne faudrait surtout pas avaler les connaissances sans les digérer ni accepter les opinions des autres sans les mettre en question. Mieux vaut faire la traduction générative qu'on pourrait appeler également «la trahison créative» afin de transformer le langage, de transporter la pensée et de transférer la culture.

Mots-clés：traduction créative, traduction des poèmes, rédaction du mémoire

19世纪英国诗人雪莱在《诗辩》一文中指出："译诗是徒劳无益的,把一个诗人的创作从一种语言译成另一种语言,犹如把一朵紫罗兰(giroflée)投入坩埚,企图由此探索它的色泽和香味的构造原理,都是不明智的做法。植物必须在其种子上抽生新芽,否则就不会开花——这正是巴别塔诅咒的重负。"(Percy Bysshe Shelley,1904)20世纪美国诗人弗罗斯特更是声称诗就是在翻译中丧失掉的东西。难道翻译诗歌真的只是"知其不可为而为之"的徒劳吗？其实不然,正如老子的"道可道,非常道",诗歌翻译也是"译可译,非常译"："原(元)文是一,一生二,二生三,无穷衍变。任何希望诗歌能够为另一种语言所复制的想法都是天真和愚蠢的。如人一样,任何翻译都会存在缺陷。但这不妨碍它在追求真、善、美的境界。犹如佛法所言,一花一世界,一木一浮生。任何一诗的翻译,都是原作的延续,都是对前译本的扬弃。"(罗选民,2011)这段为诗歌翻译所作的辩护出自罗选民为邵斌的著作《诗歌创意翻译研究》所作的序言,题目是《衍译：诗歌翻译的涅槃》。

那么,何为"衍译"？英国学者德莱登曾提出翻译的三分法：直译、意译和拟作。他认为直译不美,拟作不忠,主张意译。但是翻译的标准不能等同于道德标准,诗歌翻译活动要受制于两种不同的文化,所以20世纪新批评的解读方法、互文性理论和解构主义思想都对德莱登的理论产生了有力的冲击。罗选民更倾向用"衍译"来指代"拟作"："在衍译中,译者是作者的代言人,深谙诗道,纳摄诗之精髓,其创造性在翻译中得到恣意发挥。"(罗选民,2011)意译和衍译又有什么区别呢？意译是以译"义"为目的,在内容上和原文一致,在结构上作有原则的调整和改变；衍译诗是以译"意"为目的,追求"意象"和"化境",保留诗歌的灵动和气韵。如果翻译自然科学和社会科学著作,最好是直译和意译结合；如果是诗歌翻译，最好是以衍译为主，直译为辅。

由此看来，衍译是诗歌翻译的涅槃，可以让译者的主观能动性得到极致的发挥，这一点正如学士论文写作，如果要调动学生进行科研探究的积极性，就既要让他们充分吸收所研读的前人学术成果，又要给他们自由发挥和锐意创新的空间；既不能食古不化地像"直译"一般生搬硬套，也不能亦步亦趋地像"意译"那样人云亦云，而是取法"衍译"，无论是语言的转换、思想的传达还是文化的迁移，都要进行"创造性的叛逆"。

一、"同类"绝非"同样"：诗歌翻译是语言艺术，也是文学创作

译文与原文"和"而不同还是"同"而不和？对于这个问题，辜正坤的回答是"同类"绝非"同样"："若原诗是精妙的语言艺术，则理论上说来，译诗也应是同类精妙的语言艺术。但是'同类'绝非'同样'。因为，由于原作和译作使用的语言载体不一样，其各自产生的语言艺术规则和效果也就各有各的特点，大多不可同样复制、照搬。所以译作的最高目标，也就是尽可能在译入语的语言艺术领域达到程度大致相近的语言艺术效果。"（辜正坤，2010）这种大致相近的艺术效果程度被辜正坤称作"最佳近似度"："译作摹拟原作内容与形式（深层结构与表层结构）的最理想的逼真程度。"（辜正坤，2010）要判断最佳近似到何种程度，只有向原作（绝对标准）看齐才能知道。为此，辜先生建立了多元具体标准群：从纯语言、文体形式、文体风格、特定场合因素的角度厘定标准，同时他也提出了抽象的标准：近似和化境。近似指的是神似和形似，化境标准也可称为和谐标准。

在辜先生看来，20世纪初的白话诗运动让"诗"退化成了"话"："已经高度进化的诗词曲形式被强行要求退化、返祖回归到三千多年前的类似白话的状态。高度语言艺术化了的诗被强行要求退化成话。艺术性相对较低的白话成了正统，艺术性较高的诗反倒成了异端。这个运动影响到诗歌翻译的结果是什么呢？结果是西方所有古代和近代的大诗人，荷马、但丁、莎士比亚、歌德、雨果、普希金……都莫名其妙地似乎用同一支笔写出了20世纪初才出现的味道几乎相同的白话文汉诗！"（辜正坤，2015）因此，西方诗是白话诗成了"世纪性误解"。如果说惠特曼式的无韵自由体诗可以被看作白话诗的话，荷马、但丁、歌德和普希金的诗歌是高度格律化的，其译文不应该是白话诗，这种审美误差与白话文运动不无关联。但是，许多翻译过来的白话诗，实际上比古代汉诗还要难懂："因为诗歌

语言艺术本身要打动读者,是不能靠平淡无味的语言赢得读者的。现当代的诗歌语言既然被迫趋同于白话,其陌生化艺术效果难以产生,于是诗人们便采取含义模糊的方式来掩盖语言本身的平淡无味,于是平淡的语言所传输的含义变得让人难以理解,诗人则可以此暗示自己的诗歌有深度、有哲理。这实际上回复到了从前白话文运动者反对过的晦涩难懂的文风,产生了变相的文言。"(辜正坤,2015)

严复先生并没有赶上白话文运动,因此,他的翻译对策是将当代西方歌德白话文作品回译成中国古代的文言文作品,作为衍译作品,他的译作和原作殊途同归,竟然都引起了轰动的社会效果。散文和小说的翻译即使语言质量不到位,只要基本情节能够传达,依然能获得感人的效果,但诗歌却主要是"明志"和"言情"的,其美感很大程度上来自语言载体本身的语言符号特点,因此对语言艺术的要求更高。因而,"在译诗中讲究什么忠实性是一种庸俗的错误观念。要讲究忠实性,就让那些翻译纪实和宗教作品的人去讲究吧;谁要在译诗中讲究这一点,那就正如在寻找他不需要的东西一样,他会永远找不到他所寻求的东西,因为他的任务不单是把一种语言译成另一种语言,而且还须把一首诗译成另一首诗;诗的意味非常微妙,因此,将它从一种语言移入另一种语言时,它会全部消失;如果在转移过程中不添加一种新的意味,那留下的就只是些无用的渣滓了"(Douglas Robinson,2006)。

正是诗歌的衍译,保留了"火焰"(flammes vivantes),即原诗的活的灵魂,而弃置了"灰烬"(cendres mortes),即原诗的死的形式。因而,邵斌认为,许多伟大的翻译作品之所以伟大,并非由于它们忠实于原作,而是"因为它们发出的声音代表了译者的时代,能够直接与当时的读者进行深入而畅通的交流"(邵斌,2011)。换言之,成功的译作往往带有明显的译语民族文化中心特征,即使将原作改得面目全非,也能成为在译语文学中独立于原作的典范作品。

在法国现代文学课的教学过程中,我们也惊喜地获得了学生们诗歌创意翻译的精彩案例。法国19世纪浪漫主义诗人维尼的哲理诗作名篇《狼之死》的最后一个诗段,表现了被围猎的垂死的公狼为了保护母狼和狼崽而壮烈地死去的场景,并且借公狼的名义,讨伐人类的残忍和怯懦,抒写了诗人的冷傲坚韧的生命哲学:面对母亲的死亡,女友的背叛,朋友的反目,政治的失败,病痛的折磨,诗人选择了默默承受,像狼一样孤傲地死去。因为是脍炙人口的诗篇,所以译文的版本不胜枚举。但我们在布置翻译任务时指出,大部分译本质量不高,即使名家的译文也未必经得起推敲,希望学生们相信"天生我材必有用",凭着"初生牛犊不怕虎"的闯劲翻译出自己的特色来。果然,学生们向我们展示了他们的才华和创意。

许多同学的译文里有狼的图片,图文并茂,甚至有的同学自己亲手绘制卡通图画;不少同学注意了韵律,即使不可能和原诗的押韵方式相同,但也匠心独运地进行了再创作;最为精彩的是一位同学竟然译成了文言文:

> 嗟呼!思吾等枉拥人类之名,
> 　余不禁羞愧,谓己何其衰也!
> 夫庸知何以脱生之苦难而逍遥离世,
> 　唯狼——世间崇高之灵物,尔知之。
> 静观人世走一遭,竟有何为,所留何物,
> 　伟大永恒者唯寂静而已,余者皆为脆弱。
> ——噫!荒野游者狼,倏忽间尔意余通之,
> 尔安息之际瞬目一瞥直入吾心,如诫世人:
> "如使灵魂达傲然坚忍之境,何为哉?
> 　曰:勤勉之,深思之,不懈也
> 然吾等出于丛林,生而奋斗,
> 　故得之,近乎天赐也。
> 呻吟、哭泣、恳求皆为懦弱矣!
> 且听天命负篋曳屣勉勉前行,
> 　何畏关山难越,南溟深远?
> 使似吾等一生默默禹禹前行哉!
> 穷尽生之磨难而后死去,
> 　如狼般毋须多言。"

——杜怡濛

我们把这篇古香古色的译文和法文原文作一个比较,就会发现,虽然译文并非完全忠实于原文,韵律也并非规范和和谐,但和原文一样有着炽热的生命力、

铿锵的节奏和浓烈的抒情气息：

> *Hélas! ai-je pensé, malgré ce grand nom d'Hommes,*
> *Que j'ai honte de nous, débiles que nous sommes!*
> *Comment on doit quitter la vie et tous ses maux,*
> *C'est vous qui le savez, sublimes animaux!*
> *A voir ce que l'on fut sur terre et ce qu'on laisse*
> *Seul le silence est grand; tout le reste est faiblesse.*
> *— Ah! je t'ai bien compris, sauvage voyageur,*
> *Et ton dernier regard m'est allé jusqu'au coeur!*
> *Il disait:" Si tu peux, fais que ton âme arrive,*
> *A force de rester studieuse et pensive,*
> *Jusqu'à ce haut degré de stoïque fierté*
> *Où, naissant dans les bois, j'ai tout d'abord monté.*
> *Gémir, pleurer, prier est également lâche.*
> *Fais énergiquement ta longue et lourde tâche*
> *Dans la voie où le Sort a voulu t'appeler,*
> *Puis après, comme moi, souffre et meurs sans parler."*

这样的译文正好印证了英国当代文化翻译理论家巴斯奈特的观点："正如植物挪动过后无法生长，诗歌诚然无法从一种语言转换为另一种语言，但植物的种子在新的土壤却依然能发芽成长为一棵新的植物，因此将植物的种子（诗歌内在的灵魂）移植到另一种土壤（目的语所在文化）一样会冒出旺盛的生命力。"（Susan Bassnett & Andre Lefevere，2001）因而，诗歌不是翻译中流失的东西，而恰恰是我们通过翻译而获得的东西。以往我们只是关注翻译"有失"，却没看到翻译有"失而复得"的积极意义。

二、"归化"平衡"异化"：创意翻译是思路探险，也是教学宝典

诗歌不可译，又非译不可。因为，译诗可以促进本国诗歌的革新和发展，正

如王佐良所说:"诗的翻译对于任何民族文学、任何民族文化都有莫大好处。不仅仅是打开了若干朝外的门窗;它能给民族文学以新的生命力,由于它能深入语言的中心,用新的方式震撼它,磨练它,使它重新灵敏、活跃起来。如果去掉翻译,每个民族的文化都将大为贫乏;整个世界也将失去光泽,宛如脱了锦袍,只剩下单调的内衣。"(王佐良,1997)这是从宏观的方面来看,对于个体的人而言,或者说对于学生来说,是扩大视野、提高品位、了解对象国民心理的一次有益探险,虽然译诗会有所失,但所得的是深层的文化对话,是新的创新生机。每一首好的译诗不仅是好的翻译,也是好的创意。每一位诗的译者往往都不会止步于只看到原作者的真面目,而是进一步,有朝一日自己也位列其中,取得一席之地。

在翻译中,"归化"和"异化"的平衡一直是个焦点问题。有人赞同"入乡随俗"地归化翻译,有人推崇"亦步亦趋"地异化翻译,例如,英语文学译者黄昱宁认为:"译文既要兼顾每个特定时代读者接受度的平均值,也应始终保持着比原创文学'快半拍'的节奏,保留一定程度上的陌生感,以便形成对原创文学的刺激——惟其如此,在文学意义上,译文才更具有其存在的价值。"(黄昱宁,2014)因此,我们对于创意翻译有着更高的要求,不仅不能"亦步亦趋",也不仅仅是"入乡随俗",不仅要追求最大近似度,还要"化境",找到归化和异化的平衡点。

首先,要能够"等化"。这一点和法语专业论文的写作有相似之处。学生们在撰写论文时往往会面临困惑:对于原始资料如何利用?如果只是引用和作简要的评论,并不能充分论证;如果没有太多资料作为参考,论证又可能被架空。既不会拜倒在资料面前成为别人思想的奴隶,又不会抛开资料夸夸其谈,那就需要对资料本身进行深入细致的研读,正如同翻译动笔前,一定要对原文要有准确的理解和把握。

其次,要能够"浅出"。在撰写论文时,学生们需要对所查阅的资料有所取舍,这一点恰似创意翻译时对原作的文字进行解码和转换时的选择。倘若原封不动地迁移到另一种语言中,势必磕磕绊绊、跟跟跄跄,无法融入、无法沟通。所以,要教导学生们选取对论述有用的一部分资料,不可生搬硬套。对于自己所不能理解和把握的那一部分也要舍弃。除非资料中的论述十分精辟,否则都可以通过复述和转述来传输资料中的有力论据,那样更为简洁有力。

最后,要能够"深入"。在创意翻译中,如何"传神"远比如何"达意"更为重要。因而,要提醒学生们在撰写论文的过程中要汲取资料中的语言精华,提高自身的语言修养,增加语言表达的美感。

谈到这里,仍然会有读者质疑,认为创意翻译与论文撰写之间没有太多关联,其实是他们低估了翻译,甚至视翻译为创作的反义词。余光中就曾指出:"流行的观念,总以为所谓翻译者也,不过是逐字逐词地换成另一种文字,就像解电文的密码一般;不然就像演算代数习题一般,用文字去代表数字就行了。如果翻译真像那么科学化,则一部详尽的外文字典就可以取代一位翻译家了。可是翻译,我是指文学性质的,尤其是诗的翻译,不折不扣是一门艺术。也许我们应该采用其他的名词,例如'传真',来代替'翻译'这两个字。真有灵感的译文,像投胎重生的灵魂一般,令人觉得是一种'再创造'。直译,甚至硬译,死译,充其量只能成为剥制的标本:一根羽毛也不少,可惜是一只死鸟,徒有形貌,没有飞翔。"(余光中,2007)

因此,既然创意翻译的心智活动过程类似于论文创作,那么日常教学中的这种翻译活动的体验对学生们毕业论文的完成是大有裨益的。翻译和写作一样,源于人类交流的需要。在诗人和翻译家树才看来,"语言是人深刻的本能"(树才,2007),而翻译是"一切阅读中最深刻的一种阅读"(树才,2007)。诗的译者必须和原诗的作者建立一种和谐的联系,而要达到这种默契,译者自己也必须成为毫不逊色的诗人。同样的道理,倘若学生要和所研究的作家达成和谐的关系,他就不可避免地要去见贤思齐。正所谓"诗有别趣,非关理也"。余东在为张保红所著的《中外诗人共灵犀:英汉诗歌必读与翻译研究》撰写的序中,揭示了中西诗歌灵犀对话的"三心二意":"三心"者,一为诗心,二为匠心,三为童心;"二意"者,一为意境,二为意味。(余东,2012)不必作过多的解释,这种"三心二意"的悟诗和解诗的方式正说明了诗性通灵性、诗性养心性的道理。

虽然今天似乎已经不是一个读诗的时代了,但是无论西方的《圣经》还是东方的《诗经》都是诗,它们分别记载着东西方社会的历史风俗和文化生活的方方面面:"它们各自遣词造句,谋篇布局的语言艺术及其结构特征、风格特色、致思方式、民族心理、审美情趣、文化蕴涵等等已俨然化为道道伏流潜涌在各自民族文化与生活的血脉里。"(张保红,2012)甚至有的哲学家认为"诗是人类的母语""人是诗意的栖居""诗是一切知识的开始和终结"……这些论断无不在强调诗语在人类语言中所具有的原初意义和根本价值,也指出诗性文化的濡染力。

而且,解读、感悟和翻译诗作,绝不是机械印认、客观释义和理性逻辑就能解决的问题,需要"想象力的逻辑"和"情感的逻辑",需要体会作者剪裁生活的艺术运思。因而,"诗歌始于乐趣,终于智慧",诗歌的创意翻译也是始于翻译,终于创新。与中国译者重"信"的传统不同的是,西方译者多注重"对等"或"等效",并提出了多种多样的翻译理论。这些理论本身就是多视角、多维度和多渠道的思考和探究的过程。倘若学生们能够对这些理论有所研读和剖析,自然会得到思维训练。

总之,无论是诗歌的可译和不可译,直译、意译还是衍译,形似还是神似,归化还是异化,都只是翻译的策略和方法的问题。倘若站在更高的角度来审视,会发现诗歌的翻译具有跨学科和跨文化的特征,是一种多元思维方式的训练和多样文化内涵的融通,这就为教育实践打开了一扇智慧之门。和翻译活动一样,外语类论文的撰写,也是一项与矛盾冲突相伴而生、又以和谐交流为目的的文化行为。翻译诗歌和论文写作一样,都需要厚积而薄发。所谓"厚"在于语言文化修养,所谓"薄"在于驾轻就熟、文化摆渡。从"译可译,非常译"到"似有译,若无译",万变不离其宗的是诗歌历久弥新的理念,是译者经年不弃的执念,是师者诲人不倦的信念。

参考文献

[1] Bassnett, Susan & Lefevere, Andre. *Constructing Cultures*, Shanghai: Presse de l'Education des Langues étrangères de Shanghai, 2001.

[2] Robinson, Douglas. *Western Translation Theory: From Herodotus to Nietzsche*, Beijing: Foreign Language Teaching and Research Press, 2006.

[3] Shelley, Percy Bysshe. *A Defense of Poetry*, Bobbs-Merrill Company, 1904.

[4] 辜正坤:《世纪性诗歌翻译误区探讨与对策:兼论严复先生的翻译》,《中国翻译》2015年第3期。

[5] 辜正坤:《中西诗比较鉴赏与翻译理论》,清华大学出版社2010年版。

[6] 罗选民:《衍译:诗歌翻译的涅槃》(代序),见邵斌:《诗歌创意翻译研究:以〈鲁拜集〉翻译为个案》,浙江大学出版社2011年版。

[7] 黄昱宁:《翻译的归化与异化:再说"牛奶路"》,《文艺报》2014年第47期。

[8] 邵斌:《诗歌创意翻译研究:以〈鲁拜集〉翻译为个案》,浙江大学出版社2011年版。

[9] 树才:《译诗:不可能的可能》,载海岸选编:《中西诗歌翻译百年论集》,上海外语教育出版社2007年版。

[10] 王佐良:《王佐良文集》,外语教学与研究出版社 1997 年版。
[11] 余光中:《翻译和创作》,载海岸选编:《中西诗歌翻译百年论集》,上海外语教育出版社 2007 年版。
[12] 张保红:《中外诗人共灵犀:英汉诗歌必读与翻译研究》,上海外语教育出版社 2012 年版。

第三部分

专业现况与建设

État et Développement de l'enseignement

民办高校法语本科专业的应用型特色培养模式
——以上海外国语大学贤达经济人文学院法语系为例

Modèle caractéristique de formation des étudiants en licence pour les universités privées
— Département de français de l'Institut Xianda de SISU comme exemple

上海外国语大学贤达经济人文学院　陈　娴

CHEN Xian　Institut Xianda d'économie et de science humaine
Université des Études internationales de Shanghai

中文摘要：近年来，随着全国高校法语本科专业招生规模的不断扩大，法语毕业生在就业市场上的同质化竞争趋势日益突出，这一现状让民办高校的法语专业建设面临巨大的生存挑战。本文以上外贤达学院法语专业为例，通过调研分析，提供了新形势下我国民办高校如何在激烈的竞争中谋求差异化发展，利用相对有限的资源打造特色的参考路径。

关键词：民办高校；法语专业；人才培养；应用型培养

Résumé: Dans les universités chinoises de ces dernières années, avec l'augmentation du nombre des recrutés de licence spécialisés en français, les diplômés de français affrontent une concurrence homogène plus importante qu'avant, ce qui impose un grand défi à la subsistance des spécialités de français des universités privées. Afin de trouver une voie de différenciation dans la concurrence accrue, nous analyserons le modèle de formation des étudiants du département de français de l'Institut Xianda de SISU, à forces des enquêtes et des recherches. Nous cherchons finalement à guider, en dépit des faiblesses actuelles et des ressources limitées, les universités privées à se développer leurs compétitivités et caractéristiques.

Mots-clés：Universités privées, spécialité de français, formation des étudiants, formation d'application

引言

上海外国语大学贤达经济人文学院成立于2004年，是教育部批准的第一批民办独立学院。贤达学院法语专业于2007年建系，发展初期，其课程体系和人才培养模式基本承袭了母体大学（上海外国语大学）的规范和设置，学生的就业方向也与上海外国语大学法语系基本一致（毕业生出口主要为国家部委、各级外事机构、高等教育院校、三资企业、国内外续研等）。自2011年起，伴随着高考考生人数的不断增加，贤达学院法语系的招生规模顺势扩大，而生源质量却呈现出逐年下降的态势。一方面，作为一所成立不久的民办独立学院，贤达法语系的原有师资配备在应对扩招的过程当中遭遇了不少难题；另一方面，随着法语就业市场的日益饱和，国家部委、高等院校及各类事业单位的外语类录用名额逐年锐减，传统意义上的语言文学类毕业生的就业形势因此大受影响。面对如此严峻的形势，全方位的创新与改革迫在眉睫。

在认清形势、对自身的优劣势进行了一番评估后，贤达学院法语系在校学术委员会的指导下，与全校其他6个外语类专业一同整合资源，全面开启了有计划、分阶段的专业人才培养模式综合改革，分别从人才培养、课程设置、国际化办学三个维度，探索出了一套在当前形势下，较为适合民办高校法语本科专业自我发展的应用型特色培养模式。

一、人才培养目标的重新定位

为实现差异化发展，避免贤达法语毕业生在就业市场上遭遇传统公立高校学生的大范围同质化竞争，上外贤达学院法语系重新定位了学科的发展层次，打破了在原上海外国语大学课程体系下形成的教学型、研究型语言文学专业培养模式，有计划、分阶段地实现了学科发展方向转型。

2010—2014年上半年间，贤达法语系将专业人才培养目标正式定位为：培养具有国际视野和跨文化交际能力的复合型、应用型人才,并在此基础上进行了大范围的课程体系改革和教育教学实践探索,基本实现了"语言+方向"的人才培养模式(大三阶段,学生可选择商务或旅游方向)。同时期内,国内大多数民办独立院校和部分第二批次公立高等院校也实行了类似的改革措施,复合型、应用型人才培养机制快速成为非研究型高等院校谋求特色发展的一条新出路。一时间,"法语+商务""法语+旅游""法语+英语"或"法语+工程技术"的人才培养模式在全国范围内大面积扩展,法语就业市场上的分层情况也愈发清晰:学术研究型、语言应用型、复合专业技能型毕业生的就业领域出现了明显的划分。应用型法语人才在面向非洲法语国家华资企业、国内生产技术型企业、小微型出口及外贸投资公司就业时,签约率呈现大幅上升趋势。然而,改革与发展也总是伴随着问题。由于具备行业背景资质的教师缺口较大,课程建设所需教材和资料数量有限,专业四、八级过级率压力增加,专业实习基地拓展进度相对迟缓等问题,贤达法语系的复合型、应用型人才培养模式在发展到一定阶段后也遇到了瓶颈——课程设计缺乏特色,师资队伍建设迫在眉睫。

2014年下半年起,通过四个月左右的调研分析及专家论证工作,贤达法语系开启了从"复合型、应用型"到"多元化、应用创新型"的人才培养模式转型之路。由于第一轮改革中所设置的"法语+商务"及"法语+旅游"的发展模式已不足以满足现代企业对法语专业毕业生的录用要求,法语专业从培养学生的实践能力和综合素质入手,分别在2015年和2017年对专业人才培养方案进行了两次修订(详见下文专业课程设置情况)。新版培养方案突破了"语言"和"方向"两个相互割裂的模块界限,以"宽口径、厚基础"为指导思想,提出了课程模块"复合交叉"的概念:一方面,新版方案保留了培养"复合型、应用型"人才的基础理念,在重视实践教学的同时,对复合交叉模块的课程体系进行了优化,体现出实操实练、学以致用的重要性;另一方面,新版方案设置了大量创新型课程,实现了以法语语言为载体,引导学生进行多元化知识学习的教学规划设想。

二、专业课程设置的优化转型

在专业人才培养方案修订的大背景下,贤达学院法语专业对四个年级的课程及学分进行了全面的优化设置,进行了一系列调整和改革:

（一）增加实践教学学分比例，拓展配套的课外实习基地

贤达学院法语专业2007—2015级人才培养方案的168个学分当中，独立实践教学环节仅占10学分，分别体现在社会实践与社会调查（2学分）、专业实习（2学分）、毕业论文（4学分）、职业发展与就业创业指导（1学分）和军事理论与训练（1学分）课程里。而在2017级新版法语专业人才培养方案中，实践教学学分增至24个。其中，社会实践与社会调查（2学分）与毕业论文（4学分）学分保持不变；专业实习从2学分增加至4学分，军事理论与训练从1学分增加至2学分。此外，新版人才培养方案还新增了1学分的创新实践训练，并将原方案中的职业发展与就业创业指导课程进行了完善优化，加入安全教育内容后更名为创业就业教育，学分也从1个增加至3个。在专业课程的实践教学方面，新版方案将法语翻译理论与实践（法译汉）、法语翻译理论与实践（汉译法）、法语口译及商贸交际法语四门课程列为独立实践教学课，并在课程大纲及教学设计环节作出了具体的实践内容要求。综上，新版方案中的实践学分不仅在数量上大幅增加，而且在教学内容上也更加丰富。新、旧版人才培养方案实践课程对比表如下：

表3-1　2015年版法语专业人才培养方案实践学分模块列表

课　程　名　称	学　分	开　设　学　期
社会实践与社会调查	2	第1—4学期暑假、寒假
军事理论与训练	1	第1学期
职业发展与就业创业指导	1	第1、2、5、6学期
专业实习	2	第6学期暑假
毕业论文（设计）	4	第8学期

表3-2　2017年版法语专业人才培养方案实践学分模块列表

课　程　名　称	学　分	开　设　学　期
社会实践与社会调查	2	2、4学期（暑假）
军事理论与训练	2	第1学期

续 表

课 程 名 称	学 分	开 设 学 期
专业实习	4	5、6学期(暑假)
毕业论文	4	第8学期
创新实践训练	1	1—7学期
创业就业教育(含职业规划与就业指导、安全教育等)	3	1—7学期
法语翻译理论与实践(法译汉)	2	第5学期
法语翻译理论与实践(汉译法)	2	第6学期
法语口译	2	第6学期
商贸交际法语	2	第5学期

为培养学生的专业知识实际运用能力,贤达法语系除对专业人才培养方案的实践模块进行修订外,还大力拓展校外实习基地,先后建成和投入使用的达数十个,涵盖了商贸、旅游、翻译、外事服务、酒店管理、教育培训等多个领域,其中包括:商务部下属的中国职业技术教育援外培训基地(宁波)、中化农化有限公司、携程国际公司、上海法语培训中心、上海半岛酒店、上海市虹口区实验小学、上海欧风小语种学校等。

(二) 增加低年级通识课的辐射广度,与高年级方向课部分对接

在对专业课程进行建设的同时,贤达学院本着"宽口径、厚基础"的概念,对全校范围内的通识课程进行了全盘优化改革。其中,法语专业常规班级的通识课学分由原来的8个增至12个,其中包括6学分的文学与艺术类课程、4学分的哲学与社会科学课程以及2学分的自然科学课程(见表3-3)。法语专业交流班(国际化本硕连读项目,详见第三点内容)的通识课则保留了原计划中8个学分的设置,但将其细分为两个可选择的方向体系:经济管理类、艺术设计类(见表3-4),以便为国际交流班学生日后赴海外攻读相关专业的硕士研究生奠定基础。此外,历年来的学生座谈结果及调研数据显示,80%以上法语国际交流班学生毕业后有意在经贸类、管理类企业工作。对此,贤达法语专业在三年级阶段新设了18个学分的商务类专业方向课程(见表3-5),将学生在低年级阶段修读的经管类通识课(中文授课)与高年级经管类专业方向课(法语授课)无缝对接,为其实现海外续研或胜任相关领域的工作岗位建立配套的知识体系。

表3-3 法语专业常规班通识课列表

文学与艺术	6
哲学与社会科学	4
自然科学	2

表3-4 法语专业交流班通识课列表

高等数学或西方艺术史	2
微观经济学或艺术创意思维	2
宏观经济或色彩美学	2
管理学或艺术品鉴赏	2

(注:经管类和艺术类模块二选一,不可混选)

表3-5 法语专业交流班专业方向课程列表

课程分类	课程代码	课程名称	学分(共计)	课堂教学	实践教学	按学期周学分分配							
						1	2	3	4	5	6	7	8
专业方向选修课	B2B03017	法国概况	2	1.5	0.5					2			
	B3B03004	商贸交际法语	2	1	1					2			
	B3B03005	法语应用文	2	1.5	0.5						2		
	B3B03006	法语口译	2	1.5	0.5						2		
	B2B03022	人力资源管理	2	1.5	0.5					2			

续 表

课程分类	课程代码	课程名称	学分（共计）	课堂教学	实践教学	按学期周学分分配							
						1	2	3	4	5	6	7	8
专业方向选修课	B2B03023	市场营销	2	1.5	0.5					2			
	B2B03024	国际商务	2	1.5	0.5						2		
	B2B03025	会计学	2	1.5	0.5						2		
	B3B03001	旅游法语	2	1.5	0.5					2			
	B3B03007	法国旅游市场及管理	2	1.5	0.5						2		
	专业方向选修课小计		18										

（三）拆解高学分课程内容，实行翻转课堂

在低年级专业课程建设方面，贤达法语系以12学分的基础法语课程为切入点，对小语种低年级教学改革提出了一系列实施意见。第一，将12个学分的基础法语课拆分为6+4+2形式，配备三名教师跟班教学。针对一个单元内容或知识点，三位老师分别负责基础知识讲解(6学时)、知识点巩固与练习(4学时)、口语实践与拓展(2学时)。第二，在一课多师的基础上坚持实行一体化教学，每周固定集体备课时间，联动不同板块内容。第三，发挥学生的自主能动性，加大课前预习的力度和作业量。语音阶段后，逐步实行翻转课堂，将需要预习的知识点和背景知识以网络课程平台的形式提前共享。第四，优化激励形式和考核办法，对不同情况的学生实行分级激励、分类考核，完善过程性、形成性课程评价机制。

三、国际化办学的创新举措

2015年秋季，在上外贤达学院的海外学分互认项目发展到第五年的成熟期之时，校方以此为基础，在法语系设立了3+1.5本硕连读(商务方向)的国际交流班。学生在国内用三年时间完成基础阶段的法语及商科知识学习，并可在此基础之上，根据自己的兴趣和职业规划，在法国雷恩高等商学院或法国巴黎高校质优联盟体系内的法国高校的商务管理类相关专业中选择方向攻读硕士学位，学制一年半。毕业时，学生可获得贤达学院学士学位、雷恩高等商学院或法国高校质优联盟体系内法国精英高校的商科硕士学位。设立国际交流班后，法语系除在人才培养和课程建设上实施创新和改革外，还对师资队伍进行了大力建设，实行"内培外引"——输送现有教师赴海外进行访学或核心课程研修（以专业方向型法语课程为主），同时大力引进复合专业背景的双师型教师。此外，法语系定期邀请海外合作高校的专家教授来校短期授课或开展系列学术讲座，并在此期间与系内教师进行主题教研，沟通预出国学生的学业发展情况。学生工作方面，法语系国际交流班在大一阶段配备了专业班导师，一般由法语精读课老师担任。班导师须与带班辅导员一起，指导学生在大一阶段做好四年的学业规划，做到熟悉课程体系，合理把握学习进度。教辅联动机制有助于培养学生从养成良好的学习和生活习惯开始，树立目标责任感，形成自我管理意识。

结论

民办教育作为我国高等教育的重要组成部分，其发展与探索之路将在未来很长时间内成为一项值得共同参与、广泛讨论的课题。民办高校小语种专业起步晚，发展基础较为薄弱，一路走来可谓历尽艰辛。将明确人才培养目标、优化课程设置方案、尝试拓宽办学思路三者有机结合，或许能为瓶颈时期的民办高校法语本科专业建设提供一条差异化发展与可持续发展之路。

参考文献

［1］《上海外国语大学贤达经济人文学院2017级人才培养方案》，2017年9月。
［2］《上海外国语大学贤达经济人文学院法语专业质量发展报告》，2016年。

简论在博士一年级开设研究方法及理论课的必要性

Pourquoi enseigner les méthodes et les théories de recherche en première année de doctorat ?

上海外国语大学　Boris LOPATINSKY
Boris LOPATINSKY　Université des Études Internationales de Shanghai
w1213@shisu.edu.cn

中文摘要：今日的高校教师不仅要注意课堂教学的内容和方法，更要有长远的眼光，把课程放在学生的整个培养计划里看。培养计划往往由国家的教育部门决定，而来自上级的决策有时会让人难以把握。教育事业的发展要求中国高校和教师与国际接轨，关注国外与教育有关的协议、条约、文件，以及中国政府的相关回应。中国在当今的国际舞台上日益活跃，不断与外国签署合作协约；但与此同时，这也给其原先的系统带来变动和挑战。2010年，博洛尼亚进程的相关会议在维也纳举行，中国签署《博洛尼亚宣言》，此举让中国不得不对高校的培养计划作出调整。自此以后，中国高校不应再把研究方法及理论设置为硕士课程，而应将其设为博士课程，本文就此展开了论述。本文旨在让中国高校的教师、决策者、外办，以及学校间合作项目的负责人关注外交对中国教育体系的影响。这种影响不仅涉及总体的课程设置，而且更涉及每位教师具体的教学内容和方法。

关键词：方法；理论；博士；博洛尼亚进程；合作

Résumé : Être professeur du supérieur de nos jours demande à être attentif d'une part à la construction des cours et de l'efficacité d'une méthode, mais de ne jamais oublier que ce cours fait partie intégrante d'un curriculum définit lui par une entité supérieure qu'il est parfois difficile de distinguer, de comprendre ou de voir. Ainsi l'enseignement n'échappant pas à la globalisation, l'enseignant chinois, tout comme ses universités se trouve condamné à suivre l'actualité internationale qui traite des accords, des traités, des déclarations d'intention et du positionnement de son propre gouvernement. Si aujourd'hui, la Chine est de plus en plus présente sur la scène internationale et se trouve à l'initiative de bon nombre de traités ou déclaration d'intention, elle s'engage aussi en signant des traités qui sont en partis normatifs pour son propre système. L'adhésion à la déclaration de Bologne en 2010 lors de la conférence, du processus politique de Bologne, de Vienne a cet effet contraignant. Ainsi, le cours de méthode et de recherche doit être implanté non plus en mastère, mais en doctorat comme va le montrer cet article. Ce dernier est destiné aux enseignants, aux preneurs de décisions, aux bureaux des affaires internationales et de la coopération universitaire, afin d'attirer leur attention sur un nouveau phénomène, qui à terme aura un impact à la fois sur l'architecture et la construction des cours, mais aussi sur nos propres méthodes d'enseignement en raison de leur implantation dans le cursus ainsi que du fond de ce qui est enseigné.

Mots-clés: méthode, théorie, doctorat, processus de Bologne, coopération

Introduction

L'enseignement des méthodes et des théories de recherche est en soi une vieille question[1] qui ne semble toujours pas avoir de réponse satisfaisante[2]. Il suffit pour s'en convaincre de se pencher sur le nombre d'écrits sur la matière

---

[1] Il faut pour s'en convaincre se pencher sur la littérature de l'art. On se reportera pour cela à: BACHELARD, Gaston, *La formation de l'esprit scientifique*, Paris, Poche, 2000; COUZIER, Nicolas. *Introduction à l'histoire et à la philosophie des sciences*, Paris, Ellipses, 2002; MIQUEL, Paul-Antoine, *Épistémologie des sciences humaines*, Paris, Nathan, 1991; CALLEBAUT, Werner, PINXTEN, Rix. *Evolutionary Epistemology: A Multiparadigme program With a Complete Evolutionary Epistemology Bibliography*, Londres, Kluwer Academic Publishers, 1987; DANCY, Jonathan, STEUP, Mathias, *Companion to Epistemology*, Londres, Blackwell Companion to Philosophy, 1993.

[2] Les différentes polémiques entre écoles de pensée prouvent, s'il en est, le fait. Nous prendrons à titre d'exemple le cas de la Littérature *versus* la Linguistique, la Sémiologie *versus* la Didactique ou la Psychologie cognitive.

que l'histoire de la pensée nous a léguée pour nous rendre compte que le sujet, loin d'être usé, arrive encore à faire naître de nouveaux essais d'approches, qui s'ils n'ont rien de vraiment original, ont au moins le mérite de se poser des questions sur le sujet. car pour faire montre de génie dans le domaine encore faut-il ne pas se contenter de simplement renommer les concepts[①], voir dans certains cas, comme le dit si bien le vieil adage: «réinventer le fil à couper le beurre». Certes, nos éminents prédécesseurs que furent Platon, Aristote, Hérodote, Thucydide, Pascal, Descartes, Newton et tant d'autres après eux ont su nous montrer diverses approches susceptibles d'éclairer nos pas dans l'obscurité du monde de la recherche[②]. Car ne nous leurrons pas, il reste encore tout le chemin à faire, même si nous avons l'impression d'en avoir fait la plus grande partie. Si les antiques et les médiévistes se bornèrent à créer un discours, à la fois scholiaste[③] et scolastique[④], permettant de développer l'argumentation tout comme la contre argumentation[⑤], principalement basé

---

① La tendance actuelle à la création de néologisme en science, à pour conséquence de rendre les sciences absconses, d'empêcher l'optimisation de la communication scientifique. Si le néologisme a le mérite de faire briller, pour un temps, celui qui l'a inventé, rien ne présage de son acception dans le monde actuel, où la globalisation est de règle.

② Les manuels d'histoire de la pensée couvre largement le domaine, il n'en reste pas moins qu'il faudra éviter toute confusion entre histoire de la pensée, qui a pour fonction de donner une approche thématique ou chronologique de l'évolution de l'ensemble des sciences sans présager de leur valeur, autres qu'à celles admises à leur temps, et l'épistémologie science auxiliaire de la philosophie ayant dans bon nombre de cas une résonance ontologique et pour but de créer à terme une théorie absolue de la connaissance.

③ Dans les sens d'annotateurs, commentateurs et par extension d'érudits. On repensera à Zénodotos l'un des premiers scholiastes (-340 -320 av J-C) pour ses commentaires sur les poètes hellénistiques, à Eustathios de Thessaloniques (? - 1195), pour ses commentaires bibliques ou homériques, à Robert Estienne (1503 - 1559) sur son travail sur les auteurs latins et plus récemment Johann Gottfried Stallbaum (1793 - 1861), pour son exégète de Platon qui reste de nos jours un outil fondamental.

④ On portera une attention toute particulière aux deux termes qui sont très proches en graphie, mais divergents en sens. En effet les scolastiques étant avant tout des théologiens ayant développé la logique scolastique en vue de la construction du discours, n'ont pas ici le sens linguistique du terme.

⑤ Périodes où se mettent en place les règles de la défense des thèses en vue de l'obtention du grade docteur, et dont Rabelais en vînt à se moquer *in*: Rabelais, *Œuvres complète*, Paris, 1994, Gallimard, pp. 250 - 253, où Pantagruel s'apprête à défendre neuf milles sept cent soixante quatre thèses qu'il soutînt en Sorbonne.

sur l'apprentissage scolastique des connaissances de l'époque et des anciens, il faudra attendre l'époque moderne et ses questionnements métaphysiques[①], pour voir apparaître des discours basés sur une méthode ne relevant plus seulement d'un savoir ingurgité, mais créé et pensé par le savant lui-même. Cette démarche, que l'on nomme critique ou critique moderne, qui se développa par la suite au XVIIIe[②] et prit son plein essor au XIXe[③] est encore et toujours celle qui reste majoritaire de nos jours. Si parfois les anciennes écoles semblent à nouveau renaître, elles sont souvent portées par des théories didacticiennes[④], qui ne sont en principe basées que sur la forme et non sur le fond. Il suffit pour s'en convaincre de noter qu'aucune théorie didacticienne[⑤] n'est encore venue remettre en cause la prépondérance de l'école de la critique moderne, qui a encore, nous semble-t-il, de beaux jours devant elle.

Les professeurs et universitaires descendants de nos éminents prédécesseurs, sont aujourd'hui amenés, lorsqu'ils enseignent en doctorat à devoir donner un cadre à leurs étudiants, afin que ces derniers puissent par la suite être capables de mener à bien la recherche, et surtout de les baser sur des connaissances avérées, tout en faisant montre de leur pensée théorique au

---

① On pensera à Newton, Leibnitz, Hobbes, Spinoza, Pascal et Descartes, qui furent les principaux artisans de cette prise de conscience à l'époque.

② Rousseau, Diderot et d'Alembert pour les approches basées sur la raison, ou Kant, Hegel avec pour orientation comme «la critique de la raison pure» ou «la science de la logique».

③ Les principaux courants sont d'une part représentés par Théodore Mommsen Henri Pirenne et Lucien Febvre formant le socle de la première école des annales 1920, développant la notion de «la critique moderne» et de Karl Marx et Engel développant la notion de «dialectique matérialisme» qui mènera au «réalisme socialiste» et aux théories «constructivistes» et «néo-constructivistes».

④ Principalement d'approches marxistes, ses théories proviennent pour leur grande part de la Linguistique, de la Sociolinguistique ou de l'Ethnolinguistique. Cette approche basée sur la mise en place de structures dites pertinentes font ressortir des ensembles cohérents permettant alors de montrer ce qui est fondamental et sémiotique. Le structuraliste devenant de fait la cheville ouvrière et le sémiologue quant à lui le théoricien. C'est à Fernand Braudelle que l'on doit ce changement significatif dès 1958, lors de la création de la seconde école des annales, alors en totale opposition avec Claude Levi-Strauss.

⑤ On ajoutera à cela que le cadre didactique vient en appuis, une sorte d'outils en quelque sorte, à l'épistémologie, qui essais de classifier et de théoriser les approches en vue de les ajuster à celles existantes des sciences dures.

travers d'une démonstration rondement menée, dont la soutenance de thèse reste l'épreuve servant à démontrer leurs capacités à défendre leur point de vue, basé à la fois sur leur méthode et leur doctrine théorique. L'un et l'autre sont les attendus de tous travaux de recherche et se doivent d'être appris, compris et inclus dans ces derniers. Ce travail repose sur nos expériences acquises au sein de l'université chinoise et a pour but d'aider les enseignants, les jeunes chercheurs et les étudiants à comprendre quel est le but de ce cours, dont la légitimité ne semble pas avérée, de prime abord, mais qui reste un prérequis des universités occidentales.

1. Pourquoi enseigner les méthodes et les théories de recherches en première année de doctorat

On est en droit de se poser la question. En effet, si l'on y songe, que bon nombre d'étudiants, entrant dans un cursus doctoral, aient un mastère ou un Diplôme d'Études Approfondies[①]. Si cette constatation est vraie pour les pays francophones, bon nombre de pays européens, les U. S. A et l'ensemble de l'Amérique du sud. Nous rappelons d'ailleurs que le grade de mastère est un grade universitaire et non un diplôme et qu'il confère la capacité d'exécuter des tâches de recherches et administratives au sein d'un laboratoire[②]. Malgré cette apparente unification dans le système des diplômes, force est de constater qu'il en va tout autrement pour les pays anglo-saxons dépendants du «*Commonwealth* » [③]. En effet, ces derniers peuvent autoriser un étudiant à rejoindre une formation doctorale sans qu'il y ait obligation d'avoir au préalable

---

① Nous avons volontairement mis le Diplôme d'Études Supérieures Spécialisées, ce dernier n'étant pas un diplôme de recherche.

② Cela peut se vérifier dans les laboratoires de recherches fondamentales en France, Allemagne, Grande-Bretagne, U. S. A etc.

③ La Communauté des Nations, en Français, regroupe 54 pays membres ayant un lien économique, politique, scientifique et culturel.

un mastère. Ce cas particulier ne concerne que les doctorats①, les PhD, dans ces mêmes pays, ayant pour prérequis d'avoir obtenu un mastère. Sans aller jusqu'à multiplier les exemples et les comparaisons, nous nous bornerons à décrire le système français et par extension le système francophone, les prérequis ayant étaient ajustés de longue date entre les différents gouvernements.

2. Un problème d'ajustement législatif imposant de nouvelles normes au système éducatif, le processus de Bologne

La signature de la déclaration de Bologne en 1999 eut pour conséquence d'obliger la France à ajuster sa réglementation afin que son université puisse être en adéquation avec la législation européenne d'une part et avec le système anglo-saxon d'autre part. En effet, lors de la déclaration de la Sorbonne②, les ministres avaient entériné le changement de système qui devait s'opérer dans l'ensemble des pays européens et devait se mettre en place à l'issue de la Déclaration de Bologne comme suit: «— *Adoption d'un système de diplômes facilement lisibles et comparables, entre autres par le biais du "Supplément au diplôme", afin de favoriser l'intégration des citoyens européens sur le marché du travail et d'améliorer la compétitivité du système d'enseignement supérieur européen à l'échelon mondial.*

— *Adoption d'un système qui se fonde essentiellement sur deux cursus, avant et après la licence. L'accès au deuxième cursus nécessitera d'avoir achevé le premier cursus, d'une durée minimale de trois ans. Les diplômes délivrés au terme du premier cursus correspondront à un niveau de*

---

① Diplôme orienté en recherche pure ressemble à la thèse de troisième cycle française. De même il est possible à un candidat de postuler au *Higher doctorate* qui correspond à l'Habilitation à diriger des recherches française. Le passage de ce grade, peut se faire sur la compétence du candidat plutôt que basée sur ses diplômes antérieurs.

② Déclaration de la Sorbonne du 25 mai 1998, p. 2. Cf: http://www.ond.vlaanderen.be/hogeronderwijs/bologna/links/language/1998_Sorbonne_Declaration_French.pdf.

qualification appropriée pour l'insertion sur le marché du travail européen. Le second cursus devrait conduire au mastaire① et / ou au doctorat comme dans beaucoup de pays européens.

— Mise en place d'un système de crédits — comme celui du système ECTS — comme moyen approprié pour promouvoir la mobilité des étudiants le plus largement possible. Les crédits pourraient également être acquis en dehors du système de l'enseignement supérieur, y compris par l'éducation tout au long de la vie, dans la mesure où ceux-ci sont reconnus par les établissements d'enseignement supérieur concernés.

— Promotion de la mobilité en surmontant les obstacles à la libre circulation, en portant une attention particulière à:

— Pour les étudiants, l'accès aux études, aux possibilités de formation et aux services qui leur sont liés.

— Pour les enseignants, les chercheurs et les personnels administratifs, la reconnaissance et la valorisation des périodes de recherche, d'enseignement et de formation dans un contexte européen, sans préjudice pour leurs droits statutaires.

— Promotion de la coopération européenne en matière d'évaluation de la qualité, dans la perspective de l'élaboration de critères et de méthodologies comparables.

— Promotion de la nécessaire dimension européenne dans l'enseignement supérieur, notamment en ce qui concerne l'élaboration de programmes d'études, la coopération entre établissements, les programmes de mobilité et les programmes intégrés d'études, la coopération entre établissements, les programmes de mobilité et les programmes intégrés d'étude, de formation et de recherche » ②.

---

① Est aujourd'hui remplacé par le mot mastère.
② Déclaration de Bologne du 19 juin 1999, intégrant 29 pays signataires. On trouvera le texte à l'adresse suivante: http://www.unige.ch/sciences/chimie/pdf/bologne/declaration_bologne_1999.pdf.

3. Les enjeux de la réforme LMD pour l'enseignement de la méthode et de la théorie

La coexistence des deux systèmes, LMD et troisième cycle, fut réglée par l'arrêté du 25 avril 2002①, qui permettait aux deux diplômes d'offrir un contenu commun, comme cela est signalé au titre Ier art. 3 que: «*Le volume des enseignements théoriques, méthodologiques et appliqués, suivis par l'étudiant, est compris entre 125 et 250 heures réparties sur le cycle d'études doctorales. Il ne peut dépasser 160 heures pour la préparation du DEA. Il en est de même pour la période correspondante du master recherche*».

De même le titre II ajoute art. 4 que: «*La première phase des études doctorales a pour objet d'initier les étudiants à la recherche et de confirmer leur aptitude à cette activité. Elle est sanctionnée par le DEA ou le diplôme de master recherche qui porte la mention des champs disciplinaires concernés. Les étudiants s'initient aux techniques de recherche par des stages effectués notamment en laboratoire, par des travaux sur documents ou par des enquêtes sur le terrain*».

Enfin le titre III art. 9 définit clairement les tâches qui échoient à l'école doctorale à savoir que: «*Les doctorants effectuent leurs travaux individuellement ou collectivement sous le contrôle et la responsabilité de leur directeur de thèse. Ils participent aux formations, enseignements, séminaires et stages prévus par l'école doctorale. Ils sont intégrés dans une unité ou une équipe de recherche de l'école doctorale*».

Pourtant la solution préconisée par le ministère ne reflète pas une réalité, puisque à cette époque les universités considérées les mastères comme des D. E. A. Si dans l'organisation, tel qu'on pouvait l'observer dans le texte de loi

---

① J. O. N°99 du 27 avril 2002/JORF/LD p. 07633, indiquant, au titre I et II, les éléments nécessaires à l'organisation des D. E. A. Le titre III est quant à lui à destination de l'organisation des formations du doctorat.

semblait s'ajuster dans la pratique, il fallut avoir recours à un nouvel arrêté afin de finaliser le processus de Bologne①, et de permettre aux diplômes français d'être reconnus à l'étranger. Le principal problème provient du fait de la déclaration de la Sorbonne ayant soulignée: «*Aux deux niveaux — prélicence et post-licence — les étudiants seraient encouragés à passer un semestre au moins dans des universités étrangères. En même temps, un plus grand nombre d'enseignants et de chercheurs devraient travailler dans des pays européens autres que le leur. Le soutien croissant de l'Union européenne à la mobilité des étudiants et des professeurs devrait être pleinement utilisé*» ② et qui tout en réduisant la séparation entre la recherche et l'appliqué en venait à ne pas définir clairement les curriculums dans un esprit de simplification.

Ce passage peu clair eu pour conséquence premièrement, pour la France, de définir l'objectif pédagogique des mastères de la façon suivante: «*Le deuxième cycle associe formation générale et formation professionnelle, il doit permettre aux étudiants de compléter leurs connaissances, d'approfondir leur culture et doit les initier à la recherche scientifique correspondante*» ③. La conséquence fut qu'il n'était plus question de former des étudiants chercheurs tels que le furent les D. E. A., mais de permettre aux étudiants de pouvoir créer une passerelle plus facile entre le mastère, le doctorat et la vie professionnelle tel que défini dans la déclaration de la Sorbonne: «*Dans le cycle postérieur à la licence, il y aurait le choix entre un diplôme plus court de "master" et un doctorat plus long, en ménageant les passerelles entre l'un et l'autre. Dans les deux diplômes, on mettrait l'accent, comme il convient, sur la recherche et le travail individuel*» ④. Deuxièmement il fallut mettre en place un nouvel arrêté permettant cette fois de permettre aux établissements d'enseignement supérieur d'être en conformité avec la législation européenne en vigueur. L'arrêté du 7

---

① Cf. note 19.
② Déclaration de la Sorbonne 25 mai 1998, p. 2.
③ Cf. Article 612 - 5 du code de l'éducation.
④ Déclaration de la Sorbonne 25 mai 1998, p. 2.

août 2006 relatif à la formation doctorale[①] donne le cadre suivant : «*Au cours de leur parcours de formation doctorale, les doctorants suivent des formations d'accompagnement et participent à des enseignements, séminaires, missions ou stages organisés dans le cadre de l'école doctorale*», sans pour autant signaler à qui revenait la formation de recherche à savoir le C2[②]. Il faut attendre l'arrêté du 22 janvier 2014[③], pour se rendre compte qu'à la mise en place du processus de Bologne, les mastères n'ont plus pour vocation première de former au grade de chercheur, mais de former des gens ayant des capacités avérer à entrer dans une formation de type globalisante permettant de valoriser les expériences tant opérationnelles (stages, déplacement à l'étranger, cotutelle de diplôme), que pédagogiques (contenus de cours, adaptabilité des intitulés de diplôme, reconnaissance de la formation), mais en aucun cas la recherche. Ainsi le texte est clair au titre 3 concernant le mastère :

«*3. Pour le grade de master : — la capacité à conduire, dans la discipline considérée, une démarche innovante et un projet en autonomie ; — la capacité à conduire un projet dans un cadre collaboratif (production dans le cadre d'un travail d'équipe, projets pluridisciplinaires) et à assumer la responsabilité d'une conduite de projet ; — l'adaptabilité à différents contextes professionnels et culturels, y compris dans une démarche ouverte à l'international ; — une initiation à la recherche et la formalisation de ce travail d'initiation en liaison avec l'équipe pédagogique et en fonction de ses projets ultérieurs, qui peuvent passer par différents supports de*

[①] NOR : MENS0602083A. Version consolidée au 02 mai 2016, JORF n°195 du 24 août 2006 page 12468, texte n° 22.

[②] Le module de recherche et méthode communément appelé C2 devait être vu en maîtrise, puis en DEA et au cours des 160 heures de formation spécialisée en recherche dans le domaine visé en doctorat. Le C2 avait pour fonction d'attirer l'attention des étudiants, de tous les niveaux de recherche, à d'une part traiter des sciences auxiliaires de la science choisie, et d'autre part de se confronter aux théories et aux méthodes de recherche dans l'art.

[③] Arrêté du 22 janvier 2014 relatif au cahier des charges des grades universitaires de licence et de master, JORF n°0027 du 1 février 2014, page 1927, texte n° 28.

communication, dont l'*écrit* »①. Cet ensemble de pistes, qui encore aujourd'hui ne sont toujours pas appliquées, fut implanté en même temps que la création des formations de langue anglophone dans le système français dans le même ordre d'idée.

Conclusion

Au fond le sujet n'aurait pas grande importance, et resterais un problème typiquement franco-français, si les coopérations universitaires et les cotutelles de diplômes ne se multipliaient pas. Ainsi, la France et la Chine grands partenaires en termes de recherche et d'enseignement supérieur voit leur système de coopération grandir de façon exponentielle. S'il y a peu la question d'une totale similarité ou transversalité n'était pas à l'ordre du jour, il est bon de se souvenir que la Chine à elle même signé la déclaration de Louvain② avec d'autres acteurs non moins importants comme les U. S. A., l'Australie, le Brésil, le Canada, le Japon et quarante-six autres pays. Elle a par ailleurs adhéré à la déclaration de Vienne③, qui l'autorise actuellement à pouvoir prendre une part non négligeable sur la nouvelle définition internationale de l'enseignement supérieur. Si, la question qui nous occupe est de savoir s'il est nécessaire ou non pour des étudiants de première année en doctorat de suivre ou non les cours de méthodes et de théorie de recherche, il va sans dire, que cela est nécessaire, puisqu'aujourd'hui en France les formations doctorales se voient obligées de se substituer à la place des formations de second cycle afin de donner pour la première fois un cadre de recherche aux futurs docteurs. Certes, les étudiants de mastère en Chine suivent logiquement cette formation, mais arrivés en doctorat, n'étant pas intégrés au sein d'un laboratoire, ils ne

---

① Arrêté du 22 janvier 2014 relatif au cahier des charges des grades universitaires de licence et de master, JORF n°0027 du 1 février 2014, page 1927, texte n° 28.
② Déclaration du «Forum politique de Bologne» 2009, Louvain-la-Neuve, 29 Avril 2009, p. 1.
③ Déclaration du «Forum politique de Bologne» 2010, Vienne, le 12 mars 2010, p. 2, liste des pays signataires.

suivent que les cours de spécialités et peu ou pas de cours de recherche à proprement parler. La formation doctorale en France exigeant lors de la première année que tout étudiant de doctorat suive les cours de méthodes et de théories de recherche, cela peut poser un problème à terme. Ainsi on pourrait se retrouver devant les cas d'intégrations refusés par des universités comme Paris I ou Paris IX qui n'acceptent pas les étudiants chinois en raison de l'absence de certaines matières, de certains cours. Si le cas a fini par se régler, Paris I a ajusté ses critères de sélection, tout comme d'autres universités, Paris IX quant à elle est en passe devenir grand établissement[①] lui laissant toute latitude de recruter comme bon lui semble, il n'en reste pas moins que certaines universités n'ayant pas ou peu l'habitude de recruter des étudiants étrangers, les refusent au prétexte de la non-compatibilité des programmes. Fort heureusement, pour le moment la réglementation est plutôt en faveur de la Chine, pourtant au vu du cahier des charges de licence et mastère, il semble que la France ait décidé finalement de commencer à redéfinir clairement ses attentes en termes de diplômes et de formation universitaire. Si aujourd'hui la question ne regarde qu'un seul cours de doctorat, il faudra à terme que la Chine se pose la question si les curriculums de mastère ne doivent pas au final être réajustés, afin de répondre aux attentes des accords, déclarations et autres traités signés par elle.

Bibliographie

[1] 王新凤：《欧洲高等教育区域整合研究——聚焦博洛尼亚进程》，社会科学文献出版社 2013 年版。

[2] 李化树：《建设欧洲高等教育区——聚焦博洛尼亚进程》，人民出版社 2014 年版。

[3] COUZIER, Nicolas. *Introduction à l'histoire et à la philosophie des sciences*, Paris, Ellipses, 2002.

[4] BACHELARD, Gaston. *La formation de l'esprit scientifique*, Paris, Poche, 2000.

---

① Article D 711 - 3, modifié n°2016 - 318 du 16 mars 2016-art. 2, code de l'éducation.

[5] DANCY, Jonathan, STEUP, Mathias, *Companion to Epistemology*, London, Blackwell Companion to Philosophy, 1993.
[6] Déclaration de la Sorbonne du 25 mai 1998.
[7] Déclaration de Bologne du 19 juin 1999.
[8] Déclaration du «Forum politique de Bologne», Louvain-la-Neuve, le 29 avril 2009.
[9] Déclaration du «Forum politique de Bologne», Vienne, le 12 mars 2010.
[10] *Code de l'éducation.*, Paris, Dalloz, 2014.

践行陶行知教育思想 构建全时空法语教学模式[①]

Une étude d'un modèle multidimensionnel d'enseignement du français basé sur la théorie éducative de Tao Xingzhi

南京传媒学院国际传播学院 梁 洁 马春娟

LIANG jie MA Chunjuan Faculté de la Communication internationale, Université de la Communication de la Chine, Nanjing

中文摘要：陶行知"教学做合一"的教育主张，既是其教育思想的体现，也是其德育思想的核心。本文基于陶行知教育思想，以高校法语教学为例，在社交媒体环境下，建构以"做"为核心的法语教学，分析教学内容、方式、效果等要素，对教学中存在的施教方式、互动形式、自主学习等前沿性问题提出可行性建议。

关键词：陶行知教育思想；社交媒体；法语教学；全时空

Résumé：La proposition éducative de Tao Xingzhi, l'intégration de l'enseignement, de l'apprentissage et la pratique, n'est pas seulement l'incarnation de sa théorie éducative, mais aussi l'essentiel de son éducation morale. Sur la base de la théorie éducative de Tao Xingzhi, sous l'exemple de l'enseignement du français dans les universités, dans un contexte de médias sociaux, cet article consiste à construire un

---

[①] 本文是2021年度"十四五"规划"阅读与教师发展"专项课题"外语思政教学中陶行知教育理念介入的实践研究"（中陶会2021JS0115）研究成果之一。

modèle de l'enseignement du français avec le «faire» comme élément central, à analyser les contenus, les méthodes, les effets et des autres éléments de l'enseignement, ainsi qu'à proposer des suggestions réalisables sur des questions de pointe telles que les méthodes d'enseignement, les formes d'interaction et l'auto-apprentissage dans l'enseignement.

Mots-clés: la théorie éducative de Tao Xingzhi, les médias sociaux, l'enseignement du français, multidimensionnel

陶行知"教学做合一"的教育思想其核心在于"做",强调以社会为教材,通过实践达到"教"和"学"的目的。随着互联网社交环境的发展,社交媒体迅速渗透到人们生活、工作和学习领域,人们越来越热衷于使用社交媒体交流、沟通和分享信息。尽管社交媒体应用之初,主旨并非在教育领域,但其交流便捷、内容丰富、形式多样的特性,迅速在教育领域壮大。事实上,已有较多教育者尝试将社交媒体应用于外语教学实践,并得到积极效果。本文基于陶行知的教育思想,剖析社交媒体在高校外语教学中的应用角色及功能,探索传统法语教学在教学方式、师生互动、学生自主学习和教学评估等方面转变的可行性。

一、传统法语教学"费时低效"困境与当下社交媒体发展带来的契机

"费时低效"的教学现状在高校法语教育中普遍存在。相对英语而言,法语教育在国内遇到的困境要多得多:大多数开设法语专业课程的高校都面临优质教学资源不足、语言实践环境差、师生互动条件不足、学生自主学习能力不强等共性困难。因此,借全球互联网科技爆发的东风,将社交媒体应用于高校法语教学,有利于社交媒体的优势特点在解决上述教学困境中得到充分利用和放大。

美国学者安东尼·梅菲尔德(Antony Mayfield)在《什么是社交媒体》一书中将社交媒体定义为:"一种具有参与、公开、交流、对话、社区化、连通性等特征的、给予用户极大参与空间的新型在线媒体。"社交媒体作为基于网络的交流媒介,加速了各种信息的流动性。有研究表明,将社交媒体融入教学,有助于激发学生的学习兴趣,提升学生的学习参与度和接收度。此外,个性化、交互性也是其优势,课程的衔接度会更高。

(一) 传统法语教学现状与社交媒体资源平台化优势

国内法语教材作为纯语言教材在内容、体系、编排方式和教学方法方面与当前快速发展的社会不能实现无缝对接，大多教材过多注重词汇、语法，缺乏必要实践训练，在实现中法互译中的重要因素之一的文化知识、风土人情等方面涉及不够。在课文素材的选取上缺少情境对话的口语题材，与当今法语区人们生活中所用语言相去甚远。学生对法语的习得基本上仅限于课堂之内，这大大影响了学生自主学习能力的提升，无法做到温故知新、拓展延伸。法语教材的选择应具系统性、科学性、实用性和趣味性。为了更符合实际教学应用性的特点，教材内容应更多元，除了较详细的语法知识，还应大量加入法国文化、风土人情等内容，从而激发学生的阅读兴趣，提升学生自主学习能力，从综合能力上入手提高语言技能。

社交媒体开放性的平台特质能够为不同年龄层的法语学习者提供大量丰富多彩的、优质的法语学习环境和材料。社交媒体可被开发成一个开放的学习资源库，通过文本、图像、音频和视频等多种内容呈现形式，提供给学生大量鲜活、真实、有趣的学习材料，弥补传统法语学习材料的不足，每位法语学习者可以根据自身特点，从中挑选到适合自己理解水平的材料开展法语学习；还可提供大量音频、视频材料，涉及音乐、电影、文学等各方面，激发学生的学习兴趣，在认知的基础上建立情感联系，让学生在轻松愉快的教学气氛中有效地获得知识。这样不仅使学生立体、动感、直观、全面地了解到法国的风土人情与文化，也能更好地帮助学生抓住重点、突破难点，提升学生的综合法语能力。

同时，法语教学内容需要不断得到维护与更新，现有的法语教材所含的知识量有限，社交媒体有助于及时更新教学内容，创造立体化的教学环境。此外，社交媒体平台的持续开放使得法语教学内容一旦被存入社交媒体中，所有的资料将得到较为长远、完整的保存。教师和学生将更方便、快捷地对以往学习资料进行检索。在社交媒体中，浏览者可以很轻松地关注和分享引人注目的、有意义的内容，社交媒体中的资源会在网络中被分享出去。同样，对于教师的教学资源而言，学生和老师之间只需简单的操作，即可获悉对方的信息资源。法语教师可通过社交网络媒体，为学生创造一个社会化的法语交流平台，为学生提供法语教学的辅助资料。

（二）传统法语教学语言实践环境差与移动互联带来的颠覆性学习体验

成功掌握一门外语受多种因素影响，其中语言环境对语言学习至关重要。鉴于语言学习是开放性的，而不是封闭性的，丰富的语言环境可保证外语学习者输出的量，激发学习者的主动性和积极性。大多数学生不能够在法语国家而只能在国内学习法语，在传统的法语教学中，学生只能通过课堂学习法语口语，欠缺在日常生活中真实地运用法语的语言环境。此外，班级人数多、学习机会相对较少等问题也直接影响了学生口语能力的提高。

社交媒体延长了高校课堂教学时间，扩展了课堂教学空间，将高校教学范围从课堂内扩展到课堂外，实现了"移动"学习。虽然受技术、设备和教学观念与方法的制约，还未成为主流的教育方式，但其作为一种新的学习形式正为越来越多的学习者所接受。社交媒体在教育领域的应用为移动学习的开展创造了新的可能。社交媒体在提供小块学习内容、加强互动等方面与微学习理论不谋而合。

网络的发展，社交工具良好的技术支持和多样化操作方式，使虚拟化学习环境构建成为现实，真正实现了移动式学习。社交媒体能更好地实现"以学习者为中心"的教学理念，使外语学习方式更加灵活，使个性化学习成为可能，学习者可根据自身需求，随时随地进行自助式学习。便携性和随时随地性使得学习者能够充分利用零散时间，使用社交媒体上的各类教学资源。

（三）当下法语教学闭塞脱节与利用社交媒体对接市场应用

语言是法语教学的基础，包括文化背景、基础语言应用等，这对于能否合理有效地开展一门教学活动有直接影响。现今，越来越多的高校开设了专门的法语教学课程，学生也获得了更多的机会参加正规的法语培训。但是，这些课程都比较重视对法语语法的培养和教学，对语言的应用都比较忽视，这样的教学思路难以有效地调动起学生的学习积极性，最终对教学质量也有着一定的影响。在教学实践之中，传统的法语教学模式已难以顺应时代发展的需求，应结合教学的现状和特点，采用多元的教学方法和手段，进行必要的改革和创新。

二、关于法语教学模式创新的几点探索

（一）摈弃僵化的语法教学桎梏，拓展言语交际综合能力

教育必须"做"起来。"以教师为主导"的教学理念在移动互联时代不断弱

化,任何人都可通过社交媒体工具进行课程教学、评估测试等活动,实现资源共享,为师生提供了一个良好的互动交流平台,这也是对陶行知"教学做合一"的教学思想很好的诠释。

在法语的教学当中,并不存在万能有效的教学方法,传统的教学方式和新型的教学方式都有各自的优势和劣势,所以还需要对目前的形势进行全面的研究,推行最为有效的教学方式,保证教学的改革可以取得应有的成效。"法语母语式"教学,即全法语式的教学,注重交际能力、语言表达等方面,这样的教学方式更加适合欧洲的学生,因为与其母语语言之间存在的差异并不明显,并且具有一定的相似性,但此种教学方式并不适合中国的法语学习者。社交媒体提供了一个有效的学习互动平台,让教师与学生、学生与学生更加灵活、及时地开展学习交流,既能使教师把握好学生的学习动态、给予及时反馈,也为学生间开展合作学习创造了条件。

(二)利用法语母语社交媒体平台培养学习环境

国际流行的 Facebook、Instagram、YouTube、linkedln 和 Twitter、MySpace、Flickr 等社交媒体软件法语版本,法国本土社交网站 Skyrock、Copains d'Avant 等,均可以满足法语学习者进行法语语境内沟通的需求。自 Facebook 2008 年推出法语版以来,该网站就呈现井喷式增长,并已成为法国最受欢迎的社交网站之一。有资料显示,法国本土社交网站 Skyrock、Copains d'Avant、MySpace 和 Flickr 都分占法国社交网站市场。Dailymotion 是一家法国本土的视频分享社区,总部位于巴黎,其实 Dailymotion 在欧洲也已经有很大的规模,不应该被忽视,也是 YouTube 的直接竞争对手。

虽然语感的培养是法语学习必不可少的要素之一,而在国内的法语学习者遇到最大问题就是没有语言环境,现今丰富的网络社交资源,可以实现法语学习者与法语母语资源"零距离"。

(三)利用国内社交媒体平台开展在校师生间 O2O 零距离互动

我国外语教学主要在课堂上开展,受教师精力有限、教学手段欠缺等限制,很难实现外语教学从课堂内向课堂外延伸,两者产生良性互动更是无从谈起。社交媒体为这种良性互动提供了有效的途径与手段。将社交媒体应用到我国外语课堂教学外,可以开展与课堂教学相关的教学活动,进一步激发学生的学习兴趣,使他们有更多机会参与外语学习,从而大大扩展学生的外语学习时间。社交媒体的合理应用,将促进课堂内外教学的良性互动。鉴于社交媒体在学习者日常生活中的使用日益频繁,我们尤其应该重视社交媒体在外语课堂以外的应用,合理设计课外教学活动,弥补我国外语课堂教学在教学时间、教学资源、教学手段、教学评估等方面的不足。

教师可以将社交媒体应用于教学活动的各个环节,组织学生开展相关教学活动,从而将教学扩展到课堂教学之外。例如,在上课之前,教师可以通过社交媒体发布与接下来的课堂教学相关的外语学习材料,给学生足够的时间熟悉教学材料,并鼓励学生向教师提出问题,从而有效克服课堂教学时间和互动不足的问题,提升课堂教学质量;课后教师可以组织学生借助社交媒体开展针对课堂教学内容的后续讨论,及时给学生答疑解惑,帮助其巩固学习成果。社交媒体应用于外语教学可以使教学中的师生互动形式多样、便捷和频繁,师生间的情感交流更加融洽。

三、结语

陶行知"教学做合一"的教学思想的核心在于如何"做",学生可根据自身特点以及学习情况,无时间和空间的限制,针对疑点、难点和社交媒体中的在线教师进行互动和交流,教师也能够根据自己的教学进度将一些信息反馈给学生。学生在社交媒体的应用下,学习的主动性相比传统教学下的主动性有了很大提升。对于教师而言,教师可通过社交媒体更容易帮助有需要的学生,对学生展开有针对性的辅导和指导,弥补在课堂上无法满足所有学生学习要求的局限性,在真正意义上实现个性化教学和一对一教学。

在今后的教学活动中,有效融入社交媒体且充分发挥社交媒体在教学中的作用值得探究。同时,也存在各种弊端,利用社交媒体开展教学也要求学生有较强的主动性,但对于在此方面较弱的学生,会难以把控,需要教师正确且适度的引导和监督。社交媒体可延展高校课堂的教学空间、构建虚拟化学习环境,如果可以克服弊端和困难,社交媒体必将给教学带来更多益处。比如一方面可以基于社交媒体和网络论坛开展在线的法语学习和问题讨论,利用社交媒体,针对某一话题或者课题,开展课余时间的集体讨论;另一方面利用社交媒体网络发起组织法语沙龙,开展线下集体活动,如法语联盟、法国驻华使领馆、法国合作大学等活动,让信息流动更顺畅、学生参与更便捷,进而提高教学成效。

参考文献

[1] 李宜江、张李:《陶行知教育改进思想内涵的发展历程及其动因》,《教育史研究》2021年。

[2] 张晶晶:《弘扬陶行知生活教育理论 构建高校英语生活化课堂》,《作家天地》2021年。

[3] 王梦:《陶行知生活教育理论对高校德育工作的启示》,《文教资料》2020年。

[4] 贺静:《基于社交媒体的混合式学习在大学英语教学中的应用》,《现代企业教育》2014年。

[5] 文建:《与时俱进磨砺经典——美联社〈社交媒体使用守则〉成长史》,《中国报业》2013年。

[6] 白浩、郝晶晶:《微信公众平台在高校教育领域中的应用研究》,《中国教育信息化》2013年。

[7] 韩恬恬:《微博在教育领域的应用》,《教育评论》2013年。

[8] 李红艳:《浅析微博在教育中的应用》,《中国教育信息化》2011年。

构建高校法语专业教师发展微型共同体

Construction de la micro-communauté de développement des enseignants de français spécialisé d'université

三峡大学　田俊雷

TIAN Junlei　Université des Trois Gorges

loictian@sohu.com

中文摘要：构建专业教师发展微型共同体是促进教师专业发展的一种有效途径。构建高校法语专业教师发展微型共同体，须做到基本内容明晰、构建思路清晰、构建意义明确。建设过程中，要理清教师与课程的关系，以期最大化发挥其效应，提升教师综合素质，最终确保人才培养质量。

关键词：法语专业；专业教师发展；微型共同体；人才培养质量

Résumé：La construction de la micro-communauté de développement des enseignants spécialisés est un moyen efficace de promouvoir le développement professionnel des enseignants. La construction de la micro-communauté de développement des professeurs de français spécialisé d'université doit être faite en précisant le contenu de base, en clarifiant l'idée de construire et en définissant le sens de construction. Dans ce processus, nous devons comprendre correctement la relation enseignant-programmes en vue de maximiser leurs effets pour améliorer la qualité globale des enseignants, et finalement, afin d'assurer la qualité de la formation du talent.

Mots-clés：spécialité de français, développement des enseignants spécialisés, micro-communauté, qualité de la formation du talent

引言

作为国际教师教育改革的趋向,教师专业发展已成为世界教师教育研究的重要课题,受到许多国家的重视,亦是当下教育改革实践进程中的一个具有重大理论意义的课题。教师专业发展活动必须依托教师日常的专业实践,而教师专业实践的核心是人才培养的质量,人才质量的提高是教育改革的直接期待。在高校人才培养的质量方面,师资力量起着举足轻重的作用,外语教育新常态要求相关高校"打造高水平、国际化的师资"(曹德明,2011),以期通过增强师资力量提升人才培养质量。基于校本特色与学科定位,构建法语专业教师发展微型共同体(micro-communauté)不失为促进教师发展的一种举措。

一、高校法语专业教师发展微型共同体构建的政策支撑与宏观现状

《国家中长期教育改革和发展规划纲要(2010—2020年)》强调要加强教师队伍建设,特别提到要提高教师的专业水平和教学能力。《国务院关于加强教师队伍建设的意见》(国发〔2012〕41号)指出"高等学校教师队伍建设要以中青年教师和创新团队为重点,优化中青年教师成长发展、脱颖而出的制度环境,培育跨学科、跨领域的科研与教学相结合的创新团队"。

我国目前正从"本土型国家"向"国际型国家"转变的新形势对外语教学提出了新的需求,赋予了外语教育新常态的全新内涵。教师专业发展即专业实践的改善(崔允漷、王少非,2014),其核心是人才培养的质量,人才质量的提高是教育改革的直接期待,教师专业发展的重要性在外语教育新常态下日益凸显,须大力加强这一环节。目前,国内各高校均依照《国务院关于加强教师队伍建设的意见》和《教育部、国家发展改革委员会、财政部关于深化教师教育改革的意见》,大力推进教师教育综合改革,着力提升教师教育质量。构建专业教师发展微型共同体是促进教师专业发展的一条有效途径。

根据教育部外指委法语分委会2010年在全国98个法语专业教学点的调查(曹德明、王文新,2011),近年来国内高校法语专业师资队伍青黄不接的状况略有改观,但与此同时却出现了与学历结构改善相悖的反常现象:专业教师人数显著增加,拥有博士学位的教师在全体队伍中所占比例提高;在职称方面,教授和助教比例略微下降,副教授比例下降,讲师比例呈现抬升趋势。《中国高校法

语专业发展报告》对其原因作出了深入探析:"(1)教师日趋年轻化;(2)梯队建设不足,随着老教师的退休,新老交替出现脱节;(3)学生人数增速相对更快,教学任务普遍很重,很多教师的主要精力都用来上课,对科研工作的投入不够;(4)学校人事部门和科研管理部门对晋职的要求不断提高,硬性指标尤其是学术成果指标增多和抬升,客观上给教师们的晋升造成了阻碍;(5)与上一因素相应,在高校普遍重视学术性考核指标,甚至将其作为唯一考核指标的大背景下,法语以及其他外语专业本身的学科性质使其相对其他学科处于弱势地位;这一点在综合院校中更为明显。这个问题需引起各教学点及教师们的特别重视,并应尽快得到解决。"(曹德明、王文新,2011)

国家教育标准体系的建立,使得包括法语教学在内的高校外语教学进入新常态,新常态既是挑战也是机遇,对师资年龄、学历、职称、专业等提出了更加直观的要求。针对这一状况,法语教指委与(中国)法语教学研究会自2009年西安会议成功举办第一期全国法语专业青年教师培训班以来,持续联合开展师资培训与青年教师扶持工作(曹德明、王文新,2011):① 在组织学术研讨会和出版研究成果时,更多地给予年轻教师发言和发表论文的机会;② 想办法筹集资源,继续组织青年教师培训班;③ 鼓励各教学点之间开展课程观摩、互派教师办讲座等交流活动。尤其是第③点,可谓开法语专业教师发展共同体之先河,极大促进了专业教学与教师教学能力与素养的提升。

二、高校法语专业教师发展微型共同体构建的基本要素

要构建法语专业教师发展微型共同体,首先须对其有一个较为直观深入的了解。教师专业发展共同体是促进教师专业发展的组织基础和重要路径,具有目标一致性、教育公开性、学习实践性、氛围合作性等基本特征。教师专业发展共同体的建构策略是:转变领导观念、建立共同愿景、重塑教师文化、重视项目任务引导及对话活动的设计和建立专家专业引领机制等(文丰安,2015)。教师专业发展共同体不是一群教师简单地集合在一起,而是具备一定特征的教师专业组织(文丰安,2015)。

构建教师发展微型共同体,须做到以下三点:基本内容要明晰,构建思路要清晰,构建意义要明确。

(一) 基本内容要明晰

构建微型共同体须以《国家中长期教育改革和发展规划纲要(2010—2020年)》《国务院关于加强教师队伍建设的意见》和《教育部、国家发展改革委员会、财政部关于深化教师教育改革的意见》为指导,以构建协作共进的国际化视野下的法语专业教师发展微型共同体为主要研究对象。构建过程严格遵循教育方针政策,适应外语教育新常态,就三峡大学校本研究而言,以学校与学科"十三五"规划为导向(同时遵守以"十三五"期间湖北省高等教育学科发展规划为导向这一前提条件),深入探讨共同体建设模式,以便全面提升法语专业教师综合素养,更好地提高人才培养质量,服务社会,顺应社会发展潮流。

(二) 构建思路要清晰

专业建设全面贯彻党和国家的教育方针,坚持正确的思想路线,洞悉国际教育发展动态,以法语专业教师发展微型共同体为依托,探索和完善学科团队建设机制,将法语专业学科团队建设作为学科建设的重要载体;实施青年教师成长计划,提升教师队伍整体素质,适时培养学术骨干,形成人才培养、科学研究、社会服务"三位一体"的团队建设模式,形成资源共享、责任明确、结构合理、示范引领的学科梯队,进而全面提升校本法语专业的社会知名度与美誉度。

构建过程中要力争解决以下问题:

(1) 从"微"到"跨",研究教师专业发展共同体的"跨"度,处理好学科与跨学科、学院与跨学院、区域与跨区域的问题。从校本法语专业教师发展共同体建设着手,构建具有湖北省域特色的"微型发展共同体",适时丰富跨学科与跨院系内涵。

(2) 构建专业学习共同体促进教师专业发展,鼓励教师个性化学习和加大实施"博士工程"力度,明晰法语专业教师发展共同体的构建条件、障碍和策略,以教学能力提升为亮点,全面提升专业教师综合素养。实现教师专业发展共同体的团队化建设,打造高水平教学团队。借助法语语言,提升法语专业教师发展共同体的社会服务功能,以服务求支持,以贡献谋发展,凝练湖北高校法语专业学科特色。

(3) 坚持教师发展共同体的数字化学习研究,处理好时空限制,以协作求发展。在此基础上,注重法语专业教师发展活动在日常专业实践中的体现,保持

"学科交叉"渗透特点,适时引进翻转课堂等全新模式,借助微信和微课为要素的互联网交流平台开展行动研究,提高法语专业教师发展共同体的专业化水平。强化人才培养特色,以更好地提高人才培养质量,服务社会,满足多元就业市场需求。

(三)构建意义要明确

把握学科建设与人才培养的全局,构建三峡大学校本特色的法语专业教师发展微型共同体具有强烈的现实意义。狭义而言则为:打造法语专业教师发展共同体,提升教师素养和办学水平,进一步沉淀自身鲜明的水利水电优势和特色,为专业贴上"水利水电"标签,使我校的法语专业成为国内130余所法语本科专业高校中水电特色旗帜鲜明的一员。

从广义的角度来看,具体体现在以下三个方面:

(1)打造微型(及区域或省域)高校法语专业教师发展共同体,提升教师素养和办学水平;以法语专业教师发展共同体促进师资和团队建设,推动学科和专业发展,为高质量教学奠定坚实基础。

(2)调动教师参与教学改革研究的积极性,以理论指导实践,使教学和科研进一步融合,确保教学质量稳步提高,形成良性互动循环关系;通过发展共同体,实现师生共学、共研、共进的关系,促进教学质量和支持学校发展。

(3)以师资和法语语言为纽带,深化国际合作研究,为湖北省走出去和国家发展提供智力支持。构建校本特色的法语专业教师微型发展共同体,适时增强跨学科与跨院系内涵;条件和基础成熟时,开展区域高校法语专业教师发展共同体建设,较好地满足水电工程等领域多元就业市场需求。

此外,在传统的师资职称结构、学历关系的基础上,有必要考虑兼职教师队伍的构建。整体而言,要根据人才培养目标、规格与课程设置体系的要求,建设一支师德高尚、结构合理、具备良好的教育教学水平、科研水平和具备服务社会能力的高校法语专业师资队伍。学校层面宜采取相应措施,促进教师教育的发展;同时,教学相长,从教师个体的角度看,应树立终身学习的理念,做到个人能力提升与教师团队合作与交流相结合,以期实现终身发展和共同发展。

三、高校法语专业教师发展微型共同体构建的微观案例

微观方面,以三峡大学为例。

目前,高校发展处于转型期。我国高校法语专业建设在2000年以后呈现出可喜的发展态势,各种课题研究也取得了可圈可点的成绩,但尚未有高校针对法语专业教师共同体开展研究。为全面适应高等教育新常态,把握湖北建设高教强省新机遇,作为全国130余所专业院校中唯一一家水电特色鲜明的法语专业,结合我校"十三五"期间在办学类型与定位等方面的新形势,从学科发展的角度探讨构建法语教师专业发展共同体已很有必要,以便提升教师素养,以语言为桥服务教学,提升科研能力与满足社会需求,更好地实现学校服务地方建设的目标,增强湖北省软实力,进一步践行国家文教社科"走出去"的发展战略,推动湖北走向世界。

在教师发展方面,学校制定了较为科学的教师发展规划与制度不断加强师资队伍建设,构建教师发展微型共同体,配套以学历教育、国内外进修与学术交流等实践形式,持续更新教师教育观念,增强教师专业素养的国际化和本土性。为更好地完善教师教育,学校成立校本特色明显的教师发展中心并将之定位为:三峡大学开展教师职业生涯规划与促进教师教学科研能力提升的服务性组织。中心以加强师德师能建设、提升教育教学水平、促进科研团队形成、提高人才培养质量为总体目标,提供教师交流、相互合作与资源共享的平台,开展分类培训、咨询服务、学术交流,引导教师职业规划,促进教师自主发展,全面提升教师的综合素质和业务能力[①]。

具体到校本学科建设上,三峡大学校院两级均高度重视师资队伍、教学与教学团队组建工作,出台系列重要文件加强教师教育发展与培训管理,确保教师发展质量,提升教师队伍整体素质,为包含法语专业在内的学科专业建设提供了人事制度保障;实施青年教师成长计划,建立健全青年教师培养制度和提质机制,推进"青年教师教育教学能力提升计划""青年教师科技创新能力提升计划""青年教师社会实践能力提升计划""青年教师国际化能力提升计划",着力帮助青年教师提升教学能力、科研能力、社会实践能力、国际交流能力,为青年教师成长创造良好的制度环境。团队课程和教材建设方面,学校和学院极为重视法语专业课程建设,以修订本专业培养方案为契机,出台了法语专业课程建设的相关文件,为教师共同体建设打下了良好基础。教学条件建设方面,学校推广的"求索

---

① 据三峡大学教师发展中心网站信息:http://fdc.ctgu.edu.cn/about/profile/。

学堂"系统工程,使得教学条件得到了根本改善,法语专业教学已经完全进入多媒体现代化时代,为教师共同体的共同学习提供了优秀平台。毋庸置疑,在外语新常态下,进行法语专业教师微型发展共同体建设将进一步把我校法语师资队伍和专业建设推向新的高度。

结语

在外语教育新常态的今日,信息化教学环境为区域高校法语专业教师发展共同体建设提供了便利,"无论是教学共同体还是学术研究共同体,成员都可以打破学科、地域、国界等的限制,建构网络虚拟教研组或者教师教学或科研联盟"(戴炜栋、王雪梅,2011)。在建设法语专业教师发展微型共同体的过程中,我们要理清师资与课程的关系,"课程设置,要充分考虑社会对各种规格人才的需要,根据社会变化的需要调整和改革课程设置。只有从这一基点出发,才能有效地进行课程改革,达到课程改革的目的。教育的课程设置要有超前意识,要不断更新。"(王秀丽,2008)由课程到师资,基于当前外语教育新常态,为更好地构建专业共同体,须革新现有观念,借智育人与师资培养相结合,做到通过"引进一个人",实现"孵化一个团队"(曹德明,2011)的境界,最大化发挥教师共同体的效应,重点培育中青年教师,增强其国际化背景。我们要以课程与专业为依托构建教师发展微型共同体,充分发挥传帮带作用和成员潜力,促进学校师资水平的整体提升。在共同体的运行过程中,适时通过适当的激励手段与评价体系增强共同体的凝聚力;注重教师管理与考评。正如《教育部关于全面提高高等教育质量的若干意见》(教高〔2012〕4号)第二十八条所指出的,要"加强教师管理,完善教师退出机制,规范教师兼职兼薪"。

参考文献

［１］　曹德明:《高等外语院校国际化外语人才培养的若干思考》,《外语教学理论与实践》2011年第3期。

［２］　曹德明、王文新:《中国高校法语专业发展报告》,外语教学与研究出版社2011年版。

［３］　陈菊:《构建区域教师专业发展共同体之探究》,《广西师范大学学报(哲学社会科学版)》2008年第4期。

［４］　崔允漷、王少非:《教师专业发展即专业实践的改善》,《教育研究》2014年第9期。

［5］ 戴炜栋、王雪梅:《信息化环境中外语教师专业发展的内涵与路径研究》,《外语电化教学》2011年第6期。
［6］ 李宇明:《中国外语规划的若干思考》,《外国语》2010年第1期。
［7］ 王秀丽:《北京语言大学法语专业课程设置改革》,《语文学刊》2008年第2期。
［8］ 文丰安:《教师专业发展共同体的建构策略》,《教育理论与实践》2015年第17期。
［9］ 《高等学校外语类专业本科教学质量国家标准》。

欧盟外语教育新政策

何塞·卡洛斯·埃雷拉斯① 著，王秀丽② 吕玉冬③ 译

以下是欧共体委员会委员吕西安·雅各比于1981年所作的题为《欧共体公民权》的书面报告，我们完全赞同，尤其是如下观点：

1957年，欧洲六国成立欧共体这样一个社会、经济和政治独立组织，迄今为止也部分地完成了多语使用现象的挑战。

在共同体各个机构运作的过程中，各成员国所使用的官方语言在平等的基础上得以确立。在长期持续注入资金后，共同体各个机构都配备了笔译和口译相关处室，保证了成员国及其代表用七种成员国语言进行交流。

但是旨在增进共同体内各国居民相互了解的措施却极少，甚至是几乎没有。然而要共同生活在一起，就要看每一个人的开放度及其与他人交际的能力，看他(她)是否尊重异者身份、表达方式和生活方式。其唯一的通道就是通过语言和文化交流来实现，别无选择。

虽然《罗马条约》赋予劳动者在欧共体内部自由流动的权利，赋予了个体人士自由定居的权利，但是这些权利的行使无疑主要取决于个人运用其所去国家语言的能力。

我们同意上述观点，是因为一方面《罗马条约》所规定的公民自由流动的前提是学习欧洲伙伴国的语言，另一方面在欧共体内部保持语言的多样性，也使得

---

① 巴黎第七大学教授，语言应用及跨文化研究中心主任。
② 北京语言大学教授、博士生导师，法吾系主任。
③ 北京语言大学2015级博士生，现为上海海事大学法语副教授。

语言的学习更显重要,目前欧共体内部的语言已从 4 种过渡到 11 种。还有一点,显然,在欧洲背景下,为了增强欧盟的凝聚力,促进各民族间的相互了解,掌握一门外语是必需的。

欧共体意识到这个问题的重要性时为时已晚。1983 年欧洲议会作出决议,完全赞同吕西安·雅各比的观点,明确承认欧共体在这一领域缺乏作为。在该决议里,欧洲议会要求欧盟委员会采取必要的措施,以达成 1976 年 2 月 9 日《教育部长委员会决议》里提出的目标。显然,《教育部长委员会决议》并未产生实效,其中第 17 条款规定:

> 为使尽可能多的学生学习欧共体语言,应努力实现以下目标:
> ——向所有学生提供至少学习一门共同体内其他语言的机会;
> ——任何一个未来的语言教师都要在其所教语言国家或地区居留过;
> ——推动传统的学校体系外的、特别是以成人职业培训为目的的语言教学(如借助于广播和电视)。

一年后,即 1984 年,欧洲议会又出台了一个新决议(即《关于共同体内语言传播的决议》),强调了语言教学在欧洲建设中的重要性,建议成员国将语言教学列为自小学就开设的优先课程:

> 欧洲议会,
> A. 认为欧洲的文化财富在于其语言的多样性,这些文化主要通过语言的运用表现出来;
> B. 重视共同体成员国所作出的在欧洲建设过程中尊重语言多元化的选择;
> C. 认为外语知识将充实人格并有助于各民族相互了解;
> D. 认为共同体内部商业、经济和旅游交流的发展以及人员流动自由、居住自由的实现应伴有文化交流的发展。
> 因此,
> 1. 要求所有旨在促进共同体语言传播,尤其是语言教学的措施,无论是在共同体层面还是在成员国层面,都应获得支持。

2. 要求成员国：

——承认语言教育和一种或数种共同体语言的教学是一门自小学起就应优先设立的学校教学体系内课程；

——为语言教师在其所教语言国家接受培训和进修提供方便……

为使学生在义务教育结束之时能够掌握两门母语之外的语言，欧洲议会于1988年邀请欧洲委员会提出旨在从质量和数量上改善外语学习的新建议（即《关于欧共体内共同体语言教学的决议》），试图促进外语教学：

欧洲议会，

A. 考虑到欧共体公民和各民族为实现欧洲理想和形成内部市场而进行深入交流之特殊重要性；

B. 认为为了深入交流，应极其重视欧共体内部共同体语言的教学，使之与现代化的学习技术相适应；在共同体语言的教学方面，了解他者的文化和生活方式极为重要；

C. 考虑到用以实践为导向的共同体语言教学新方式来取代以理论为基础的旧方式的必要性……

D. 再次提醒：在1984年6月4日召开的欧洲委员会会议和教育部长会议上，成员国约定要采取一切适当的措施，以便尽可能多的学生在义务教育结束之前能够获得其母语之外的两门语言的实用知识，还约定采取一切措施将共同体语言的认知保留在培训、高等教育和成人教育的框架内……

因此，

1. 邀请欧洲委员会向欧洲议会提交一个议案……该议案的目标为：

——确保共同体内不同地区的公民和不同的培训部门享有同等的机会；

——确保公民的流动性。

2. 认为欧洲委员会所提交的议案应基于以下原则：为达成上述目标，外语教学既要在质量上也要在数量上得到改进。这就需要共同体和成员国或教学负责人做出更大的、协调的努力，这些努力应涉及：

——教师的基础培训和技能提升，教师交换，学生交换；

——教学大纲的拟定和协调，教学方式，教学年限，所学语言的数量……

如今，欧盟内部伙伴国语言教学情况如何？这些语言的掌握情况如何？总而言之，欧盟内部所实施的教育新政策是否已取得了预期效果？

通过考察20世纪80年代末的中学教学，我们发现在欧盟大部分国家，至少有一门外语的习得已进入义务教育体系。但爱尔兰和英国例外，因为在这两个国家，外语是选修课。在有些国家，必须学习两门外语（如德国、比利时、法国和葡萄牙），甚至三门外语（如卢森堡、荷兰和丹麦）。然而，在每个国家内部，必修语言的数目可能会根据中学毕业文凭种类的不同而有所变化。这种情形与70年代极其相似，也是与上述1976年和1983年决议里的建议相符合的。

根据1991—1992年针对普通中等教育的统计，学生平均学习1.2门外语：葡萄牙0.8门，英国0.9门，西班牙、爱尔兰和意大利1门，德国1.3门，法国1.5门，丹麦1.6门，荷兰2.2门。

尽管在大部分国家可供选择学习的语言比较多，大多数学生却集中选择了四门语言。英语排在首位（83％的学生）。在丹麦、德国、西班牙和荷兰，超过90％的学生选择了英语；在法国，这一比例为84％；在其他国家，这一比例介于55％—68％。法语排在第二位（32％的学生）。在英国、荷兰和爱尔兰，这一比例介于59％—69％；在德国、意大利和葡萄牙，这一比例介于23％—33％。德语排在第三位（16％的学生），选学该语言者最多的国家是丹麦（58％）和荷兰（53％），在英国、爱尔兰和法国，这一比例介于20％—27％。西班牙语排在第四位（9％的学生），选学该语言者最多的国家是法国（29％）；这一比例在英国为6％；在其他国家则低于5％。至于其他共同体语言，选学者人数很少。

当前，可供选择学习的外语日趋增多，欧盟大多数成员国规定，学生在学校就读期间必须同时学习两门外语。然而，比利时（德语和法语区）、西班牙、意大利、葡萄牙、英国（在爱尔兰，外语都不是必修课）等国却是例外。

毫无疑问，欧盟在外语教学领域实施的政策已开始取得成效。

表 3-6 欧盟成员国外语学习状况：
普通中学学习英语、法语、德语或西班牙语的学生分布情况（1996—1997 年）

	报名人数（千人）	英语（%）	法语（%）	德语（%）	西班牙语（%）
德国	6 055.9	93.8	24.3	—	1.1
奥地利	482.6	98.1	13.0	—	1.5
比利时	471.4	67.9	53.0	15.7	1.4
丹麦	308.7	100	15.3	76.1	5.8
西班牙	2 946.2	95.7	22.5	0.8	—
芬兰	310.2	99.0	13.2	31.1	0.9
法国	4 545.3	95.4	—	26.3	34.0
希腊	682.2	82.5	63.0	7.0	—
爱尔兰	351.5	—	69.7	24.6	3.8
意大利	2 642.5	75.0	34.2	3.4	0.4
卢森堡	9.5	76.8	97.8	97.8	11.5
荷兰	698.8	94.1	11.5	13.8	—
葡萄牙	405.9	75.3	24.4	0.09	(:)
英国	(:)	(:)	(:)	(:)	(:)
瑞典	295.3	100	21.1	44.3	6.2
欧盟	20 209.2	89.51	21.16	10.34	8.40

资料来源：笔者根据欧盟统计局 2000 年数据制作。

根据我们所掌握的最新统计数字（即欧盟统计局关于 1996—1997 年的数据），欧盟学生平均学习 1.4 门外语，比 1991—1992 年增长了 0.2 个百分点，各主要语言学生人数分布如下：89.51% 的欧盟学生学习英语；但在许多国家（如丹麦、瑞典、芬兰、奥地利、西班牙、法国、荷兰和德国），英语学生的比例大大超过了这一数字。21.16%的欧盟学生学习法语,他们主要集中在卢森堡、爱尔兰、希腊、比利时、意大利、德国、西班牙和葡萄牙。学习德语和西班牙语的欧盟学生较少,所占比例分别为 10.34% 和 8.4%。

应该指出的是,英国统计数据的缺失可能极大地拉低了非英语语言,尤其是法语学习者的比例,因为在英国学习法语的学生很多。然而,这并不能推翻早在 1991—1992 年就已形成的层次:英语不仅保持住而且还巩固了其霸主地位。

另一方面,20 世纪 90 年代外语领域最显著的事实是自小学起外语就普遍被列为必修课。在许多欧盟成员国,学生从 8—11 岁起就开始学习外语。

根据最新的统计数字(即欧盟统计局 2000 年公布的 1996—1997 年的数据),在小学阶段(47.3% 的学生不学外语),英语是学习人数最多的语言(34.7%),其后是法语(3%),德语和西班牙语学习者所占比例更低。在丹麦、荷兰、希腊、瑞典等一些国家,学生不能选择学哪门外语,英语是必修课。

表 3-7　欧盟成员国外语学习状况:
小学学习英语或法语的学生分布情况(1996—1997 年)

	报名人数 (千人)	英语 (%)	法语 (%)
德国	3 709.7	7.5	2.5
奥地利	386.2	55.6	1.0
比利时	708.9	0.4	18.5
丹麦	346.5	31.6	—
西班牙	2 702.6	71.2	1.7
芬兰	380.9	62.6	1.8
法国	3 979.5	33.0	—
希腊	652	46.9	0.8
爱尔兰	358.8	—	—
意大利	2 810.2	36.3	6.4
卢森堡	28.4	—	82.0

续 表

	报名人数（千人）	英语（%）	法语（%）
荷兰	1 521.5	24.9	—
葡萄牙	285.9	83.8	15.8
英国	(:)	—	(:)
瑞典	688.9	61.5	3.2
欧盟	18 556.1	34.8	3.0

资料来源：笔者根据欧盟统计局2000年数据制作。

如表3-7所示，学习英语者较多的国家是葡萄牙(83.8%)、西班牙(71.2%)、芬兰(62.6%)、瑞典(61.5%)、奥地利(55.6%)和希腊(46.9%)，超过意大利、法国、丹麦、荷兰和德国。学习法语者较多的国家是卢森堡(82%)、比利时(18.5%)、葡萄牙(15.8%)和意大利(6.4%)。学习其他语言者仅占16%，其中学生人数最多的语言为德语、西班牙语、荷兰语和瑞典语。

正如前文所述，在小学阶段，47.3%的学生还没开始学外语。尽管表3-8的统计数据不全，但仍然能让我们发现欧盟成员国之间在实施欧盟关于外语学习规范上的差异。

表3-8 欧盟成员国外语学习状况：
根据所学外语的数目小学生分布情况(1996—1997年)

	报名人数（千人）	0门语言（%）	1门语言（%）	2门语言（%）
德国	3 709.7	(:)	(:)	(:)
奥地利	386.2	43.7	56.3	(:)
比利时	708.9	(:)	(:)	(:)
丹麦	346.5	68.3	31.6	—
西班牙	2 702.6	26.7	73.2	

续　表

	报名人数（千人）	0门语言（%）	1门语言（%）	2门语言（%）
芬兰	380.9	33.1	53.6	13.2
法国	3 979.5	57.0	42.9	—
希腊	652	52.4	46.6	0.8
爱尔兰	358.8	100.0	—	
意大利	2 810.2	56.0	43.9	
卢森堡	28.4	—	100.0	82.0
荷兰	1 521.8	75.0	24.9	(:)
葡萄牙	285.9	(:)	(:)	(:)
英国	(:)	(:)	(:)	(:)
瑞典	688.9	(:)	(:)	(:)

资料来源：笔者根据欧盟统计局2000年数据制作。

另一方面，在1991—1992年，中学生平均学习1.2门外语，而到了1996—1997年，他们则平均学习1.4门外语。此外，外语课程也提早到小学阶段开设。然而，这并未促进语言的多样化。集中学习英语的现象甚至更加明显，且不是暂时性的。根据国际研究协会1999年的调查，当被问及语言的有用性时，15岁以上的欧洲人毫不迟疑地回答道：最有用的语言是英语（70.1%），接下来是法语（37.4%）和德语（23.2%），排在第四位的是西班牙语（15.8%）。对于欧洲人而言，其他的语言并无多大用处。就拿排在第五位的意大利语来说吧，只有2.5%的欧洲人认为其有用。

根据国际研究协会于1995年和1999年在欧盟15国所做的民意测验结果，欧盟所实施的外语教育政策取得了明显的效果。在教育体系内占据较重要地位的语言通常也是欧盟公民掌握得最好的语言，因为外语的学习很大程度上是在教学体系内完成的。根据1999年的数据，欧盟公民中会说英语者所占比例最高（31.4%），接下来依次是法语（10.4%）、德语（7.5%）、西班牙语（3.6%）和意大利语(1.6%),这一点都不令人惊讶。

这些民意测验也让我们看到了欧盟外语教育政策在每个成员国所取得的效果。在那些可供选择学习的外语最多的国家,国民所掌握的外语也最多。

一般说来,就那些外语教学发达的国家(卢森堡、丹麦、荷兰和比利时)而言,1995年和1999年每个国家国民所讲外语平均数的分布情况(参见表3-9)与1990年15—24岁的年轻人所讲外语平均数的分布情况很接近。在这些国家,差距较小;而在其他国家,差距则较大(在爱尔兰和意大利,差距约为10%),甚至非常大(在德国、希腊、西班牙、法国和葡萄牙,差距介于20%—30%)。这就将那些长期以来颇为重视外语教学的国家与那些过去不太重视外语教学的国家大致区分了开来。

表 3-9 欧盟公民说得较好、可用来参与对话的外语
(按照国民所讲外语的平均数目对欧共体/欧盟成员国进行降序排列)

国 家	1990年 15—24岁的年轻人		1995年 15岁以上者		1999年 15岁以上者	
卢森堡	1	2.70	1	2.67	1	2.64
丹麦	2	1.76	3	1.70	3	1.51
荷兰	3	1.63	2	1.84	2	1.63
瑞典*			4	1.37	4	1.25
比利时	4	1.16	5	1.24	5	1.15
芬兰*			6	1.19	6	1.06
奥地利*			7	0.75	8	0.65
法国	5	0.94	9	0.66	9	0.55
德国	6	0.92	8	0.74	7	0.71
葡萄牙	7	0.77	11	0.54	10	0.51
希腊	8	0.70	12	0.53	10	0.51

续　表

国　家	1990 年 15—24 岁的年轻人		1995 年 15 岁以上者		1999 年 15 岁以上者	
意大利	8	0.70	10	0.60	10	0.51
西班牙	10	0.64	14	0.48	13	0.46
英国	11	0.47	13	0.50	15	0.22
爱尔兰	12	0.46	15	0.42	14	0.33
欧共体 12 国/欧盟 15 国		0.82		0.73		0.61

资料来源：笔者根据国际研究协会于 1991 年、1995 年和 1999 年所公布的数据制作。带 * 号的国家没有参与 1990 年的民意测验。

　　如果我们以 10 年(1990—1999 年)为期来考察 15—24 岁这个年龄段(该年龄段的大部分与求学阶段重合，因此，处于该阶段的年轻人较为直接地受到了教育政策的影响)的外语学习情况，就会发现在那四门学习者最多的语言——同时也是欧盟内部掌握者最多的语言中，只有会说英语者在总人口中的比例从 42% 上升至 50.9%，掌握其他三门语言的欧盟公民在总人口中的比例则明显下降：说法语者从 19% 降至 12.9%，说德语者从 9% 降至 8.8%，说西班牙语者从 6% 降至 4.9%(根据国际研究协会 1991 年和 1999 年的数据)。此外，年轻人会说的语言的平均数目在这十年间也几乎没有变化。在 1990 年，一个年轻的欧盟公民平均掌握 0.82 门外语，在 1999 年则平均掌握 0.85 门外语。不会讲任何外语的年轻人情况类似：在 1990 年，此类年轻人占 40%；到了 1999 年，这一比例略有降低，但也相差不大(38.3%)。

　　前文列举的数据让我们注意到两方面的结果，一方面是相对成功的，另一方面是失败的。相对成功的一面是，必修外语的数目增加(在大多数国家是 2 门)，外语学习年限延长(大多数国家的学生从小学就开始学习外语)。失败的一面是，在学过外语的学生中，仅有大约一半的人能够掌握所学外语，而且是在经过数年学习之后。这让人对教育体系的有效性产生了怀疑。另外，失败还表现在教学体系内语言的多样化上。尽管必修外语的数目增加、学习年限延长，但英语的地位却越来越重要,从而损害了其他语言。

如果说双语的使用是欧盟要达到的目标,那么在前文所提到的、1988 年的欧洲议会决议里得到提倡的三语的使用就是欧洲委员会期待实现的梦想了。事实上,在 1995 年出版的《教育与培训白皮书:教和学——面向认知社会》中,欧洲委员会就声称已经做好"帮助所有欧盟公民掌握三门欧洲语言"的准备了。

为了实现这一目标,欧盟已开始采取一些措施,如建立了欧洲网络学习平台(Eurydice):

——在外语教和学方面采取创新性举措,即"无论在哪个教育阶段,都要推动实施创新计划"。

——使学生尽早开始学习外语:欧盟教育部长会议通过一项决议(98/C/1),要求成员国推进外语早教,加强已组织此类教学的学校间的合作。

——用外语讲授其他课程:以便外语成为一种工具而非孤立的目标。

——促进多种语言的理解:鉴于理解一门语言总比流利地说这门语言容易,欧洲委员会支持那些有利于多语相互理解的举措,以便大多数欧盟公民能够使用他们自己的语言进行交际。

——交流信息:发展 Lingu@netEuropa 这一"虚拟的外语教学资源中心"。

现在还无法看到这些措施所取得的成效,但我们认为其中一些——尤其是早教和用外语讲授其他课程——能够帮助学生更好地掌握外语。但要使这些措施真正产生预期效果,就得将其推广开来,并提供必要的配套资金。

欧盟理事会于 2001 年 11 月通过一项新决议(即《关于"欧洲语言年"框架内语言多样化和语言学习的决议》),要求欧盟各国在各自的教育体系内推动两门、甚至更多门外语的教学:

欧盟理事会,
考虑到:
(1) 欧盟理事会于 1995 年 3 月 31 日通过的关于在欧盟教育体系内提高语言教学质量和促进语言教学多样化的决议(该决议提出,"学生总体上

应享有学习母语之外的两门欧盟语言的机会");

（2）欧盟理事会于 1995 年 6 月 12 日作出的关于欧盟内部语言多样性和多元化的结论；

（3）欧盟理事会于 1997 年 12 月 16 日通过的关于欧盟语言早教的决议；

（4）欧洲理事会于 2000 年 3 月 23—24 日在里斯本会议上所通过的主席团结论（该结论认为外语在界定基础能力的欧盟框架内占有一席之地）；

（5）欧洲理事会在促进语言多样性和语言学习方面所开展的活动。

要求成员国在各自的政治、司法、预算、教育和培训体系框架内：

重视目标公众需求的多样性和学习机会的均等性，优先采取自认为适当的措施尽量为学生提供学习两门、甚至更多门外语的机会并在终身教育框架内推动其他人的外语学习；提供多种多样的外语供学习者选学且邻近国家或地区的语言要包含在这些外语之内，以便促进整个欧洲范围内的合作和人员流动。

欧洲理事会于 2002 年 3 月在巴塞罗那召开了会议，并在主席团结论第 44 条款里强调要改进外语教学，要求继续采取措施以便"通过自小学阶段就教授至少两门外语来促进基本能力的掌握"。

掌握三门欧洲语言这一目标应有利于教育体系内的语言多样化，并应成为欧盟大多数成员国制定教育政策所遵循的主要方针。正如让-皮埃尔·范·达斯所说，"如果欧洲懂得公平对待其多样性所具有的各种价值，它在未来很可能会变得更加团结"。为了更好地了解别人和被别人了解，就得学习别人的语言和文化。就像吕西安·雅各比所建议的那样，要想了解和认识别人，没有比与其接触更好的办法了。

如果为了增进各个教育阶段的师生交流（这些交流越来越成功），从而加大对欧洲项目的资助力度，欧盟将会做出更大的贡献。

参考文献

[1] ATTAL, J.-P. *et alii*, *Comprendre les langues, aujourd'hui*, Paris, La TILV éditeur, 1995.

［2］ HERRERAS, J. C., CABEZAS, M. I., *La enseñanza del francés en España: realidad y perspectivas*, préfacé par Robert GALISSON, Valencia, NAU Llibres, 1989.

［3］ CECA-CEE-CEEA, *Les chiffres clés de l'éducation dans l'Union européenne*, Commission européenne, Bruxelles-Luxembourg, 1995.

［4］ DUVERGER, J., MAILLARD, J.-P. *L'enseignement bilingue aujourd'hui*, Bibliothèque Richaudeau/Albin Michel, Paris, 1996.

［5］ EURYDICE, *L'enseignement des langues dans la Communauté européenne*, Commission des Communautés européennes, Bruxelles, 1988.

［6］ EURYDICE, *Teaching of languages in the European Community: statistics*, Bruxelles, 1989.

［7］ EURYDICE/EUROSTAT, *Les chiffres clés de l'éducation en Europe*, Commission européenne, Bruxelles, 2000.

［8］ EURYDICE, *L'enseignement des langues étrangères en milieu scolaire en Europe*, Bruxelles, Direction générale de l'éducation et dela culture, Commission européenne, 2001.

［9］ GALISSON, R., COSTE, D., dir. *Dictionnaire de Didactique des Langues*, Paris, Hachette, 1976.

［10］ GALISSON, R. *D'hier à aujourd'hui la didactique des langues étrangères*, Paris, CLE Internationale, 1980.

［11］ GALISSON, R., PUREN, Ch., *La formation en questions*, Paris, CLE International, 1999.

［12］ HAGÈGE, C., *L'enfant aux deux langues*, Paris, Odile Jacob, 1996.

［13］ HERRERAS, J. C., dir., *1992. Situations linguistiques dans les Pays de la Communauté Européenne*, préfacé par André MARTINET, Valenciennes, Presses Universitaires de Valenciennes, 1992.

［14］ HERRERAS, J. C., dir. *L'enseignement des langues étrangères dans les pays de l'Union Européenne*, Louvain-la-Neuve, Bibliothèque des Cahiers de l'Institut de Linguistique de Louvain, Éd. Peeters, 1998.

［15］ JACOBY, L., «Les droits des citoyens de la *Communauté*», in: VAN DETH, J.-P., PUYO, J., *Actes du 2ème Colloque international Langues et coopération européenne: statut et gestion des langues*, Paris, CIREEL, 1982.

[16] LABRIE, N., *La construction linguistique de la Communauté européenne*, Paris, Champion, 1993.

[17] NEUMEISTER, H. *Les langues vivantes à l'école*, Strasbourg, Conseil de l'Europe, 1973.

[18] PUREN, Ch., *Histoire des méthodologies de l'enseignement des langues*, Paris, Nathan/CLE International, 1988.

[19] TASK FORCE/INRA, *Les jeunes Européens en 1990. Eurobaromètre 34. 2.* Commission des Communautés européennes, CECA-CEE-CEA, Bruxelles-Luxembourg, 1991.

[20] VAN DETH, J.-P., *L'enseignement scolaire des langues vivantes dans les pays membres de la Communauté Européenne. Bilan, réflexions et propositions*, Bruxelles, AIMAV-Didier, 1979.

[21] VAN DETH, J.-P., PUYO, J., *Actes du Colloque international "Langues et coopération européenne"*, Paris, CIREEL, 1980.

[22] VAN DETH, J.-P., PUYO, J., *Actes du 2ème Colloque international 'Langues et coopération européenne: statut et gestion des langues*, Paris, CIREEL, 1982.

分层教学模式在法语专业高年级教学中的实践与探索
——以湖北工程学院法语专业为例①

La pratique et l'exploration de la méthode d'enseignement hiérarchique dans le cycle supérieur du département de français — A l'exemple du Département du français de l'Université d'Ingénierie du Hubei

湖北工程学院　伍昌力
WU Changli　Université de l'Ingénierie du Hubei
Wuchanglifr@126.com

中文摘要：本课题以维果斯基（Lev Vygotski）"最近发展区"理论，布鲁姆（B. S. Bloom）的"掌握学习"理论和巴班斯基（Pabanski）的"教学形式最优化"理论为基础，于2014年9月开始在法语专业大三年级开展分层教学试验。经过一年的试验，在2015年的专四考试中，补考通过率达到68%，远高于全国补考平均过级率和我校的历年通过率。

关键词：分层教学；法语专业；高级阶段；教学实践

Résumé：L'essais pédagogique de l'enseignement différencié s'est lancé à partir du septembre de l'année 2014, à la base de la théorie de «Zone proximale de développement» de Lev Vygotski, «Taxonomie de Bloom» de B. S. Bloom, ainsi

---

① 本文系湖北工程学院科学研究项目资助课题"法语专业四级考试实证研究"（201642）阶段性成果。

que la théorie «l'Optimisation du processus pédagogique» de Pabanski. Après une année scolaire d'essais, le taux de réussite de rattrapage dans le Test du Français Spécialisé niveau IV（TFS-4）atteint 68％, plus élevé que le taux national et le taux historique de notre établissement.

Mots-clés: enseignement hiérarchique, département de français, cycle supérieur, pratique

引言

改革开放以来,我国高等学校法语专业建设经历了两次快速发展时期。第一次是 1993 年,国务院发布《中国教育改革与发展纲要》,允许各个高校在条件允许的前提下自主开办专业。在这样一个利好政策下,开设法语专业的高校迅速增加。(曹德明,2011)第二次是进入 21 世纪以后,由于高校扩招以及法语专业就业岗位多、薪资待遇高等因素的共同推动(郭科研,2011),各个学校纷纷开办本科层次或者专业层次的法语专业教学。据统计,2005—2010 年,专业教学点数量共增加 36 个。截至 2014 年 5 月,全国共有 126 所学校。(曹德明、王文新,2014)湖北工程学院法语专业也是在这一背景下建立起来的,并于 2006 年 9 月开始面向全国招生,招生规模 30 人,隔年招一个班。从 2012 年起每年招生,招生规模为 40—50 人。

目前我校在校全日制法语专业、本科人数为 167 人。随着我校《本科教学质量工程》的启动,如何办好法语专业、提高人才培养质量,成为摆在法语专业教师面前的重要课题。

一、问题的提出

法语专业四级考试在试题信度与效度、考试组织及试卷评阅分数统计等方面都已经相当成熟,是目前国内最具权威并得到普遍认可的全国性法语专业水平(能力)测试机制(王文新,2015)。王文新教授在《外语测试与教学》2015 年第 3 期发表了 2011—2014 年专业四级的主要统计数字(见表 3-10)。

表 3‑10 2011—2014 年专业四级的主要统计数字

年份	2011	2012	2013	2014
考点数/个	93	99(+6/6.45%)	117(+18/18.18%)	126(+9/7.69%)
实际考点/个	91	98(+7/7.69%)	107(+9/9.18%)	121(+14/13.08%)
报考人数/人	5 079	4 763(−316/6.22%)	5 721(+958/20.11%)	7 048(+1327/23.20%)
实考人数/人	4 978	4 712(−266/5.34%)	5 615(+903/19.16%)	6 930(+1 315/23.42%)
应届生/人	3 583	4 070(+487/13.59%)	4 534(+464/11.40%)	5 149(+615/13.56%)
补考生/人	1 395	642(−753/53.98%)	1 081(+439/68.38%)	1 781(+700/64.75%)
总平均分/分	63.36	64.43(+1.07)	54.47(−9.96)	52.79(−1.68)
合格分数线/分	55	60	55	55
总通过人数/人	3 897	318(−717/18.40%)	2 952(−228/7.17%)	3 257(+305/10.33%)
总通过率/%	78.28	67.48(−11.80)	52.57(−14.91)	47(−5.57)
应届通过数/人	2 870	2 914	2 577(−337/11.56%)	2 667(+90/3.49%)
应届通过率/%	80.10	71.70(−8.50)	56.84(−14.76)	51.80(−5.04)
补考通过数/人	1 027	266(−761/74.10%)	375(+109/40.98%)	608(+233/62.13%)
补考通过率/%	73.62	41.43(−33.19)	34.69(−6.74)	34.14(−0.55)

王文新教授在文中对于平均分和通过率上升及下降等都作出了具体的分析并给出了改进意见。除此之外,笔者在分析这些数据的时候发现一个规律,就是专四补考的通过率不高而且呈逐年下降的趋势。这与我校的情况十分吻合(见表 3‑11)。

表 3-11　2010—2014 年我校法语专业四级成绩分析

年　份	考试类别	参考人数/人	通过人数/人	通过率/%
2010	应届	44	14	32
	补考	0	0	0
2011	应届	0	0	0
	补考	29	24	83
2012	应届	45	28	62
	补考	17	4	24
2013	应届	41	19	46
	补考	17	4	24
2014	应届	41	16	39
	补考	13	3	23

基于此，我校法语专业教研室决定通过尝试改变教学模式来提高学生的语言水平，从而提高学生的专四过级率。在"最近发展区"理论、"掌握学习"理论以及"教学形式最优化"理论指导下，笔者和同事们决定从大三开始对法语专业学生实施"分层教学"试验。该教学模式依照学生的知识水平、学习能力和需求，选择不同的教学目标和内容，实施不同的教学形式。通过采取分层教学模式，不同层次的学生都得到充分的发展。

在征得学生的同意后，我系决定从 2014 年 9 月起，以 0123302241 班为试验对象，开展分层教学试验。由于专四成绩的效度较高，因此，我们在分层的时候直接依据学生的专四成绩，将通过的学生分为 A 组（能力提高组），未通过的学生分为 B 组（基础强化组）。以验证分层教学能否有效提高法语专业四级补考通过率。

二、理论基础和研究现状

分层教学在西方各个国家以不同的形式展开：英国在分层教学方面起步较

早。英国教育当局为了能够满足各个层次的学生的教育需求,将学生按照不同的层次分成不同的小班级。学生只要一报到入校,校方便对学生进行评估,通过他们之间的差异性来预测学生的水平进而将其按照必须、应该、可能三个层次的要求来分班授课。之所以采取此种教学模式,是因为学习者的学习能力有两个水平,第一个为现有的发展水平,第二个是在教师的指导下或其他人的帮助下可以达到的解决问题的水平,这两者的差距就是"最近发展区"(张福慧、魏惠琳,2010)。每个学生的"最近发展区"因为他们在能力水平方面的差异而不尽相同。分层教学依据不同层次学生的共同特点,分类指导,确保教学实践和各层次学生的"最近发展区"相适应,使各层次学生的认知水平均得到不断的提高。

其分班也不是简单的人员调配,许多学生在学习中未能取得优异成绩,主要问题不是智慧、能力欠缺,而是由于未得到适当的教学条件和合理的帮助造成的(李建刚、王斌兴,1991)。分层教学在"掌握学习"理论的指导下,依据学生的学习条件、环境开展合理的指导,使不同层次的学生都能得到提高。他们会根据学生的能力与需求来准备不同的授课材料及教学组织形式。教师也必须认真研究分层教学形式。在对教师的评价方面,不以学生的成绩高低来评价教师的工作,而是通过学生的成长指标的达成情况来评价教师在工作中的成绩。美国在分层教学理论和实践上都走在世界的前列,但是也因为其在教育上的分层教学激化种族主义矛盾而导致分层教学一度搁浅。直到20世纪90年代,由于新技术革命的需要,社会对于精英人才的需求越来越大。为此,大部分的学校重新将教育改革的触角伸向了分层教学。教师在教学活动中,应该将集体教学、分组教学和个别辅导结合起来,教学效果最佳。分层教学就是将这三者有机地整合在一起,既能保证集体教学的效率,又能够兼顾不同学生的差异,从而实现教学效果最大化(Ю.К.巴班斯基,2006)。美国1993年的一项调查显示,86%的公立中学仍在实施分层教学,只不过方法上有所调整。法国既是教育大国也是一个教育强国,该国从初中开始就实施分层教学,对于不适合普通高中学习的学生可以在初三选择参加技术高中的考试和学习。即便上了普通高中的学生,一上高中就会要进行文理分科,高考后,一部分精英会进入预备班强化两年的专业基础知识的学习,随后参加重点大学的招生考试。这一独特的教学招生考试形式,为法国提供了大量的政治、经济和科技精英。

我国的教育经过近三十年的快速发展,无论是在办学规模还是在生源数量和质量上都已经进入了相对稳定时期。面对这一教育新常态，国内很多高校很早就开展了分层教学的相关研究，其中以大学英语的研究成果最为丰硕。国内的研究主要围绕两个方面来展开：一是分层教学的策略，通常以作者所在单位为例子来展开实证研究，通过教学实验，摸索出一整套适合本校学生能力和培养目标的分层教学方案。二是探讨分层教学的必要性。比如杨雨寒在《分层教学在大学英语教学中的应用——以南通大学为例》一文中强调注重大学英语教学的系统工程性、系统内部的制约性和对教学研究的全方位性（杨雨寒，2012）。分层教学不仅实现了教学理念的转变，还应实现从以教师为中心、单纯的传授语言知识和技能的教学模式，向以学生为中心、注重语言运用能力和自主学习能力的教学模式的转变。作者以南通大学 09 级新生为研究对象，从分班的依据和步骤、教学目标的设定、课程设置、成绩认定以及教学策略等方面详细地介绍了该校的分层教学经验。分层教学从其产生之初，就是在赞美和批评声中成长。有的人认为其加强了人与人之间的不平等，甚至是加大了种族之间的差距。对不同层次学生采取不平等的区别对待方法，是对"低能"儿童的歧视，使他们的身心受到伤害。反之，如果对"高能"学生给予特殊照顾，则会让强者愈强，使学生间的隔阂加深。而另一种声音则为分层教学摇旗呐喊。贾荣香认为，实行分层教学是"以人为本"教学理念的具体体现（贾荣香，2005）。

目前国内法语专业实行分组教学的教学点很多，但是一般都是实行"平行"分组。北京城市学院的欧阳穆奕和张瑾两位老师则对他们所在高校的法语专业二年级听力课进行分层教学研究，该研究通过对学生实施问卷调查，以学生学习能力、态度和习惯为分组的依据，在教学目标、内容和测试上都提出了具体的实施方案，对于法语专业在其他课程上开展分层教学实践提供了很好的借鉴（欧阳慕弈、张瑾，2014）。

三、法语专业高年级分层教学设计

（一）如何将学生分层

学生分层是分层教学得以顺利开展的关键。分层的标准是什么？如果单纯地按照专业四级成绩"一刀切"可能有点不太客观，因为有的学生由于各种原因发挥失常，实际上专四成绩并不是其真实水平。因此笔者建议，分层必须与其"基础法语"和"中级法语"授课教师沟通，如果发现有成绩发挥失常的同学，要及时调整。同时分层也不能一成不变,如果学生的基础赶上来了,他(她)可以申请调到能力提高组中。

在学生分组的时候,尤其要注意基础强化组的学生的心理问题。他们对于在初中、高中时的分快慢班的教学形式十分反感,所以他们对于平行分组比较能够接受,但是对于分层分组比较反感,觉得老师这是在歧视他们。此时作为任课老师,笔者会单独将他们召集起来,给他们开一节特殊的班会"我们为什么要实施分层教学?"。在班会上,笔者给他们展示数据,分析开展分层教学的重要意义。这主要是让他们知道,我们实施分层教学的目的既没有歧视大家,也没有刻意给能力提高组的同学开小灶。在基础强化组,不仅人数更少,老师投入的精力也更大,使学生能够在一年之后也能达到《高等学校法语专业基础阶段教学大纲》所规定的要求。在班会的结束时我们鼓励同学们,面对自己学习上存在的问题,要勇敢地甩掉顾虑,和老师一起按照《高等学校法语专业基础阶段教学大纲》要求来完成自己的学业。

(二) 教学分层

能力提高组由于已经通过了专业四级考试,我们认为他们已经达到了《高等学校法语专业基础阶段教学大纲》所规定的能力要求。因此,在大三的学习中应该以《高等学校法语专业高级阶段教学大纲》来安排教学。而对于基础强化组,由于没有通过专业四级考试,所以在大三的学习中,依然要以基础知识和基本能力的培养为主。由于教学目标不同,因此采取的教学策略也不一样。

(三) 教学策略

法语专业高年级的课程主要有:高级法语、高级视听说、法语阅读、法语写作、法汉互译和法语口译等。除了高级法语每周6课时,其他课程均为每周2课时。教师采取隐形分组的策略,对两个小组的学生采取相同的教材,但是,教师在备课、上课、作业和辅导等环节均会根据学生的不同情况来"因人制宜"地提出不同的要求。在备课方面,笔者会针对两个层次的学生准备不同的导入方式和练习形式。在课堂上,虽然学生的水平差异比较大,但是不管给哪个组的学生上课,都应该用法语来提问。但是,分层教学操作的一个十分关键的问题,是针对不同分层班级采取合理的提问层次,以达到理想的教学效果(杨雨寒,2012)。根据梅德明对于课堂提问句的划分标准，课堂提问句总共分为：回忆层、转换层、解意层、应用层、分析层、综合层和评价层七个层次。越往后层次越高，难度越大，使用频率越低。教师在提问时，可以按照各个层次学生的特点，在句法结构的选择上适当作些调整。同时对于基础强化组的学生，建议多提一些回忆层的问题，比如何人(qui)、何物(quoi)、何时(quand)和何地(où)。对于能力提高组的学生，也不能够说完全放弃低层次的问题，直接过渡到评价层，这样做有点太突兀了，学生可能难以接受，但是在转化的过程中可以稍微加快一点。同理，对于基础强化组，也不能一直停留在理解层，而应该向综合层逐步转化。

（四）评价机制

根据大学英语在分层教学中的评价机制的经验，我们发现，如果采取分层评价，可以非常直观且高效地测试出不同层次学生的进步和存在的问题。因此，分层测试也是很多课程在分层教学中采取的测试方法。但是我校法语专业在分层教学中采取的不是分层测试，而是"达标测试"，也就是期末考试出题的时候一定要按照教学大纲对于该层次的学生所要达到的基本要求来出卷。通过试卷，我们既要看出是否所有的学生已达到大纲的要求，同时也要将学生的分数拉开距离，因为学生的综合测评和奖学金基本是以成绩为基础来评定的，如果采取分层测试，很有可能导致能力提高组学生的抵触。

结论

经过一个学年的分层教学实践，我们将通过专四补考通过率来检测分层教学的效果和是否值得推广。2015 年 5 月 29 日，法语专业四级在学校举行，该试验班级基础强化组共有 25 人参加专业四级考试，其中 17 人通过，最高分 71 分，65 分以上为 8 人，通过率为 68%，远远高于全国专四补考的平均过级率。横向比较一下，我校的补考过级率进步更是明显。通过数据的比较，我们可以很清楚地知道，采取分层教学可以有效地提高课堂教学效率、夯实基础较差学生的基本功，让不同层次的学生都有进一步提升的空间和可能。

但是，在实际操作过程中，我们也发现了一些问题：① 学生的抵触情绪，这是能否顺利开展分层教学的关键因素。学生普遍认为分层教学是对他们学习能力的歧视，认为大学实施这种初高中的分好坏班的模式，让他们无法接受。实际上我们法语专业实施的分层教学的指导原则是：直面学生认知能力和接受水平的差异，允许一部分学生延迟一年达标。但是根据我们以往的课堂统计，大三如果采取大班或者平行分班教学，学生的基础无法达标，大三学习十分痛苦，到了大四一个班几乎有一半的学生以各种理由缺勤。这是老师和学生都不愿意看到的局面。因此，班主任和任课老师一定要多做学生工作，促成分层教学的顺利开展。② 虽然我们的分层教学对于基础强化组的学生是否取得进步有很直观的认识，但是对于如何考察能力提高组的学生是否取得进步，目前我们还没有相关的数据统计，这也是在接下来的教学和测试实践中要努力解决的问题。但是我们可以通过一些个例来说明能力提高组的学生也取得了一定的进步，比如：2 个学生在 2015 年 5 月通过了人事部笔译三级考试，全班考研人数超过 60%，达到了 24 人。这些数字和现象都说明能力提高组的学生相较往届学生在自信心上和专业能力方面有很大的提高。③ 我们的分层教学仅限于大三年级，且目前采取的是学生分层，但是授课教师和教材都是一样的。那么是否应该由隐性分层向显性分层过渡呢？这还需要进一步开展相关实证研究。

参考文献

[1] ［苏］Ю. К. 巴班斯基：《最优化教学理论与教育论著选读下〈教育过程最优化问答〉》，中国环境科学出版社 2006 年版。

[2] 曹德明：《中国高校法语专业发展报告》，外语教学与研究出版社 2011 年版。

[3] 曹德明、王文新：《全国高等学校法语专业八级考试指南 2015 版》，上海外语教育出版社 2014 年版。

[4] 郭科研：《近两年小语种就业调查及未来需求预测》，《兰州教育学院学报》2011 年第 4 期。

[5] 贾荣香：《大学英语实行分层教学是"以人为本"教学理念的具体体现》，《教育理论与实践》2005 年第 24 期。

[6] 李建刚、王斌兴：《布卢姆掌握学习理论研究与实践》，黑龙江教育出版社 1991 年版。

[7] 梅德明：《课堂提问句的层次》，《上海外国语学院学报》1986 年第 6 期。

[8] 欧阳慕弈、张瑾：《法语专业听力课分层教学研究——以北京城市学院法语专业为例》，《中国法语专业教学研究》2014 年第 00 期。

[9] 王文新：《TFS 的运行机制、题型与统计模型》，《外语测试与教学》2015 年第 3 期。

[10] 杨雨寒：《分层教学在大学英语教学中的应用——以南通大学为例》，《教育探索》2011

年第 9 期。
[11] 杨雨寒：《大学英语分层教学课堂提问层次的区别》,《外语教学理论与实践》2012 年第 3 期。
[12] 张福慧、魏惠琳：《最近发展区在二语习得研究中的诠释》,《东北师大学报（哲学社会科学版）》2010 年第 4 期。

独立学院基础法语教学初探
——以川外成都学院为例

Analyse de l'enseignement du français élémentaire aux instituts annexés à gestion autonome
—L'exemple de l'Institut de Chengdu de l'Université des Etudes internationales du Sichuan

四川师范大学　张　静

ZHANG Jing　Université normale du Sichuan

中文摘要：基础法语是法语专业低年级学生最重要的一门课。由于独立学院的学生与公立院校的学生有很大不同,为达到《高等学校法语专业基础阶段教学大纲》要求,独立学院的教学需要有自己的特色,不能一味地照搬公立院校的教学模式。独立学院的教师需要根据学生特点制订相关教学计划,这样才能取得良好的教学效果。

关键词：基础法语教学；独立学院；特色

Résumé：Le français élémentaire est le cours le plus important pour les étudiants de la première année et de la deuxième année qui ont le français comme leur spécialité. En raison de grandes différences entre les étudiants des instituts annexés à gestion autonome et ceux des universités, on ne peut pas suivre tout à fait le mode d'enseignement des universités dans les instituts annexés à gestion autonome. Par conséquent, pour bien atteindre l'objectif de l'enseignement de la langue française, les professeurs des instituts doivent organiser leur enseignement selon les caractéristiques des étudiants.

Mots-clés: l'enseignement du français élémentaire, les instituts annexés à gestion autonome，les caractéristiques

根据《高等学校法语专业基础阶段教学大纲》的要求，通过基础阶段的教学，学生需要掌握基础的法语知识，"具有听、说、读、写的基本技能和一定的交际能力，并具备初步的自学能力，为提高阶段的法语学习或以法语为工具进行其他专业课程的学习打下良好的基础"（国家教育委员会，1988）。此外，经过两年基础阶段的学习之后，学生需要参加全国 TFS4 考试。而在现实的教学实践中，很多独立学院法语专业基础法语教学难以达到这一要求，学生在 TFS4 测试中的成绩并不理想，学生也没有掌握一定的实践能力，究其原因，主要是这些学校没有或很少考虑自己在生源质量方面与公立院校的差异问题，而一味地照搬公立校的教学方式，从而导致了"治学目标与教学实践的偏差"（梁洁，2014）。

目前，很多公立院校法语专业基础法语的主要教学方式均为教师课堂讲授法语知识，并布置一定的口头或笔头的练习，学生课下通过练习来掌握法语基础知识。由于公立院校学生学习动机较为明确，学习基础较好，且有良好的学习习惯，会主动完成教师布置的练习，所以，这种教学方式也能取得较好的效果。这种教学方式虽然适合大部分公立院校，但在很大程度上并不适合独立学院，因为独立学院的学生与公立院校学生在很多方面都有较大的差异。

一、独立学院的学生特点

众所周知，独立学院的生源要比公立学校的生源质量差。在学习过程中，独立学院的学生主要有以下特点：

（1）基础差，学习动机不明确：相比公立院校学生，独立学院的学生普遍基础较差。在入学之初，有些学生不知道及物动词和不及物动词之分；有些学生甚至无法分清句子的主语和谓语；很多学生对法语并不感兴趣，学习的积极性不高。

（2）学习习惯差，学习效率低：课上有些学生不知道要做笔记；有些学生需要老师不停地提醒才能集中注意力；大部分学生课下在没有人督促的时候不学习；有些学生做作业是为了敷衍老师，或者是即使老师布置了作业也不做，学生从来不会主动自主学习；大多数学生不会在课下总结自己的问题所在，并针对这些问题进行相应的改进。

（3）懒惰：需要记忆的东西很多，但是由于学生怕苦怕累，不会主动去记，如单词和动词变位等；课下不会主动复习学过的东西；老师布置的作业如果不催就不会主动去做。

（4）不自信：有些学生不敢开口说话，课上不敢发言，听不懂时也不敢提问，不敢说出自己的想法。

（5）与学习无关的爱好较多：比起课堂活动，独立学院的学生更喜欢参加课外活动，有些学生在这些活动中跟在上课时的状态完全不一样，非常主动积极。

为了达到《高等学校法语专业基础阶段教学大纲》的要求，独立学院的教师必须根据所教学生的特点组织自己的教学计划，而不是一味地照搬公立大学的教学模式。

二、独立学院的教学方式

以川外成都学院为例，根据学生上述特点，基础法语教学主要采取以下几个步骤进行：

（一）预习阶段

有研究显示，有效的预习也能够在"改善课堂教师的教学效果方面取得明显成果"（王雪鉴、夏侯富生，2013）。由于独立学院学生学习习惯较差，不知道或很少知道怎样在课前自主预习，在刚开始进入大学的时候，教师需要设置详细的预习计划来帮助学生养成预习习惯。此外，教师需要在课前或课上采用多种手段检查学生的预习状况，如课前布置了学生背单词课上可采取看图说词、听写等手段来进行检查。这样坚持一段时间后，学生会自己慢慢养成预习的习惯，从而改善课堂学习效果。

（二）授新阶段

针对独立学院的学生基础差、学习习惯差等特点，教师的任务不光是要带着学生学东西，在很大程度上还需要教学生怎样去学习，并尽力让学生能够并且愿意跟着教师的节奏走。基础法语课每周 10 个学时，主要讲授语音、语法和词汇等方面的知识，在教学过程中需要全面训练学生听、说、读、写、译的能力。为了达到这一目的，教师需要根据学生特点和学习内容的难易程度，在课堂上采用不同的教学方式来提高学生的学习兴趣和学习效果,从而实现自己的教学目的。

对于较为简单的课文,教师会在布置问题后要求学生分组讨论,并让学生来讲解,这样可以让每一个学生都参与其中;在讲解的过程中,对那些表现积极的学生,哪怕有些地方讲解有误,教师在更正后也会对其进行鼓励,从而提高学生学习的主动性和积极性。

对于课文中的重点词汇和语法,教师会综合各种教学方法,来引导学生学习。以语法为例,在学习的过程中,很多学生最害怕语法,对他们而言,法语语法比英语语法复杂太多,"如何有效地进行语法教学已成为外语教学理论研究中的一个重要而迫切的课题"(束定芳、庄智象,2008)。在独立学院基础法语教学中,针对学生的基础和心理特点,主要采用的方法有:

(1) 趣味教学:在教授新内容的时候,教师可以用学生熟悉和喜欢的东西来引入,这样能够避免让学生对新知识产生畏难情绪,从而提高学生的学习兴趣。

(2) 在新知识的讲解过程中,教师可以采用归纳法和演绎法相结合的方式,从简单的内容入手,通过创造问题情境来引导学生对所创情境进行思考,继而发现新的语法现象,并总结相关规则。在教师的引导下,学生会不自觉地独立思考,"依靠自己的智慧和前期的知识积累对情境内容进行整理、分析,从而获得新的语法知识"(赵吉鹏,2014)。在教学过程中,鉴于独立学院学生的基础较差,而且他们已经适应了以前的应试模式教学,单纯的归纳法无法达到教学目的,在他们自己对所学语法点进行总结后,还需要教师对相关内容进行更正和补充,最后进行系统的梳理,从而帮助他们掌握新的语法知识。

此外,法语中很多语法现象都与语音有一定的联系,如"词性变化、元音省略、赘词增添、句型变化等方面"(邢程,2003),教师在教学过程中可以借助分析语法现象与语音之间的关系来帮助学生掌握相应的语法知识。

(3) 多媒体辅助教学:多媒体辅助教学能够让学生直接感受所学内容,它"不仅为学生提供了丰富、真实的文化背景知识。而且还为学生运用所学的语言词汇和语言结构,模仿画面中的语音、语调及表达方法,提供了有效的条件"(汪秀华,2010)。因此,在课堂上采取适当的多媒体辅助教学能够在很大程度上提高学生学习主动性和课堂效率。

除上述教学方法外,教师还可以灵活采用其他教学方法,但不管采用哪种方法，均需考虑到独立学院的学生特点。需要注意的是，在教学过程中，重点、难点的东西尤其需要教师注意讲解方式。教师要努力做到用最简单的方式、最简单的话语来让学生明白所讲内容。"教学有法，教无定法"，教师需要尽自己最大的努力来调动学生的学习情绪，让学生愿意跟着教师学东西。

（三）作业布置

作业布置要细化，如果教师布置的作业是要求学生自己课下复习所学内容，学生就根本不会去复习，很多学生都认为这样就是没有布置作业。此外，语法内容有专门的练习题集，可用以帮助学生巩固所学知识。每个周末，会有相应的周末作业来帮助学生梳理一周所学内容，使其能够查漏补缺，及时巩固复习所学知识点。

（四）教学评估

除了课下作业教师需要批改、及时总结问题外，还有专门的动词变位测试、朗读测试、背诵测试、阶段测试等，让教师也让学生能够发现每个学习阶段存在的问题，以便及时解决。

（五）课外活动

针对独立学院学生更喜欢课外活动的特点，川外成都学院法语系会专门组织相关的活动，如法语歌曲大赛、法语演讲赛、法语猜词比赛、法语模仿秀、"法语日"等活动，并鼓励他们参加其他学校或机构组织策划的活动，使他们在参加活动的过程中能够潜移默化地提高学习兴趣和学习效果，并真正地将其所学的知识应用到实践中，提高其实际应用语言的能力。

同时，针对学生的心理特点，教师在平时的教学过程中需要非常耐心，在学生取得进步时及时鼓励学生，从而激发学生，尤其是基础较差学生的学习动力。

通过采取以上教学方式，川外成都学院连续数年在 TFS4 考试中取得优异成绩，以近三年为例：2013 年过级率为 78%，超过全国平均分 5.73 分；2014 年过级率为 81%，超过全国平均分 5.7 分；2015 年过级率为 81.7%，超过全国平均分 5.93 分。此外，学生在结束两年的基础法语学习，进入到高年级后，在低年级所养成的学习习惯和学习方法能够帮助他们很快地适应高年级的教学速度和教学内容，从而能够很好地掌握并应用所学知识，为他们在以后的学习工作中赢得机会。

三、结语

由于独立学院的学生与公立院校的学生在很多方面都有较大的不同，独立学院法语专业的基础法语教学不能单纯复制公立院校的模式，而是需要清楚认识到自己所教学生的特点，并针对这些特点，采取相应的教学方式。这样，才能在教学过程中取得良好的教学效果，使学生在经过基础阶段的学习之后能够真正达到《高等学校法语专业基础阶段教学大纲》的要求。而学生在通过 TFS4 考试的同时，也能够在实际生活中灵活运用所学语言知识。

参考文献

［1］ 国家教育委员会：《高等学校法语专业基础阶段教学大纲》，外语教学与研究出版社 1988 年版。
［2］ 梁洁：《基于MOOC式思维分析独立学院法语专业教学创新化发展》，《中国法语专业教学研究》2014 年第 00 期。
［3］ 王雪鉴、夏侯富生：《关于大学英语课前预习情况改善的行动研究》，《语文学刊（外语教育教学）》2013 年第 9 期。
［4］ 束定芳、庄智象：《现代外语教学：理论、实践与方法》，上海外语教育出版社 2008 年版。
［5］ 赵吉鹏：《发现式学习视角下的法语语法教学》，《法国研究》2014 年第 3 期。
［6］ 邢程：《法语语音和语法关系初探》，载《四川外语学院院报》2003 年第 5 期。
［7］ 汪秀华：《多媒体技术辅助下的大学法语视听说教学》，《法国研究》2010 年第 2 期。

专栏

2014—2018 年 法语年会纪要

Rapports des congrès de l'ACPF 2014 – 2018

2014 年哈尔滨会议纪要

教育部外指委法语分委员会、(中国)法语教学研究会

2014 年 12 月 12—13 日,教育部高校外国语言文学类专业教学指导委员会法语专业教学指导分委员会、(中国)法语教学研究会联席会议暨"法语教学评估与测试"学术研讨会、第七届"卡西欧杯"全国高校法语演讲决赛、第五届全国青年教师培训班在哈尔滨师范大学举行。研究会会长、分指委主任委员、上海外国语大学校长曹德明教授,哈尔滨师范大学校长王选章教授,分指委和研究会其他领导,法国驻华大使馆文化专员毛飞先生,法国驻沈阳领事馆代表 Antoine Guillemet 先生,卡西欧公司代表李晓东先生和其他友好单位嘉宾,分指委委员以及代表全国 130 多所院校法语专业的研究会理事、专业负责人、教师代表和学生代表 200 余人参加了会议。

12 月 12 日首先举办了由卡西欧(中国)贸易公司赞助的法语教师培训班,来自全国各专业教学点、研究、培训和出版机构的 100 多名教师和其他人员参加了培训,并与授课专家和其他学员进行了交流。学习和交流活动结束后,培训班举办了简朴、庄重而热烈的结业典礼。

13 日上午举办了全体代表大会,会议由哈尔滨师范大学西语学院院长江涛教授主持。王选章校长在开幕式上致辞,对会议的召开表示祝贺、对会议代表和各位来宾表示欢迎。曹德明校长代表分指委和研究会作年度工作报告。毛飞专员亦在开幕式上致辞,对会议的召开表示祝贺。上海外国语大学王文新教授汇报了分指委和研究会秘书处一年来的工作、本次年会筹备情况以及 2014 年法语专业等级考试情况。

大会结束后举行了第七届"卡西欧杯"全国高校法语演讲比赛决赛。全国 74 所高校法语专业的学子经过全国预赛选拔,遴选出 14 名选手进入本次决赛。

在决赛中经过命题演说和即兴演讲两轮激烈的角逐,南京大学刘一戈、上海师范大学方瑜荣获一等奖;南京师范大学杨亦骅、北京外国语大学陈湘灵、国际关系学院赵霆、华中师范大学朱婧天荣获二等奖;盐城师范学院徐章成、上海外国语大学潘虹月、厦门大学庆昱君、浙江大学金菁华、兰州交通大学赵悦蓉、西安交通大学张莹莹、黑龙江外国语学院梅冰晶、北京第二外国语学院庞琬琳荣获三等奖。经过七年的历程,作为我国法语专业教学界最高赛事之一,"卡西欧杯"全国高校法语演讲比赛已成为各专业院系学子检验学习成果、展现才华、交流知识的重要舞台。

在13日下午举行的学术研讨会上,有27名教师、研究人员和学术出版界代表作了专题发言,并就研讨会主题和其他法语专业教学与研究话题进行了热烈探讨。研讨会结束后,组委会举行了总结活动,王文新教授主持,教学研究会副会长、南京大学外国语学院副院长刘成富教授发表讲话,回顾了本次会议的成果,对今后分指委和研究会工作提出了期望,并宣布教师培训班、联席会议、演讲比赛和研讨会等各项活动圆满闭幕。

经过今年分指委和研究会常务会议的讨论,中山大学南方学院蒲志鸿、广州大学邹琰、山东外事翻译职业学院柴庆友分别代表各自院校加入(中国)法语教学研究会并担任理事,研究会的成员单位由此达到107个,理事共计109名;另外,山东财经大学王淑华、北京语言大学王秀丽、湖北工程学院伍昌力、首都师范大学龚觅、南开大学周新凯分别代表各自院校接替陆瑶、冀可平、曾利霞、黄晞耘和李树芬担任理事。分指委和研究会对离任同志所做出的贡献表示感谢和敬意。

会议另外决定,在下一年度,分指委和研究会将继续举办上述各项全国活动;2015年的两会联席会议将于2015年底由法语教学研究会理事单位厦门大学承办。

2014年12月18日

2015年厦门会议纪要

教育部外指委法语分委员会、(中国)法语教学研究会

2015年12月11—13日,教育部高校外国语言文学类专业教学指导委员会法语专业教学指导分委员会、(中国)法语教学研究会联席会议暨"法语专业教学法：从传统到多元"学术研讨会、第八届"卡西欧杯"全国高校法语演讲决赛、第六届全国青年教师培训班在厦门大学举行,上海外语教育出版社协办。法语分委员会主任委员、研究会会长、上海外国语大学校长曹德明,厦门大学校长助理张建霖,分委员会和研究会其他领导,法国驻华大使馆文化专员Jacqueline Plessis女士,法国驻广州领事馆Pierre-Yves Tourpin先生,卡西欧(中国)贸易公司副总经理岩丸阳一先生和其他友好单位嘉宾、分委员会委员以及代表全国130多所院校法语专业的研究会理事、专业负责人、教师代表和学生代表约340人参加了会议。

12月11日首先举办了法语教师培训班,来自全国各专业教学点、研究、培训和出版机构的约150名教师和其他人员参加了培训,并与包括比利时列日大学Jean-Marc Defays教授在内的授课专家和其他学员进行了交流。学习和交流活动结束后,培训班举办了简朴、庄重而热烈的结业典礼。

12日上午举办了全体代表大会,会议由厦门大学外文学院院长张龙海教授主持。张建霖在开幕式上致辞,对会议的召开表示祝贺、对会议代表和各位来宾表示欢迎。曹德明校长代表分委员会和研究会作年度工作报告。Jacqueline Plessis专员与卡西欧(中国)贸易公司副总经理岩丸阳一先生亦分别在开幕式上致辞,对会议的召开表示祝贺。厦门大学校长朱崇实教授在会议间隙会见了曹德明校长和分委员会、研究会其他主要领导成员。

大会结束后举行了第八届"卡西欧杯"全国高校法语演讲比赛决赛。全

国83所高校法语专业的学子经过全国预赛的选拔,遴选出15名选手进入本次决赛。在决赛中经过命题演说和即兴演讲两轮激烈的角逐,中国传媒大学甄权铨荣获一等奖,上海外国语大学梁宝文、北京大学林欣然、四川外国语大学成都学院陈滕聪、南京大学金陵学院周新怡荣获得二等奖,武汉大学李卓耘、辽宁大学苑雅倩、鲁东大学张建、四川外国语大学黄依冰、天津外国语大学滨海外事学院刘悦、青岛大学刘颜嘉、湖北大学刘倩、国际关系学院周欣宇、三峡大学马汀楠、西安外国语大学高帅荣获得三等奖。经过八年的历程,作为我国法语专业教学界最高赛事之一,"卡西欧杯"高校法语演讲比赛已成为各专业院系学子检验学习成果、展现才华、交流知识的重要舞台。

在12日下午举行的学术研讨会上,有48名教师、研究人员和学术出版界代表作了专题发言,并就研讨会主题和其他法语专业教学与研究话题进行了热烈探讨。研讨会结束后,组委会举行了总结活动,王文新主持,四川外国语大学校长、教学研究会常务理事李克勇教授发表讲话,回顾了本次会议的成果,对今后分委员会和研究会工作提出了期望,并宣布教师培训班、联席会议、演讲比赛和研讨会等各项全体活动闭幕。当天晚上,厦门大学外文学院法语系师生在系主任胡佳教授带领下为与会代表奉献了一台精彩的法语文艺晚会。12月13日,代表们或院校间就上述活动以及共同关心的问题进行了自由交流,并开始离会。

经过今年分委员会和研究会常务会议的讨论,临沂大学李秀泉、广西外国语学院宋春明、湖南商学院姚桂明、池州学院赵清曦、天津外国语大学滨海外事学院王金涛、滨州学院韩璐六位老师分别代表各自院校加入(中国)法语教学研究会并担任理事,研究会的成员单位由此达到113个,理事共计115名;另外,山东师范大学曹淑娟、河北大学刘碧霞、郑州航空工业管理学院卢悦、哈尔滨师范大学肖凌、广东外语外贸大学杨晓敏、四川师范大学邹燕舞、北京外国语大学车琳共七位老师分别代表各自院校接替张海波、张桂琴、刘晓端、刘春芬、郑立华、李培西和王助担任理事(杨晓敏为常务理事,车琳为副会长)。分委员会和研究会对离任同志所做出的贡献表示感谢和敬意。

会议另外决定,在下一年度,分委员会和研究会将继续举办上述各项全国活动,于 2016 年 10 月由教学研究会理事单位四川外国语大学成都学院承办。

2015 年 12 月 13 日

2016年成都会议纪要

教育部外指委法语分委员会、（中国）法语教学研究会

  2016年10月20—23日，教育部高校外国语言文学类专业教学指导委员会法语专业教学指导分委员会、（中国）法语教学研究会联席会议暨"法语专业教学改革与发展"学术研讨会、由卡西欧（中国）贸易公司赞助的全国高校法语演讲决赛、第七届全国法语教师培训班在四川外国语大学成都学院举行。法语分委员会主任委员、研究会会长、上海外国语大学校长曹德明，成都学院常务副院长杨继瑞，分委员会和研究会其他领导，法国教育部文学总督学Fabrice Poli先生，法国驻华大使馆文化专员Jacqueline Plessis女士，驻成都领事馆大学合作专员Sylvie Tourpin，法国国际教育研究中心（CIEP）考试负责人Marie Rousse，卡西欧（中国）贸易公司代表甘永明先生等中外友好单位嘉宾、分委员会委员以及代表全国140多所院校法语专业的研究会理事、专业负责人、教师代表和学生代表约350人参加了会议。

  10月21日，首先举办了法语教师培训班，来自全国各专业教学点、研究、培训和出版机构的约140名教师和其他人员参加了培训，并与来自上海外国语大学、北京外国语大学、广东外语外贸大学、法国国际教育研究中心、法国教育部的6位授课教授和专家进行了交流。学习和交流活动结束后，培训班举办了简朴、庄重而热烈的结业典礼。

  22日上午，举办全体代表大会，会议由四川外国语大学成都学院法语系主任沈光临主持。杨继瑞副院长在开幕式上致辞，对会议的召开表示祝贺，对会议代表和各位来宾表示欢迎。曹德明校长代表分委员会和研究会作年度工作报告。Fabrice Poli先生代表法方致辞，对会议的召开表示祝贺。

  大会结束后举行了第九届全国高校法语演讲比赛决赛，赛事由卡西欧（中

国)贸易公司赞助。全国77所高校法语专业的学子经过全国预赛的选拔，遴选出17名选手进入本次决赛。在决赛中经过命题演说和即兴演讲两轮激烈的角逐，北京外国语大学刘嘉诚、中国人民大学中法学院张善辉荣获一等奖；四川外国语大学成都学院朱飞宇、四川外国语大学彭天晴、南京大学王彩妮、南京师范大学何笑笑、上海外国语大学廖宏鸿荣获二等奖；外交学院金鑫、北京语言大学崔恩侨、厦门大学吕蔚、大连外国语大学林璐、武汉大学谢欣怡、兰州交通大学李文文、西安交通大学李金梦、扬州大学韦嘉钰、湘潭大学兴湘学院朱鸶琰荣获三等奖。经过九年的历程，作为我国法语专业教学界最高赛事之一，高校法语演讲比赛已成为各专业院系学子检验学习成果、展现才华、交流知识的重要舞台。

在22日下午举行的学术研讨会上，有33名教师、研究人员和学术出版界代表作了专题发言，并就研讨会主题和其他法语专业教学与研究话题进行了热烈探讨。研讨会结束后，组委会举行了总结活动，四川外国语大学校长、教学研究会常务理事李克勇教授发表讲话，回顾了本次会议的成果，对今后分委员会和研究会工作提出了期望，并宣布教师培训班、联席会议、演讲比赛和研讨会等各项全体活动闭幕。当天晚上，四川外国语大学成都学院法语系师生为与会代表奉献了一台精彩的法语文艺晚会。10月23日，代表们和院校间就上述活动以及共同关心的问题进行自由交流，并开始离会。

经过今年分委员会和研究会常务会议的讨论，河海大学王怡静、南京师范大学中北学院周燕、河北师范大学汇华学院赵平、广东外语外贸大学南国商学院邓炯四位老师分别代表各自院校加入(中国)法语教学研究会并担任理事，研究会的成员单位由此达到117个，理事共计119名；另外，对外经济贸易大学张萍、南京大学金陵学院徐海霞、北京航空航天大学中法工程师学院陈威、湖北大学张凌、辽宁大学张燕、山东外事翻译职业学院杜兴秀共六位老师分别代表各自院校接替洪晖、龙佳、萨日娜、龚桂芳、郑贞爱和柴庆友担任理事。分委员会和研究会对离任同志所做出的贡献表示感谢和敬意。

会议另外决定，在下一年度，分委员会和研究会将继续举办上述各项全国活动，于2017年秋由教学研究会理事单位中国人民大学中法学院(苏州)承办联席会议、研讨会和演讲比赛决赛阶段的赛事；教师培训班因任务繁重，将另行与上海外语教育出版社、法国驻华使馆和法国国际教育研究中心联合在上海举办；全国高校法语演讲比赛将冠名为"外研社杯",由外语教学与研究出版社赞助举办;另将支持外语教学与研究出版社举办"教学之星"全国法语教学比赛。

2016 年 10 月 30 日

2017年苏州会议纪要

教育部外指委法语分委员会、(中国)法语教学研究会

2017年11月10—12日,教育部高校外国语言文学类专业教学指导委员会法语专业教学指导分委员会、(中国)法语教学研究会(ACPF)在中国人民大学苏州校区中法学院召开联席会议,并举办"全球化语境下法语教学改革与创新"学术研讨会、"外研社杯"第十届法语演讲比赛全国总决赛。

10日代表报到,自由交流;晚间法语分委员会、教学研究会领导班子举行预备会议。11日上午首先举行开幕式和全体代表大会,教育部外指委副主任委员、法语分委员会主任委员、(中国)法语教学研究会会长曹德明,中国人民大学副校长杜鹏,法国驻华使馆语言、教育与体育专员裴雅琳(Jacqueline PLESSIS),上海外国语大学法语系主任、法语分委员会、法语教学研究会秘书长王文新,外语教学与研究出版社综合语种分社社长彭冬林以及法语分委员会委员、法语教学研究会理事,来自全国140多所高校及友好单位的260多位专家学者参加会议,会议由中国人民大学苏州校区党委书记兼国际学院、中法学院院长朱信凯主持。

杜鹏副校长在致辞中首先代表中国人民大学向会议的召开表示祝贺,对出席会议的代表和嘉宾表示欢迎,随后他介绍了中国人民大学以及苏州校区的有关情况。杜鹏说,苏州校区作为人大优势学科拓展与提升的重要平台,为我国高等学校异地办学和中外合作办学开创了丰富可行的实践经验;中法学院成立五年来,已成长为全国规模最大的法语教育基地,培养出一批能够自由行走于东西方文化平台的优秀毕业生。杜鹏表示,中法学院将借此机会与各兄弟院校深入沟通和交流,汲取养分和力量,进一步提高中法学院法语教学水平,培养出更多社会栋梁。

裴雅琳专员在致辞中表示，非常欣喜和荣幸连续第三年来到由各法语院系优秀代表组成的大家庭聚会中。她说，近年来法语在中国的发展非常迅速，得益于法语分委员会、法语教学研究会与法方的共同合作以及法语教师们的积极工作与支持。她希望大家继续共同努力，通过学术研讨等形式开展广泛的交流与合作，不断推动法语教学事业的发展。

曹德明会长介绍了法语分委员会和法语教学研究会一年来所取得的主要工作成果。他指出，在中外合作日益密切以及国家"一带一路"倡议实施背景下，中国法语教学事业蓬勃发展，法语学科态势整体向好，但同时也面临着教师队伍年轻化、学生需求复杂化、办学条件参差不齐等问题，中国法语教学仍任重道远。基于法语教学在新的历史时期呈现出的新变化、新气象，各专业点应特别注重提高人才培养质量，努力培养具有国际视野、通晓国际规则、能够在中外交流中发挥重要作用的优秀人才。曹会长希望与会的专家学者能够在会议期间充分交流、互相借鉴经验，全体教师今后不断创新教学模式，不断提高教学质量，共同将中国法语专业人才培养事业提升到新的高度。

大会后举行由外语教学与研究出版社赞助的"外研社杯"第十届法语演讲比赛全国总决赛。该社综合语种分社社长彭冬林在比赛前致辞。比赛由王文新教授主持，裴雅琳专员、曹德明会长以及南京大学刘成富、北京大学田庆生、北京外国语大学傅荣、武汉大学吴泓缈、大连外国语大学王大智、北京第二外国语学院李焰明、西安外国语大学张平、广东外语外贸大学郑立华、中国人民大学中法学院冯寿农等教授担任评委。经过激烈角逐，外交学院顾欣、北京外国语大学张舒文、首都师范大学侯欣昕、华东师范大学孙佳慧荣获一等奖，上海外国语大学柳洋、华中科技大学罗含艺、南京师范大学征琪、四川外国语大学成都学院秦诗倍荣获二等奖，苏州大学林楚昕、中国人民大学中法学院陈垦、天津外国语大学滨海外事学院肖旸、四川外国语大学李帆、河北大学苑子璠、湘潭大学朱敬静、南京大学高天慈荣获三等奖。评委为获奖同学颁奖并合影留念。

11日下午，"全球化语境下法语教学改革与创新"学术研讨会在修远楼举行。研讨会设四个分论坛：第一、二分论坛主题为"创新与法语教学"，由武汉大学吴泓缈、北京外国语大学傅荣和南京大学刘成富、上海外国语大学王文新教授分别主持；第三分论坛主题为"创新与法语人才培养"，由广东外语外贸大学郑立华、大连外国语大学王大智教授主持；第四分论坛以"创新与法语科研"为主题，由北京大学田庆生、西安外国语大学张平教授主持。各分论坛发言踊跃，讨论热烈。当日会议总结由王文新教授主持，法语教学研究会副会长、南京大学刘成富教授致辞，对人大苏州校区对会议承办工作的精心组织和安排表示感谢，对会议成果表示满意，并希望大家再接再厉，在新的一年创造出新成就。

会议期间，苏州校区还举行了"许惠品女士钢琴音乐会"，国际学院副院长石佳友教授致辞，并与参加会议的专家学者及苏州校区师生一同观看了演出。

会议审议通过了四所高校加入（中国）法语教学研究会及其理事人选申请（按申请递交顺序）：湖北师范大学，曾静担任理事；广西财经学院，唐峦担任理事；四川外国语大学重庆南方翻译学院，何耀担任理事；河北外国语学院，郑雪菲担任理事。法语教学研究会成员单位由此增加到121个，理事123名。此外，会议还审议通过了五所高校的理事接任申请：厦门大学鲁京明接替胡佳担任理事，山西大学孟晓琦接替贾秀英担任理事，扬州大学李巍接替陆亚东担任理事，河北工业大学邓颖接替薛璟担任理事，天津外国语大学滨海外事学院王天骄接替王金涛担任理事。研究会对离任同志做出的贡献表示感谢和敬意。

会议决定，2018年度，法语分委员会、法语教学研究会将继续举办上述各项全国活动，承办单位为盐城师范学院。

2017年11月12日

2018年盐城会议纪要

(中国)法语教学研究会

2018年11月2—4日,(中国)法语教学研究会在盐城师范学院召开年度工作会议,并举办"一带一路倡议下的法语、法国与法语国家"学术研讨会、"外研社杯"第十一届法语演讲比赛全国总决赛。研究会理事、各专业点代表、教师和学生代表及嘉宾共计约260人参加了会议和相关活动。

11月2日,代表报到,自由交流;晚间教学研究会领导班子举行预备会议,比赛选手参加赛前抽签与培训会议。3日上午,首先举行开幕式和全体代表大会。会议由盐城师范学院副校长毕凤姗教授主持,方忠校长致欢迎辞;受曹德明会长和研究会委托,刘成富副会长代表研究会致答谢词,并介绍了研究会一年来的工作;Didier Hetet先生代表法国驻华大使馆、Jean-François Lépine(雷平江)先生代表加拿大魁北克政府驻华办事处先后致辞,祝贺会议召开,并介绍了各自机构推广与支持法语教学的措施和成果;随后演讲比赛赞助单位、外研社综合语种分社社长、"一带一路"服务中心总经理彭冬林先生致辞,表达了对会议的祝贺和赛事的支持。四川外国语大学校长、法语教学研究会常务理事李克勇,上海外国语大学教授、中国法语教学研究会秘书长王文新,中国前驻刚果(金)和黎巴嫩大使吴泽献在主席台就座。

代表大会之后,举行"外研社杯"第十一届全国高校法语比赛总决赛。前期第一轮校内选拔在法语教学研究会各成员高校举行,学生们参赛热情高涨;第二轮全国预赛共收到报名材料97份,经组委会双向盲审,其中11名入围全国总决赛。总决赛评委会由北京外国语大学傅荣、魁北克驻华办事处雷平江、四川外国语大学李克勇、北京第二外国语学院李焰明、南京大学刘成富、法国驻华使馆Didier Hetet、北京大学田庆生、上海外国语大学王文新、西安外国语大学张平、广东外语外贸大学郑立华等教授和专家组成。经过激烈角逐,华东师范大学严然、北京外国语大学田晶鑫荣获一等奖,西安交通大学潘静萱、上海外国语大学顾原、湖南师范大学周彦婕、安徽大学吕栩颖荣获二等奖,对外经济贸易大学陈翘楚、辽宁大学张瑶瑶、南京师范大学施祎辰、盐城师范学院张明瑶、安徽师范大学宋傲荣获三等奖。赛后举行了颁奖仪式,评委与获奖选手合影留念。

11月3日下午,举行"一带一路倡议下的法语、法国与法语国家"学术研讨会。研讨会设五个分论坛,主题分别为"法语教学改革与创新"(主持人:李克勇、李焰明)、"新国标与法语人才培养"(主持人:宋学智、刘洪东)、"法语区域与国别研究"(主持人:刘成富、游滔)、"法语国家和地区文化、文学及中法跨文化交流"(主持人:罗国祥、王文新)、"法语专业本硕论文、测试与合作办学"(主持人:王秀丽、张平)。各分论坛发言踊跃,讨论热烈,取得了预期的交流效果。

当日会议总结由王文新教授主持,南京大学非洲研究所秘书长张振克教授首先介绍了该所开展的工作和取得的成果,随后各分论坛主持人汇报、分享了学术研讨会交流情况,最后李克勇教授讲话,对一天来各项活动的成果作了全面总结,并代表全体代表对盐城师范学院及游滔主任带领的法语系团队为会议付出的辛苦表示感谢,对会议质量给予高度评价,希望法语教学与研究界同仁再接再厉,认真学习、贯彻教育部关于加强和改善本科教育的各项会议和文件精神,争取在下一年度取得更大的发展。

会议审议通过了八所高校加入(中国)法语教学研究会及其理事人选申请,按申请递交顺序为:华中科技大学,陈新丽担任理事;北华大学,程施亮担任理事;福建江夏学院,赖荣发担任理事;南昌工程学院,李婷婷担任理事;湖北大学知行学院,孙偲担任理事;桂林旅游学院,王南颖担任理事;渤海大学,张俊秀担任理事;中国政法大学,赵静静担任理事。法语教学研究会成员单位由此增加到129个,理事131名。

此外,会议还审议通过了九所高校的理事接任申请:河北大学,何雯雯接替刘碧霞担任理事;山东外事翻译职业学院,贾娜接替杜兴秀担任理事;浙江外国语学院,孟玉秋接替李元华担任理事;云南大学,孙芳接替张伟担任理事;河北外国语学院,王利峰接替郑雪菲担任理事;南京师范大学中北学院,王秋燕接替周燕担任理事;广东外语外贸大学南国商学院,余姗接替邓炯担任理事;安徽大学,赵吉鹏接替陈敏担任理事;西南交通大学,左天梦接替陈蜀玉担任理事。

研究会对新入会院校和新任理事表示祝贺，对离任同志做出的贡献表示肯定和感谢。

11月4日，与会代表参观了盐城师范学院新校区，自由交流并陆续离会。

会议决定，2019年将在安庆师范学院继续举办全国法语年度工作会议及学术研讨会、"外研社杯"第十二届全国高校法语演讲比赛全国总决赛等各项相关活动；第十届全国法语教师培训班将另择地举办。

2018年11月4日

2019年安庆会议纪要

教育部外指委法语分委会、(中国)法语教学研究会

  2019年11月29日至12月1日，教育部外指委法语分委会、(中国)法语教学研究会在安庆师范大学召开年度工作会议，并举办"新时代背景下一流法语专业和课程建设"学术研讨会、"外研社杯"第十二届法语演讲比赛全国总决赛。分委会委员、研究会理事、各专业点代表、教师和学生代表及嘉宾共计约230人参加了会议和相关活动。

  11月29日代表报到，自由交流；晚间分委会、教学研究会领导班子举行预备会议，比赛选手参加赛前抽签与培训会议。11月30日上午，首先举行开幕式和全体代表大会。会议由安庆师范大学外国语学院院长王先荣教授主持，安庆师范大学党委副书记、校长闵永新教授致欢迎辞；分委会主任委员、研究会会长曹德明教授，法国驻华大使馆教育专员Frédérique Penilla(贝俐平)博士，加拿大驻沪总领馆副领事、魁北克驻沪办事处代表François Dansereau(唐思华)先生先后致辞，祝贺会议召开，并介绍了各自机构推广与支持法语教学的措施和成果。在简短的休息及合影之后，曹德明教授作大会报告，详细介绍了法语分委会、教学研究会一年来的工作成果以及新的一年工作计划，包括今年先期与外语教学与研究出版社共同在北京举办、法国驻华使馆协办的第十届全国法语教师培训班。随后，王裔晴编辑代表外研社综合语种分社，介绍该社新的出版成果，其中着重介绍了"新经典法语"系列和"新编大学法语"系列教材及配套课件。(中国)法语教学研究会秘书长、上海外国语大学王文新教授亦在主席台就座，并主持了随后的学生比赛活动。

  大会之后，举行"外研社杯"第十二届全国高校法语比赛总决赛。前期第一轮校内选拔在法语教学研究会各成员高校举行，广大同学参赛人数众多，热情高

涨；第二轮全国预赛共收到报名材料97份，有效材料96份，经组委会双向盲审及会长批准，其中12名选手入围全国总决赛。总决赛评委会由上海外国语大学曹德明、北京外国语大学车琳、武汉大学王战、魁北克驻沪办事处唐思华、北京第二外国语学院李焰明、法国驻沪总领馆Fabien Chareix、北京大学田庆生、西安外国语大学张平等8位教授和专家组成。经过激烈角逐，厦门大学张子仪、四川师范大学欧阳廖鑫荣获得一等奖，西南民族大学梁童皓、吉林外国语大学石晋瑜、上海外国语大学王思佳、大连外国语大学孙露霞荣获二等奖，南京大学姚雨含、天津外国语大学戎静怡、中南林业科技大学孙梦煜、首都师范大学祁羽佳、南京大学金陵学院傅佳沛、安庆师范大学徐中瑞荣获三等奖。赛后举行了颁奖仪式，评委与获奖选手合影留念，外研社为所有决赛获奖选手颁赠了奖品。其余参加全国预赛的选手均获得"赛区优胜奖"。

11月30日下午，举行"新时代背景下一流法语专业和课程建设"学术研讨会。研讨会设四个分论坛，主题分别为"法语专业金课建设与思考"（主持人：王海洲、车琳），"法语专业课程思政探究"（主持人：傅荣、张平），"法语专业教材（教学资源）建设"（主持人：杨国政、王大智），"新时代背景下法语专业教师专业发展路径研究"（主持人：沈光临、李焰明），共计有36名教师提交论文参加交流。各分论坛发言踊跃，讨论热烈，取得了预期的交流效果。

研讨会后，傅荣教授代表分委会和研究会，对一天来各项活动的成果做了全面总结，并代表全体与会人员对安庆师范大学及高峰主任带领的法语系团队为会议付出的辛苦表示感谢，对会议质量给予高度评价，希望法语教学与研究界同仁再接再厉，认真学习和贯彻教育部关于加强和改善本科教育的各项会议和文件精神，在下一年度取得更大的发展。傅荣教授另外代表分委会、研究会和全体与会人员对因病离世的分委会委员、研究会理事、外交学院李旦教授表达了深切的哀悼和怀念。

会议审议通过了4所高校加入（中国）法语教学研究会及其理事人选申请，按申请递交顺序为：牡丹江师范学院，柴冒臣担任理事；宁波昂热大学联合学院，李颖担任理事；江西科技师范大学，欧阳晨曦担任理事；浙江工贸职业技术学院，朱浩然担任理事。（中国）法语教学研究会成员单位由此增加到133个，理事134名。

此外，会议还审议通过了12所高校的理事接任申请：北京外国语大学，戴冬梅接替车琳担任副会长;武汉大学,王战接替吴泓缈担任副会长;上海外国语大学,王海洲接替王文新担任秘书长;四川大学,敖敏接替陈跃担任理事;外交学院,金俊华接替李旦担任理事;中国人民大学,刘海清接替徐艳担任理事;南开大学,刘吉平接替周新凯担任理事;广西外国语学院,宋骏晖接替宋春明担任理事;天津外国语大学滨海外事学院,田辉接替王天骄担任理事;西安交通大学,王奕接替杨洁担任理事;盐城师范学院,徐海燕接替游滔担任理事;中山大学南方学院,张婷接替蒲志鸿担任理事。

研究会对新入会院校和新任理事表示祝贺,对离任同志做出的贡献表示肯定和感谢。本会议纪要同时是对以上院校加入研究会、新理事(含副会长、秘书长)职务的证明。

12月1日,与会代表参观了安庆师范大学,自由交流并陆续离会。

会议决定,2020年下半年将在中山大学南方学院继续举办全国法语年度工作会议及学术研讨会、"外研社杯"第十三届全国高校法语演讲比赛全国总决赛等各项相关活动;第十一届全国法语教师培训班将另择地举办。

2019 年 12 月 1 日

2020年广州会议纪要(线上)

2020年12月4日至12月5日,由教育部外指委法语分委会、(中国)法语教学研究会主办、中山大学南方学院承办,在线召开年度工作会议,并举办"变化中的法国、法语与法语教学"学术研讨会、"外研社杯"第十三届全国高校法语演讲比赛总决赛。分委会委员、研究会理事、各专业点代表、教师和学生代表及嘉宾共计200余人参加了会议和相关活动。

12月3日晚,比赛选手参加赛前抽签与培训。12月4日晚,外指委法语分委会委员、法语教学研究会常务理事举行预备会议。12月5日上午,首先举行开幕式和全体代表大会,中山大学南方学院外国语学院院长助理张璐主持,中山大学南方学院外国语学院院长丁建新教授致辞;分委会主任委员、研究会会长曹德明教授,加拿大驻沪总领馆副领事、魁北克驻沪办事处代表 François Dansereau(唐思华)先生代表加拿大驻华使馆参赞、魁北克政府驻中国办事处主任 Jean-François Lépine(雷平江)先生,法国驻华大使馆教育专员 Frédérique Penilla(贝俐平)博士先后致辞,祝贺会议召开,并介绍各自机构推广与支持法语教学的措施和成果。曹德明教授作大会报告,详细介绍分委会、研究会一年来的工作成果以及新一年的工作计划。随后,外研社综合语种分社副社长邹晶白女士做了以"后疫情时期法语线上课程应用模式浅析"为题的宣讲。

大会之后,举行"外研社杯"第十三届全国高校法语演讲比赛总决赛。前期第一轮校内选拔由(中国)法语教学研究会各成员院校组织,参赛学生人数众多,参与程度极高;第二轮全国预赛共收到报名材料93份,有效材料93份,经组委会双向盲审及会长批准,其中12名选手入围全国总决赛。总决赛评委会由上海外国语大学曹德明、北京外国语大学戴冬梅、四川外国语大学李克勇、南京大学刘成富、北京大学田庆生、大连外国语大学王大智、武汉大学王战、广东外语外贸大学杨晓敏、西安外国语大学张平等9位教授专家组成。经过激烈角逐,四川外国语大学刘俊凯、北京外国语大学陈瀚洋荣获一等奖,大连外国语大学左定昌、湖南工商大学张鑫昊、河北大学曹世琪、西安外国语大学关天元荣获二等奖,华东师范大学初芝宏、四川师范大学魏子怡、哈尔滨师范大学郭佳悦、中山大学南方学院朱培兰、华中科技大学王思齐、中国人民大学黄芷晴荣获三等奖,其余参加全国预赛的选手均获得"赛区优胜奖"。

12月5日下午,举行"变化中的法国、法语和法语教学"学术研讨会。研讨会设两个分论坛,主题分别为"新时代法语教学的理论突破与技术创新"(主持人:傅荣)和"法语文学与文论新发展及后疫情时代中法关系新走向"(主持人:刘云虹),共计有14名教师提交论文参加交流。各分论坛发言踊跃,讨论热烈,取得了预期的交流效果。

研讨会后,研究会秘书长王海洲对一天来各项活动的成果做了全面总结,并代表全体与会人员对中山大学南方学院张婷主任带领的法语系团队为会议付出的辛苦表示感谢,高度评价会议质量,希望法语教学与研究界同仁再接再厉,认真学习和贯彻教育部关于加强和改善本科教育的各项会议和文件精神,在下一年度取得更大的发展。

会议审议通过7所高校加入(中国)法语教学研究会及其理事人选申请,分别为:安徽农业大学,倪复生担任理事;安徽外国语学院,侯俊担任理事;江西师范大学,林海平担任理事;陕西师范大学,王燕红担任理事;西安翻译学院,王姗姗担任理事;浙江师范大学,汪琳担任理事;中国社会科学院大学,吴波龙担任理事。(中国)法语教学研究会成员单位由此增加到140个,理事141名。

此外,会议还审议通过了9所高校的理事接任申请:安徽师范大学,胡迅接替解华担任理事;湖北工程学院,向华接替伍昌力担任理事;湖南师范大学,方丽平接替杨阳担任理事;青岛理工大学琴岛学院,徐静接替房云担任理事;上海对外经贸大学,陈路接替江国宾担任理事;上海师范大学,阮洁卿接替庄刚琴担任理事;外交学院,王晓侠接替金俊华担任理事;武汉理工大学,范静接替王琼担任理事;中南大学,夏高琴接替侯合余担任理事。

研究会对新入会院校和新任理事表示祝贺,对离任同志做出的贡献表示肯定和感谢。本会议纪要同时是对以上院校加入研究会、新理事职务的证明。

会议决定,将在上海对外经贸大学举办2021年全国法语年度工作会议及学术研讨会、"外研社杯"第十四届全国高校法语演讲比赛总决赛等各项相关活动；第十一届全国法语教师培训班将另择地举办。

2020 年 12 月 5 日

图书在版编目(CIP)数据

中国法语专业教学研究. 第七辑 / 曹德明主编；王文新，王海洲副主编. — 上海：上海社会科学院出版社，2022

ISBN 978-7-5520-3480-6

Ⅰ.①中… Ⅱ.①曹… ②王… ③王… Ⅲ.①法语—教学研究—高等学校—文集 Ⅳ.①H329.3-53

中国版本图书馆CIP数据核字(2022)第188252号

中国法语专业教学研究(第七辑)

主　　编：曹德明
副 主 编：王文新　王海洲
出 品 人：佘　凌
责任编辑：熊　艳
封面设计：周清华
出版发行：上海社会科学院出版社
　　　　　上海顺昌路622号　邮编200025
　　　　　电话总机021-63315947　销售热线021-53063735
　　　　　http://www.sassp.cn　E-mail:sassp@sassp.cn
排　　版：南京展望文化发展有限公司
印　　刷：上海万卷印刷股份有限公司
开　　本：720毫米×1000毫米　1/16
印　　张：22
字　　数：350千字
版　　次：2022年12月第1版　2022年12月第1次印刷

ISBN 978-7-5520-3480-6/H·067　　　定价：108.00元

版权所有　翻印必究